DE LA
PEINE DE MORT

D'APRÈS

LES TRAVAUX DE LA SCIENCE, LES PROGRÈS DE LA LÉGISLATION
ET LES RÉSULTATS DE L'EXPÉRIENCE,

PAR

MITTERMAIER,

Professeur à l'Université d'Heidelberg;

TRADUIT PAR

N. LEVEN,

Avocat à la Cour Impériale de Paris.

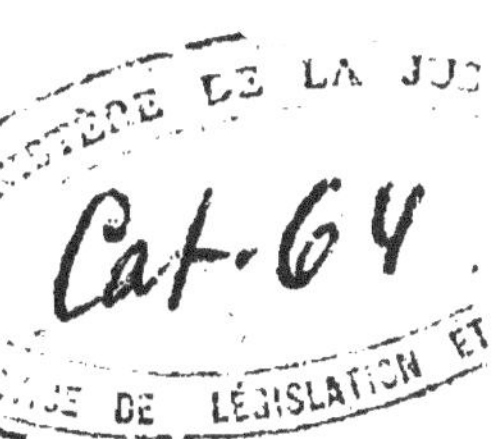

PARIS,

MARESCQ AINÉ, LIBRAIRE-ÉDITEUR,

RUE SOUFFLOT, 17, EN FACE LE PANTHÉON.

1865.

DE LA

PEINE DE MORT.

Poitiers. — Imp. de A. Dupré.

DE LA
PEINE DE MORT

D'APRÈS

LES TRAVAUX DE LA SCIENCE, LES PROGRÈS DE LA LÉGISLATION

ET LES RÉSULTATS DE L'EXPÉRIENCE,

PAR

MITTERMAIER,

Professeur à l'Université d'Heidelberg;

TRADUIT PAR

N. LEVEN,

Avocat à la Cour Impériale de Paris.

PARIS,

MARESCQ AÎNÉ, LIBRAIRE-ÉDITEUR,

RUE SOUFFLOT, 17, EN FACE LE PANTHÉON.

1865.

INTRODUCTION.

§ Ier.

Il n'y a pas longtemps que la peine de mort est discutée. Au commencement du dernier siècle, elle était admise par tous les peuples, et confusément appliquée à toute espèce de crimes rangés dans une classification pénale où les préjugés, la superstition, l'humeur farouche, la fantaisie même du législateur tenaient lieu de principes; on la retrouvait partout avec une variété de formes effrayantes. Qui ne frémit en lisant, dans les anciens criminalistes, la nomenclature des supplices destinés à des malheureux coupables de crimes imaginaires comme aux plus grands criminels?

L'hérésie et la sorcellerie, le vol et l'assassinat sont également punis de mort : on ne les distingue que par la différence des supplices. Une fécondité merveilleuse a fait découvrir aux légistes un genre de mort particulier pour chacun de ces crimes et pour tant d'autres. Les criminalistes dissertaient là-dessus avec une tranquillité d'âme et une science de casuistique que d'autres montraient dans leurs dissertations sur le droit coutumier ou sur le droit romain. Les juges usaient scrupuleusement de toutes les rigueurs de la loi pénale; ils se composaient, comme le bourreau, une âme impitoyable.

a

Les mœurs du peuple étaient aussi barbares que les
lois ; il aimait les supplices comme les fêtes publiques,
et les souffrances d'un patient sous la roue ou sur le
bûcher égayaient la foule autant que les grimaces d'un
baladin dans un champ de foire. L'humanité s'était
réfugiée dans quelques-unes de ces âmes d'élite auxquelles un sentiment exquis du bien donne dans tous
les temps l'intuition des grandes vérités morales, et
l'on entend de loin en loin des protestations contre
les rigueurs du régime pénal, la torture, l'abus de la
peine de mort. La peine de mort trouve elle-même
quelques adversaires ; mais leur voix est sans écho ; les
lois et les juges restent inflexibles, et la conscience
publique vit en paix au milieu de cet arsenal de lois
sans lesquelles on ne s'imaginait pas que la société
pût exister.

Le livre immortel de Beccaria sur les délits et les
peines, destiné à produire toute une révolution dans
la législation pénale, ne fut accueilli par les criminalistes qu'avec dédain, même dans la seconde moitié du
dix-huitième siècle, et l'un des plus érudits, Jousse,
s'excuse d'en parler : « Le traité des délits et des peines,
» dit-il, au lieu de répandre quelque jour sur la nature
» des crimes et la manière dont ils doivent être punis,
» tend, au contraire, à établir un système des plus
» dangereux et des idées nouvelles qui, si elles étaient
» adoptées, n'iraient à rien moins qu'à renverser les
» lois reçues jusqu'ici par les nations les plus poli-
» cées. »

Et cependant, quelques années plus tard, éclate dans
l'Europe entière un mouvement immense, unanime,

contre l'ensemble des lois pénales et contre les institutions qu'elles protégent. On leur oppose les principes
du droit naturel, on les dénonce comme la violation
des lois les plus élémentaires de l'humanité; la procédure inquisitoriale, les fausses incriminations, la
torture, les mutilations, la confiscation des biens, tous
les genres de supplices imaginés pour aggraver la
peine de mort, sont frappés d'une réprobation universelle.

La modération dans les peines, la libre défense des
accusés sont réclamées par tous les publicistes du dix-
huitième siècle; mais la peine de mort trouve grâce
auprès des plus hardis partisans de la réforme pénale.
Jean-Jacques Rousseau, Montesquieu la défendent;
Voltaire et beaucoup d'autres ne la discutent pas. Ils
ont tant de réformes à poursuivre avant d'arriver à
l'abolition de la peine de mort! Il leur suffit qu'on la
débarrasse de tous les raffinements de cruauté répu-
diés par les mœurs, qu'on cesse de la prodiguer pour
toute espèce de crimes, et qu'en la réservant aux
crimes les plus atroces, on prenne soin de n'y jamais
exposer les innocents.

Beccaria va plus loin : jugeant la peine de mort
avec cette étonnante sagacité qui, découvrant toutes
les iniquités de l'ancienne loi pénale, trouve un remède
à chacune d'elles, et trace le plan d'une réforme législative encore imparfaitement accomplie de nos jours,
il condamne cette peine comme une barbarie inutile.
L'idée de son abolition est jetée dans le monde ; elle va
rapidement grandir. Même avant la révolution française, deux nations ont répudié cette peine : la Toscane,

en 1786 ; l'Autriche, en 1787. L'Autriche l'a rétablie et conservée. La Toscane ne l'a tolérée que passagèrement ; elle a fait triompher définitivement son abolition dans ses lois, et, recueillant aujourd'hui le fruit de sa glorieuse initiative, elle va peut-être l'imposer à toute l'Italie.

La révolution française, transformant l'ensemble de la législation pénale, ne pouvait maintenir la peine de mort : l'Assemblée constituante hésita. La Convention vota son abolition ; mais elle ajourna l'exécution de son décret à l'époque du rétablissement de la paix générale : la peine de mort n'avait donc à ses yeux que la valeur d'un expédient purement temporaire. On est déjà loin des théories pénales régnantes au commencement du dix-huitième siècle.

Depuis la révolution française, la peine de mort a été partout entamée ; abolie pour un grand nombre de crimes, elle n'est, dans bien des pays, pas nécessairement appliquée aux autres. Les circonstances atténuantes, un système de preuves réservé à certains crimes, et bien d'autres tempéraments sont admis pour écarter cette peine. Partout ses formes sont changées, nulle part on ne l'aggrave par aucun supplice inutile : le secret des exécutions capitales est encore une concession faite par quelques législations aux adversaires de la peine. Quelques pays sont allés jusqu'à son abolition complète ; d'autres sont sur le point de l'abolir. Il y en a qui la laissent tomber en désuétude pour arriver à son abolition légale. Le progrès des mœurs, devançant celui des lois, rend nécessaire à tous les peuples un fréquent usage du droit de grâce. Il y a même des pays où la peine n'est jamais exécutée pour certains crimes, ou ne l'est pour aucune espèce de crimes, parce qu'elle n'est pas tolérée par l'opinion publique.

Voilà les faits qui nous montrent les mœurs et les lois tendant partout, depuis la révolution française, vers l'abolition de cette peine. Sans doute ce progrès n'a pas été continu ; la législation a souvent rétrogradé. Après une époque heureuse, où la liberté florissante avait pour effet l'amoindrissement ou l'abolition de la peine de mort, survenait une réaction violente, qui rendait à la loi pénale toute sa rigueur ; le retour vers la liberté était, au contraire, suivi d'un nouveau changement de législation favorable à l'abolition de la peine. L'exercice du droit de grâce n'a pas, plus que la législation, échappé aux vicissitudes de la politique. Après une époque où il est fréquent, régulier, il devient rare ; les exécutions capitales se multiplient, et l'on abuse de la peine de mort sans scrupule. Ces alternatives de clémence et de rigueur marquent, dans la vie des peuples, le passage de la liberté à un autre régime, et il est vrai de dire qu'on retrouve dans l'histoire de leur état politique celle de la peine de mort.

§ II.

Les révolutions accomplies depuis soixante-quinze ans sont autant de phases diverses dans la curieuse histoire de cette pénalité. Celle de 1789 en promettait l'abolition ; mais l'Empire succéda à la révolution ; et, loin d'abolir la peine, il en usa sans mesure. Le code pénal de 1810 la prononça pour trente-six crimes différents, et les armes de la France l'introduisirent dans un grand nombre des États de l'Europe. Les princes de l'Allemagne, menacés par la révolution française, tremblants pendant tout l'Empire, se défendirent par des lois pénales dont le modèle leur fut donné par un code d'une rigueur excessive, celui de la Bavière. L'Autriche, tremblante aussi, rétablit la peine de mort; la Toscane se la vit imposer par l'invasion de la France.

Le régime pénal de l'Empire lui survécut. Sous la Restauration, un ministre contestait à un député, dans la Chambre, le droit de discuter la peine de mort. L'Allemagne n'eut garde aussi d'y toucher.

La révolution de 1830 ouvre une période nouvelle dans l'histoire de la peine de mort. La France réforme tout son code pénal, diminue le nombre des crimes punis de mort, donne au jury le droit d'empêcher toujours l'application de cette peine et d'abaisser les autres par l'admission des circonstances atténuantes. L'Angleterre réduit à sept le nombre des crimes entraînant la peine de mort; l'Allemagne en diminue aussi le nombre; la Belgique abolit la peine en matière politique; un État de l'Amérique, le Michigan, l'abolit complétement; les autres États de cette grande fédération républicaine la restreignent à l'assassinat.

C'est à la révolution de 1848 que semblait réservée la gloire de faire disparaître la peine; elle la combattit partout où elle éclata. La République française l'abolit en matière politique; la constitution germanique proclama son abolition complète; mais l'Autriche, la Prusse, la Bavière, le Hanovre, la repoussèrent avec la constitution tout entière. La Suisse abolit la peine en matière politique ; certains cantons permirent de l'écarter, pour tous les crimes, par l'admission des circonstances atténuantes ; deux cantons, Fribourg et Neufchâtel, l'ont complétement abolie , l'un en 1849, l'autre en 1854. La république de San-Marino l'abolit également en 1848.

Le développement de la révolution de 1848 ne fut pas de longue durée. La réaction vint soudaine et irrésistible, et ressuscita l'ancien régime pénal. Tous les États de l'Allemagne, excepté trois : les duchés de Nassau, d'Oldenbourg et d'Anhalt, rétablirent la peine, non pas sans une ardente opposition de tous les amis de la liberté , mais ils ne furent pas assez forts pour triompher. On leur fit quelques concessions ; on réduisit les crimes punis de mort à un petit nombre ; le secret des exécutions fut prescrit par les lois de la Prusse, du Wurtemberg, de Hambourg, d'Altenbourg, de Saxe, de Bade. La Toscane elle-même rétablit la peine de mort le 16 novembre 1852.

En Amérique, deux États nouveaux, le Wisconsin et le Rhode-Island, abolissaient la peine à l'époque où une partie de l'Europe la rétablissait. Mais la réaction fut à son tour arrêtée. Depuis quelques années surtout, l'Europe tout entière est en travail ; elle aspire vers la liberté. Les peuples cherchent, les uns à étendre celle dont ils jouissent, les autres à reconquérir celle qu'ils ont perdue, et chacun de ces progrès profite à l'abolition de la peine de mort. Il n'est plus nécessaire de grouper une série d'années pour suivre cette heureuse transformation de la loi pénale ; elle fait chaque année d'importants progrès ; on ne discute dans aucun pays libre un code pénal sans mettre en question la peine de mort, et d'ordinaire, pour la faire accepter, il faut l'amoindrir, et la présenter comme une nécessité purement temporaire.

Depuis 1855, son abolition a été proposée au pouvoir législatif de la Belgique, de la Hollande, de la Bavière, de Hambourg, du duché de Brême, de Bâle-Campagne. Son application a été largement restreinte par les codes des cantons d'Appenzell, de Bâle-Campagne, de Lucerne, du Piémont, de la Belgique, de la Bavière, de Hambourg, de Brême, de la Suède, de la Serbie.

Depuis 1860, la peine de mort, discutée partout, est effacée du code de plusieurs pays. Le 10 janvier 1860, le gouvernement italien accordait son abolition à la Toscane, pour prix de son annexion à l'Italie. La diète de Weimar a prononcé en 1862 son abolition, qui attend malheureusement encore la sanction du grand-duc. La république de la Nouvelle-Colombie, la Moldo-Valachie, sont venues ensuite et ont aboli la peine. La chambre du Wurtemberg l'a également abolie. En Portugal, elle est abolie depuis un an par la suppression du bourreau, et ne figure plus dans l'énumération des peines admises par le nouveau projet de code pénal. Le parlement italien, étendant la loi de la Toscane à toute l'Italie, vient de voter l'abolition de la peine pour tous les crimes, excepté pour ceux qui sont prévus par les codes militaire et maritime, et par la loi sur le brigandage. Le sanction du sénat est nécessaire à ce vote ; le sénat l'a refusée ; mais si le parlement veut énergiquement l'abolition de la peine , le sénat ne peut résister longtemps, et l'Italie sera, sans doute, le premier des grands pays de l'Europe qui aura fait disparaître de son code la peine de mort. A tout prendre, on a fait plus en quatre ans pour son abolition que dans les soixante-dix-huit ans qui nous séparent du jour où elle a été pour la première fois écrite dans la loi d'un peuple.

Après la législation vient la statistique, pour montrer tout le chemin fait vers l'abolition de la peine. Le changement des lois a produit de grands changements dans le nombre des condamnations à mort, à des périodes souvent assez rapprochées les unes des autres. Les chiffres sont vraiment étonnants. L'Angleterre comptait, par exemple, en 1831, 1,601 condamnations à mort, et 48 seulement en 1861; la France comptait, en 1825, 134 condamnations, et 36 en 1859; la Belgique comptait 90 condamnations en 1801, et 6 en 1823.

La statistique de tous les pays nous prouve également les heureux effets de l'adoucissement des lois pénales. Il y en a même où la différence entre les mêmes périodes est plus grande.

Mais ce que la statistique a de plus intéressant, c'est de montrer à quel point l'application légale de la peine a cédé au progrès des mœurs. C'est par le rapport entre le nombre des condamnations prononcées et celui des condamnations exécutées qu'on voit comme la peine décline, et comme elle est souvent tombée en désuétude avant le jour où elle est abolie soit pour un crime déterminé, soit pour toute espèce de crimes. Dans un grand nombre de pays, plus de la moitié des condamnations à mort n'est pas exécutée depuis quarante ans. Il est vrai que, cette proportion gardée, le nombre des exécutions est encore élevé chez certains peuples, à cause de la sévérité des lois, qui entraînent un nombre énorme de condamnations. On exécutait, par exemple, en Angleterre, dans l'année 1817, 115 condamnations sur 1,302. Quel grand nombre d'exécutions, et pourtant quelle disproportion avec celui des condamnations! Il y a d'autres pays où, malgré le nombre considérable des condamnations, celui des exécutions devient petit par la seule disproportion entre les deux nombres : par exemple, la Belgique, où, sur 438 condamnations prononcées contradictoirement de 1831 à 1847, on compte seulement 28 exécutions. Dans certains pays enfin, les lois et les mœurs progressant ensemble, les condamnations sont infiniment rares, et les exécutions le sont tellement, que la peine de mort y semble ne plus exister; il en était ainsi de la Toscane avant l'année 1860. Une tendance commune à tous les pays civilisés, c'est de restreindre la peine de-mort à l'assassinat, et la statistique prouve qu'à présent les condamnations à mort pour d'autres crimes ne sont à peu près nulle part exécutées.

La progression décroissante du nombre des exécutions a été quelquefois, il est vrai, interrompue par des causes politiques. Ainsi, après 1852, le nombre des exécutions est bien supérieur en France, en Prusse, en Bavière, en Piémont, à celui des périodes antérieures;

il dépasse même la moitié du nombre des condamnations.

Dans les pays où la liberté ne reçut aucune atteinte, le nombre des exécutions alla toujours en décroissant durant la même période. Ainsi l'Angleterre comptait, en 1851, 10 exécutions sur 70 condamnations, au lieu de 114, comme en 1821.

Mais, depuis quelques années, l'abolition de la peine de mort a repris faveur partout : les lois y tendent, la pratique pénale les devance. En Prusse, le nombre des exécutions, qui était encore de 26 par an dans les années 1855-57, descend à trois par an de 1858 à 1860; l'Autriche compte, en 1862, 2 exécutions, sur 37 condamnations; la Suède en compte 2 sur 71 pour toute l'année 1860.

Ces exemples donnent la mesure du progrès qui s'accomplit dans l'Europe entière. On peut citer des pays où l'abolition de la peine est un fait accompli avant d'être consacré par la loi. Dans les Pays-Bas on compte en 1862, 1863, 1864, 13 condamnations à mort; aucune d'elles n'a été exécutée.

En Bavière, où l'on compte encore une exécution sur 15 condamnations en 1862, il n'y a plus d'exécution en 1863 et en 1864, et cependant le nombre des condamnations est de 14 en 1863, et de 7 en 1864. Dans le grand-duché de Bade, aucune condamnation n'est exécutée ni en 1862, ni en 1863, ni en 1864, et cependant on compte 3 condamnations en 1863, 1 en 1864.

En France, le rapport entre le nombre des condamnations et celui des exécutions n'est pas changé; plus de la moitié des condamnés, 11 sur 20 en 1863, 5 sur 9 en 1864, ont subi leur peine ; mais le nombre des condamnations est bien inférieur à celui des années précédentes, grâce au jury, qui rejette la peine en admettant les circonstances atténuantes même pour les crimes les plus graves. Il cède au courant de l'opinion publique qui, gagnant le peuple en France comme, ailleurs, il a gagné les gouvernants et les gouvernés, emporte la peine.

§ III.

A l'heure présente, la statistique établit que ni les progrès de la pratique pénale, ni ceux de la législation, quelque grands qu'ils soient, ne satisfont l'opinion publique ; elle veut l'abolition de la peine et s'agite pour l'obtenir. Tout devient prétexte à cette agitation. Le doute sur la culpabilité d'un condamné facilement accueilli, des exemples d'erreurs judiciaires trop fréquents, la rigueur excessive de la peine pour tel condamné moins coupable que d'autres moins rigoureusement frappés, la pitié pour le condamné, l'affreux spectacle d'une exécution capitale, les mille incidents qui la rendent plus affreuse encore, sont partout analysés, discutés ; on ne s'arrête jamais au regret stérile du mal causé par l'application de la peine ; mais on y voit un argument contre la peine, et son abolition est immédiatement réclamée. Elle occupe les journaux, les livres, les congrès, les sociétés instituées pour le progrès des sciences sociales, les assemblées populaires. Les gouvernements des pays libres, ne pouvant échapper à la puissance de la volonté générale, l'interrogent avec inquiétude.

On fait, dans des enquêtes solennelles, un appel à la sagesse de la nation, où tous les pouvoirs cherchent leur règle de conduite. En Angleterre, l'enquête est ouverte devant une commission du parlement. En Autriche, une commission de la chambre des députés fait aussi la sienne. En Hollande, l'abolition de la peine est soumise à l'examen des États généraux. En France, l'opposition libérale a provoqué une discussion sur cette réforme devant le Corps législatif.

Le moment n'est-il pas venu d'abolir la peine? Il faut, si la réforme est mûre, l'accomplir. Une loi qui n'a plus la sanction de l'opinion publique doit être abrogée.

C'est pour l'abolition de la peine de mort qu'un homme justement célèbre en Europe par ses travaux sur des parties si diverses de la science juridique, M. Mittermaier, a écrit un livre qui est le fruit de cinquante années d'études. Il s'est fait une curieuse transformation dans ses idées. Au début de sa carrière, il croyait à la légitimité de la peine ; aujourd'hui il proclame son illégitimité. La réflexion, l'expérience ont fixé son esprit en faveur de la doctrine que tant d'autres acceptent dans leur jeunesse avec un enthousiasme irréfléchi pour toutes les idées généreuses. Il a trouvé les principes du droit pénal appliqués à la peine d'accord avec tous les faits recueillis par lui sur ses résultats pratiques, et nulle part on ne saurait trou-

ver une aussi grande richesse de faits. Des voyages incessants dans tous les pays de l'Europe, des rapports
avec les savants, les hommes d'État, les fonctionnaires
de tout rang, lui ont fourni l'occasion de suppléer à
tout ce que les livres et la statistique ne lui ensei-
gnaient pas. Ajoutez à cette précieuse enquête, faite avec
la passion de la vérité et continuée pendant cinquante
années, une connaissance approfondie du système pénal
de toutes les nations, une étude comparée de tous les
régimes pénitentiaires et des réformes qu'ils exigent, et
l'on voit quels éléments M. Mittermaier apporte dans
la discussion sur la peine de mort.

Il la condamne avec l'autorité de l'expérience comme
avec celle de la théorie, qu'il suit dans tous leurs changements à travers des civilisations diverses. Remontant
à l'antiquité, il nous montre la législation pénale
dominée par trois idées : 1° celle du talion ; 2° celle de
l'intimidation de la peine ; 3° celle de la colère divine,
qu'il faut apaiser par la peine.

Ces idées ne sont pas le produit de la science appliquée à la recherche du principe de la pénalité. C'est
dans le mouvement spontané de la conscience populaire
qu'elles ont pris naissance, et l'on y trouve le mélange
de passions violentes et d'une superstition farouche
avec un sentiment obscur de la justice.

Cette confusion d'idées barbares n'a pas cessé de
régner jusqu'au dernier siècle dans la pratique pénale ;
mais elle inquiétait la raison des écrivains appliqués à
la recherche du principe de la loi pénale, et, cherchant à le dégager du milieu des idées régnantes, ils

sont arrivés à deux doctrines qui font reposer le droit de punir, l'une exclusivement sur l'idée de la justice, l'autre sur l'utilité sociale.

On les retrouve chez tous les théoriciens, avec des formules diverses ; ainsi le droit de punir est, dans les mains de l'homme, une délégation de la justice divine, et la peine, un acte de réparation nécessaire au maintien de l'ordre établi par la Providence dans le monde, au rétablissement de la morale, du droit ou de la loi outragée ; elle est un acte de représailles que le coupable a voulu lui-même en substituant sa volonté à celle de la justice divine. La peine, envisagée dans ses effets sur l'individu qui la subit, est un moyen d'agir sur son âme et d'y faire naître le remords pour la purifier.

Sous toutes ces formules, on retrouve une seule et même idée : celle de l'expiation du mal par la souffrance agréable à la Divinité, nécessaire au salut de l'homme, et l'expiation exigée du coupable par la société est une œuvre sainte, comme les sacrifices expiatoires l'étaient dans le monde païen.

Cette doctrine admise, il reste à rendre l'expiation certaine en infligeant au criminel une souffrance égale à celle de sa victime. Cette égalité trouve son expression véritable dans une peine qui reproduise trait pour trait tous les détails du crime. Le talion est donc en corrélation intime avec la doctrine de l'expiation, qui aboutit, en définitive, à la reconstruction de tout le système pénal des temps barbares. Faut-il s'étonner, dès lors, de trouver jusqu'au dernier siècle des peines aussi terribles que dans les temps anciens ? A Athènes, la lapidation, la croix, le feu, les coups de fouet ou de bâton

étaient les supplices appliqués à la trahison, à la déser-
tion chez l'ennemi, au vol manifeste, à la profanation
des mystères, au sacrilége. A Rome, les condamnés à
mort étaient précipités de la roche Tarpéienne, enfermés dans un sac et jetés à la mer, brûlés vivants,
attachés à une croix, livrés aux bêtes féroces. Au moment
où la révolution française éclate, nous dit M. Bérenger,
la peine de mort, avec toutes les variétés de son application, telles que la potence, la roue, le bûcher, embrassait cent quinze cas différents, et les crimes et les
délits qui échappaient au dernier supplice étaient punis
de la mutilation d'un membre, de l'empreinte du fer
rouge, de la section de la lèvre ou de la langue, de la
flétrissure, et de tous les raffinements qu'une cruauté
ingénieuse s'est plu à inventer. Les peines n'étaient pas
changées, parce que le principe de la loi pénale ne
l'était pas.

La doctrine de l'expiation est celle du christianisme.
On peut préjuger par là quelle a été l'influence de la
religion nouvelle sur le droit pénal, que M. Mittermaier
montre, sous des aspects divers, impuissante, sous
Constantin, contre un abus effréné de la peine de mort
et de toute espèce de supplices, bienfaisante, au contraire, quelques siècles plus tard, et tempérant par ses
institutions la barbarie des lois pénales. Il est vrai qu'elle
prêchait, comme la Bible, l'idée d'un Dieu qui aime les
hommes comme ses enfants, et veut leur salut ; que
certains de ses docteurs condamnaient les combats de
gladiateurs, la torture ; qu'une décision canonique fut
prononcée contre la peine de mort ; que ceux qui cher-
chaient un asile dans les villes de refuge, dont l'institu-

tion remonte à la loi de Moïse, ou d'autres assez riches pour le rachat de leurs crimes, étaient à l'abri de la peine ; mais la doctrine qu'elle fit prévaloir fut celle de l'expiation par la peine , et tandis que le mosaïsme, à l'égard duquel M. Mittermaier paraît accepter des préjugés vulgaires, arrive à éliminer la peine de mort en proclamant, par la bouche de ses docteurs, que « *celui qui aide à conserver la vie d'un homme a le même mérite que s'il avait aidé à conserver le monde entier, et que celui qui laisse détruire une vie quelconque en est responsable comme s'il avait contribué à la perte de tout le genre humain ; qu'un sanhédrin qui prononce une condamnation à mort tous les sept ans, ou même , suivant un docteur, tous les soixante-dix ans, est réputé sanguinaire ; »* R. Akiba et R. Tarphon ajoutant : « *Si nous avions fait partie du* » *sanhédrin, nous n'aurions jamais prononcé une sentence* » *capitale* » (*Thalmud* , Traité de Maccoth, ch. I, § 8) ; en organisant une procédure suivant laquelle le crime devait avoir eu deux témoins avertissant le criminel, au moment où il le commettait, de la peine à laquelle il s'exposait, et en soumettant la composition du tribunal , sa manière de juger, à des garanties sans nombre (*Maimonide* , *abrégé du Thalmud Zhilchoth Éduth* , chap. 4, § 1) , l'Église justifie par sa doctrine une rigueur pénale devant laquelle il est prouvé qu'elle n'a pas reculé : son histoire, dont celle de l'inquisition n'est qu'un épisode, bien racontée dans un livre remarquable et tout nouveau de M. Achille Delorme (*l'Église unie à l'État*), est édifiante à cet égard.

Une autre théorie s'est dégagée du droit ancien, celle de l'utilité sociale, qui n'est, à vrai dire, qu'une expression nouvelle de la théorie de l'intimidation par la peine. Elle a pour fondement la nécessité d'agir sur la volonté de l'homme par la crainte d'un mal supérieur aux avantages du crime, de mettre le criminel hors d'état de nuire à la société et de prévenir de nouveaux crimes. Elle restreint sans doute le champ de la pénalité dans des limites plus étroites que la théorie de la justice. Elle ne va pas, hors de ce monde, demander à la Providence le secret impénétrable de la justice éternelle, pour en faire la loi des rapports entre les hommes, et lui donner pour sanction tout l'appareil des pénalités; mais, dans la sphère plus limitée où son action s'exerce, elle érige en lois tous les caprices de la force, et, pour les satisfaire, tous les moyens sont bons. Le salut de la société devient la loi suprême, et rend légitimes tous les excès de la loi pénale. La peine de mort est un mal utile à la société, partant elle est légitime, et la société a le droit d'en user sans mesure, si tel est son intérêt.

On trouve cependant des partisans de la théorie de l'utile, qui, cherchant avec Bentham l'identité entre la justice et l'intérêt social, sont favorables à la modération des peines et même à l'abolition de la peine de mort. C'était, dans son application, un adoucissement à la théorie de l'utile ; mais la logique y répugnait, et la subordination de la justice à l'intérêt social ne donnait aucun point d'appui solide à la réforme pénale.

Au XVIIIᵉ siècle, on ne s'en contenta plus, et, depuis Beccaria jusqu'à Rossi, on trouve les écrivains partagés entre deux doctrines : l'une appuyant la loi pénale sur l'utilité générale, en tant qu'elle est d'accord avec la loi

morale; l'autre admettant la loi morale comme principe
de la loi pénale, et lui donnant pour limite l'utilité générale. Ces doctrines n'ont, pour leurs défenseurs, rien
d'inconciliable avec la légitimité de la peine de mort ;
ils la défendent résolûment.

M. Mittermaier donne à sa doctrine une formule
simple et précise. Il fait dériver le droit de punir du
devoir imposé à la société de fonder et de protéger le
droit : la peine est légitime comme la sanction du
droit. Son but est de corriger le coupable, de prévenir
d'autres crimes et de protéger la sûreté publique. Sa
nature est aussi déterminée : tout droit venant de l'État
ou placé sous sa protection légale peut être restreint
ou supprimé par la peine. Mais la suppression de la
vie est un genre de peine qui n'appartient pas à l'État.
« La vie, dit l'auteur, est un présent de Dieu et la con-
» dition du développement moral de l'homme. Sa durée
» est fixée par Dieu ; toute peine qui entreprend sur la
» volonté divine, en ôtant l'existence à l'homme, est
» illégitime. »

M. Mittermaier proclame l'inviolabilité de la vie humaine : l'homme, qui n'a pas donné la vie, ne peut
l'ôter à son semblable. La société peut atteindre seulement les droits que l'homme tient d'elle ou qu'elle
protége.

§ IV.

Examinons cette doctrine :

Si la société n'a pas le droit de toucher aux droits qui ne viennent pas d'elle, on cherche en vain quel pouvoir elle a sur l'homme. Les droits qui constituent son être juridique sont tous inhérents à sa nature. La société ne les a pas créés ; elle est instituée pour les garantir, et si elle n'y peut porter atteinte parce qu'elle ne les a pas créés, elle est désarmée contre tous les abus de la liberté humaine. Lui permet-on, au contraire, de supprimer ou de restreindre tous les droits placés sous sa protection, n'a-t-elle pas sur la vie de l'homme le même pouvoir que sur sa liberté, puisqu'elle protége également l'un et l'autre?

La vie est sans doute plus inviolable qu'aucun autre des droits de l'homme. Qui le contesterait? Elle est le fondement de tous ses droits et la condition de son développement moral. Mais tous ses droits sont inviolables, et tous ils ont une limite, le droit d'autrui. Si tous les droits peuvent être diminués ou supprimés, que devient l'inviolabilité de l'existence, qui ne vaut qu'à cause des droits dont elle est le fondement? Pourquoi n'est-il jamais permis à l'homme d'y toucher? S'il faut, pour sauver la vie de l'honnête homme, faire périr le malfaiteur, comment affirmer l'inviolabilité de la vie humaine? Elle cesse fatalement pour l'un ou l'autre ; il faut donc opter. Qui s'aviserait de contester à l'individu attaqué et menacé de périr par la main de son agresseur le droit de le tuer ? C'est le droit de la légitime défense ; il existe pour les peuples aussi bien que pour les individus. On ne conteste pas aux peuples le droit de repousser la force par la force, et de porter la mort dans les rangs de leurs ennemis. L'inviolabilité de la vie humaine cède au droit de la légitime défense ; il faut savoir pourquoi elle résiste au droit de punir.

La peine de mort doit donc être considérée dans ses rapports avec la théorie de la peine. D'après M. Mittermaier, la peine est un moyen de protéger le droit contre l'homme qui ne sait pas le respecter. Elle agit par la contrainte, et la contrainte est légitime dans la mesure où elle est nécessaire à la protection du droit. Mais la contrainte est un mal autant pour l'homme qui la subit que pour la société qui l'exerce, puisqu'elle porte atteinte à la plénitude de cette liberté, qui est la condition naturelle du développement des individus, et pour la garantie de laquelle la société existe ; aussi la société doit-elle en user à regret et s'efforcer d'en régler l'usage de manière à la rendre inutile. C'est dire que la peine doit devenir un moyen d'enseigner le respect du droit à celui qui l'a violé, et de lui rendre, en le replaçant sous l'autorité de la loi morale, la dignité d'un être libre qui s'y conforme librement, et, s'il est vrai que l'idéal d'une société civilisée nous apparaît dans celle où l'harmonie des droits est maintenue par la volonté libre et éclairée des individus, la peine qui sert avec tous les éléments de l'organisation sociale,

non à contrarier, mais à développer cet état de civilisation, n'est-elle pas la seule vraiment légitime ?

La nature de la peine est, par là même, indiquée.
Ce n'est plus le mal pour le mal, ce n'est plus la sen-
sation brutale de la douleur infligée à l'homme qui a
fait souffrir son semblable, ce n'est plus sa dégradation par la honte ou son anéantissement par la souffrance, ce n'est plus le sacrifice de l'individu à la
société ou même à la Divinité. On ne voit dans un système pénal qui s'étudie à reproduire dans la nature
de la peine celle du mal infligé par le délinquant à son
semblable qu'une lutte de férocité où l'on déplore de
voir la société triompher.

Les voies de la société ne sont pas celles des criminels. Sa puissance ne doit pas se manifester par la des-
truction ; sa loi, c'est de faciliter à chacun sa destinée
dans ce monde ; partant le salut de l'homme le plus
profondément perverti ne lui est pas indifférent, et, loin
d'en désespérer, elle doit l'aider à se relever, à se régé-
nérer. Y a-t-il d'ailleurs un exemple plus salutaire
pour les hommes que celui de la société respectant un
être humain dans le plus avili des hommes, luttant
contre ses mauvaises passions, et faisant renaître dans
sa conscience le sentiment du devoir qu'il avait perdu?

La peine doit donc être pour l'homme l'instrument
de sa régénération : cette théorie ne fait pas disparaître
le mal inhérent à la peine. Cherchant au contraire le
rapport exact entre la peine et le délit, elle repousse
tout excès de faiblesse comme tout excès de rigueur ;
elle ne veut ni la peine atténuée au point d'épargner
aux coupables la souffrance nécessaire aux âmes dé-

pravées pour les arracher à la séduction du mal et leur faire chercher le vrai bien-être dans les horizons de la vie morale, ni la peine violente au point d'user en eux tous les ressorts de la sensibilité et de les endurcir dans le crime ; elle ne sacrifie ni les honnêtes gens à une tendresse injuste pour les coupables, ni les coupables à je ne sais quelle nécessité de justice qui méconnaît en eux les droits de l'humanité. Ce qui la distingue de toute autre théorie, c'est que, voulant faire servir la peine à l'amélioration du coupable, elle répudie toute peine qui lui est contraire.

Tout l'ancien système pénal est condamné par là même. La marque, la mutilation, la torture, toutes les peines qui affligent le corps, et, absorbant l'homme dans le sentiment de la souffrance, ne laissent son âme ouverte à aucune impression morale, doivent disparaître. Leur illégitimité ne fait aucun doute, si la théorie qui veut l'amélioration des condamnés est vraie.

La peine de mort n'appartient-elle pas au même ordre de pénalités ? Elle n'est plus, il est vrai, accompagnée de tous les genres de supplices usités dans les temps anciens : le crucifiement, l'exposition aux bêtes, le feu, l'empalement, l'écartellement, sont rejetés par nos mœurs comme des raffinements d'une cruauté abominable ; on épargne au supplicié toute souffrance inutile ; on va, dans certains pays, jusqu'à supprimer l'appareil du supplice, qu'on accomplit mystérieusement dans le coin obscur d'une prison. La peine de mort ainsi changée est-elle légitime, quand la marque, la mutilation, l'exposition et toutes les peines corporelles ne le sont plus? Si ces peines sont condamnées parce qu'elles font inutilement souffrir, parce qu'elles dépravent et qu'elles abrutissent le malheureux qui les subit, parce qu'elles nuisent au lieu de servir à sa régénération morale, comment admettre celle qui, les dépassant toutes, va jusqu'à l'anéantissement de son être? La peine de mort n'est-elle pas plus que toute autre une contradiction violente avec la théorie sur la peine? Ou la théorie n'est pas rigoureusement vraie, et on a le droit de faire revivre tout l'ancien système pénal; ou bien il faut la respecter, et l'on va nécessairement à la suppression de la peine de mort.

On veut une exception pour cette peine; quel en est le motif? Ne doit-on pas tenter la réformation des criminels qui encourent cette peine aussi bien que celle des autres? Ils ne sont pas fatalement incorrigibles, l'expérience le prouve. M. Mittermaier cite bon nombre de criminels qui, graciés après avoir été condamnés à mort, se sont complétement amendés en prison et ont même fait preuve d'une vertu exemplaire. Si donc ils peuvent s'amender, il faut les laisser vivre, et un motif d'exception à la théorie sur la peine n'apparaît pas encore.

Mais il y a des criminels incorrigibles; comment les discerner des autres? Par la gravité de leur crime : c'est un terme d'appréciation qui n'a rien de certain. Et quand même on pourrait affirmer de quelques criminels qu'ils sont incorrigibles, pourquoi les mettre à mort? S'il est vrai que toute peine n'est légitime que dans la mesure où elle est rigoureusement nécessaire à la protection du droit, comment la peine de mort l'est-elle?

Ne suffit-il pas de ne jamais rendre à la liberté de terribles criminels prêts à renouveler leurs crimes? c'est pour eux que les peines perpétuelles sont faites; séparés à tout jamais de la société par les murs infranchissables d'une prison, on n'a guère plus à redouter d'eux que s'ils avaient cessé d'exister, et, désormais impuissants pour le mal, la conservation de la vie ne leur laisse que le pouvoir de s'amender. Il est possible d'assurer par un régime pénitentiaire bien organisé, dans notre état social où le progrès se manifeste en éliminant progressivement la souffrance de ce monde, la sécurité demandée, dans les temps barbares, aux supplices les plus atroces; la peine de mort devient inutile, et partant illégitime.

Mais ses défenseurs envisagent sa nécessité sous un autre aspect. Ils admettent bien qu'une peine perpétuelle protége la société contre le coupable, non contre ceux qui sont portés à l'imiter; il faut les décourager par une peine plus terrible qu'aucune peine perpétuelle. La peine de mort a seule cette puissance; elle est donc nécessaire.

La nécessité ainsi comprise implique une théorie pénale tout à fait différente de celle qui, considérant la peine comme un moyen de maintenir l'égalité des droits entre les individus, ne permet d'ôter au droit de l'un que ce qui est rigoureusement nécessaire au droit de l'autre. L'objectif de la peine n'est plus le coupable lui-même; on ne s'inquiète pas de savoir quel est sur lui l'effet de la peine; qu'elle suffise à son châtiment ou à sa réformation, il n'importe. L'essentiel est qu'elle serve d'exemple aux autres.

S'il est permis de donner à la peine, pour la rendre exemplaire, plus qu'il ne faut à la protection de la société contre le coupable lui-même, la peine n'a plus de mesure. Il n'y a pas de rigueur qui ne devienne légitime pour prévenir les crimes ; le sacrifice du coupable est nécessaire à l'intérêt social, et l'on retombe dans la théorie de l'intimidation en voulant rendre la peine exemplaire.

La peine est nécessairement exemplaire, mais elle l'est comme l'application d'une loi générale qui gouverne tous les hommes et qui menace également tous les délinquants. L'exemplarité est un des effets de la peine, mais elle n'en doit jamais être la mesure.

C'est, d'après la théorie de la peine, contre le coupable lui-même qu'il faut prouver la nécessité de la peine de mort, et la preuve est impossible, puisqu'une peine perpétuelle donne à la société contre lui la même garantie de sécurité. Il n'est donc pas vrai que la peine de mort soit nécessaire, partant elle est illégitime. Nous concluons en disant qu'il faut la répudier, non parce que le droit de l'individu à l'existence est supérieur au droit qu'a la société de protéger ses membres, mais parce que ce droit de protection ne justifie pas logiquement cette peine.

C'est pour avoir mal compris l'idée de la nécessité, et placé sous son abri toute espèce de préjugés empruntés à des théories pénales surannées, que des écrivains fort éminents ont cru à la légitimité de la peine; analysez leur argumentation, et vous découvrez qu'ils la défendent comme on défendait jadis les peines corporelles, la torture, en affirmant qu'elles sont utiles, indispensables à la société; adversaires de la théorie de l'utilité, ils la font servir à la défense de la peine de mort, et tombent ainsi dans une contradiction dont ils ne se rendent pas compte.

Ils aiment mieux se résigner à la contradiction que de renoncer à la seule peine qui puisse arrêter les grands criminels. Son abolition serait fatalement suivie d'une recrudescence de crimes auxquels il est téméraire d'exposer la société; mais l'expérience est faite : la peine de mort a été abolie partiellement dans certains pays, totalement dans d'autres, et la statistique, analysée avec le plus grand soin par M. Mittermaier, prouve que le nombre des crimes autrefois punis de mort ne s'est augmenté dans aucun de ces pays. L'efficacité de la peine, démentie par ce fait, l'est encore par beaucoup d'autres, et M. Mittermaier n'en néglige aucun, pensant avec raison que le vrai moyen de faire triompher l'abolition de la peine de mort devant l'opinion publique, c'est de prouver par l'expérience l'inefficacité de la peine.

Ce n'est pas tout encore : la peine n'est pas seulement inefficace, elle a des inconvénients sans nombre, et ces inconvénients sont là même où un examen superficiel pense découvrir les avantages de la peine. On veut assurer le respect de la vie humaine, et l'on fait bon marché de son inviolabilité; on veut inspirer à l'homme l'horreur du sang, et on lui montre le sang versé par la main du bourreau ; on veut arriver à la certitude de la répression pénale, et l'on demande aux dépositaires de la justice, aux juges, au jury, l'application d'une peine dont la légitimité est douteuse pour les uns et dont la rigueur effraye les autres. Que dire enfin du danger d'une peine irréparable, quand la justice est exposée par la faillibilité humaine à d'incessantes erreurs? De tous les inconvénients de la peine, si bien analysés et si bien prouvés par des faits sans nombre, celui-là n'est certes pas le moindre, et M. Mittermaier a raison d'y revenir sans cesse. Son livre s'arrêtait au récit de deux erreurs judiciaires, commises et réparées par les tribunaux français en 1863. Ce ne sont pas les dernières : cette année même, en Angleterre, un malheureux Italien, Pelizzonni, était condamné à la peine de mort pour un meurtre qu'il n'avait pas commis ; déjà voué au supplice, il a dû son salut au dévoûment d'un compatriote qui, pressentant l'erreur du jury, résolut courageusement d'en découvrir la preuve. Il la chercha, et réussit à la trouver ; il mit la main sur le vrai coupable, l'amena devant les juges, l'obligea à confesser son crime, et l'innocent fut sauvé. Il est certain que la peine de mort peut frapper un autre innocent ; mais ce qui n'est pas certain, c'est que son innocence apparaisse avant son supplice. L'abolition de la peine est le seul remède à ce danger ; on arrive donc à la même conclusion, soit qu'on examine la peine de mort dans ses rapports avec la théorie de la peine, soit qu'on juge ses effets avec les données de l'expérience.

Il n'est désormais permis à personne de reléguer l'abolition de la peine parmi les conceptions purement théoriques d'une philosophie à laquelle répugne le sens pratique du législateur. Le mérite du livre de M. Mittermaier est d'en avoir prouvé la nécessité par l'ensemble de faits le plus complet qu'aucun publiciste ait réunis sur cette question. Le moment est venu de proclamer l'inviolabilité de la vie humaine, et M. Mittermaier enseigne aux hommes d'État qu'en la proclamant, ils ne cèdent pas à l'entraînement irréfléchi, et imprudent de l'opinion publique, mais qu'ils suivent le mouvement régulier de la civilisation, qui ne tolère plus le régime pénal des temps anciens, et qui sait, tout en adoucissant les peines, garantir la sécurité publique. Puisse cet enseignement profiter à la France et la ramener vers ses traditions, qui, cherchées dans les débats de nos grandes assemblées révolutionnaires, dans les travaux de ses publicistes, MM. Bérenger, Lucas et d'autres également éminents, dans les réformes successives de ses lois pénales, dans le décret du gouvernement provisoire de 1848 abolissant la peine de mort en matière politique, semblaient la désigner la première entre les grands États de l'Europe pour accomplir cette grande réforme! Si loin qu'elle soit encore de nous, l'état de l'opinion publique est tel, on peut l'affirmer, qu'il promet un bon accueil au livre de M. Mittermaier.

N. LEVEN.

Mai 1865.

PRÉFACE.

Il est incontestable que les sciences naturelles, et surtout la médecine, doivent en grande partie leurs progrès si considérables à leur méthode nouvelle. Elle consiste à faire avec soin un ensemble d'observations et d'expériences qui nous apprennent à bien connaître la nature et les forces qu'elle recèle. Il faudrait procéder de même en matière pénale, rechercher la valeur de chaque peine dans l'ensemble du système pénal, interroger l'expérience, pour connaître la nature véritable de la peine et ses effets : on arriverait ainsi à mettre la législation pénale en rapport avec les besoins, avec l'état de la civilisation, et à lui faire produire de meilleurs résultats.

L'auteur de ce livre a consacré une longue suite d'années à l'étude des expériences faites sur les différents systèmes pénitentiaires, pour discerner le meilleur d'entre eux. Appliquant la même méthode à ses études sur la peine de mort, il a suivi avec attention dans l'histoire le développement de cette pénalité ; il a consulté l'expérience sur les effets produits tant par son application que par son existence même, pour arriver à discuter sa légitimité, sa nécessité, le choix d'autres peines plus utiles à l'État, enfin les dangers de cette peine pour l'ordre social.

Ce livre est le fruit de cinquante années d'études ; il contient, avec un ensemble de faits d'une incontestable exactitude, recueillis par l'auteur lui-même ou par des personnes bien placées pour d'utiles observations, les résultats certains de la statistique et ceux de la législation des pays où la peine de mort est abolie.

Aux yeux de l'auteur, les institutions ne sont bonnes aujourd'hui qu'à la condition d'être fondées sur les principes de la raison : leur antiquité ne les rend pas légitimes. Les idées qui ont fait admettre la légitimité de la peine de mort n'ont plus de valeur, et cette peine, répudiée par les progrès de la civilisation, n'a plus de raison d'être. Déjà, dans la plupart des pays, le plus grand nombre des condamnations à mort n'est pas exécuté : beaucoup d'hommes distingués par leur expérience et par leur esprit s'élèvent contre elle, et leur nombre va toujours en croissant ; enfin, partout où la peine de mort est abolie, on n'a pas vu les crimes se multiplier. Voilà les faits que nous allons établir dans ce livre : il en sort un enseignement sérieux pour l'homme qui s'occupe de législation pénale ; il doit voir, surtout en présence des faits constatés dans le paragraphe 12, qu'il est temps de travailler à l'établissement d'un système pénitentiaire qui tende à l'amélioration des condamnés. Un des criminalistes français les plus distingués, Molinier, vient de publier un livre : *De la peine de mort, des preuves en matière criminelle*, Toulouse (1862) ; il a paru depuis l'impression de ce livre. L'auteur y examine la question avec impartialité, et, ne voulant pas qu'elle soit tranchée trop vite, il conclut en disant, p. 23 : « Qu'on soumette » à l'épreuve de l'expérience le système pénitentiaire, » qu'on observe les résultats qu'il produira, et alors, » s'il est reconnu qu'il est redouté et que sa puissance » d'intimidation protége la société suffisamment, on » verra la peine de mort disparaître d'elle-même. » On a longtemps regardé comme indispensables la torture, les mutilations et la peine de mort qualifiée : tous ces genres de supplices ont disparu, grâce aux progrès de la civilisation et de la morale. On verra disparaître de même la peine de mort.

MITTERMAIER.

I.

La peine de mort envisagée dans ses rapports avec le développement des idées sur la nature de la peine.

La vérité de l'opinion qui admet les rapports intimes du droit pénal avec les idées religieuses et morales, avec l'état social et politique d'un peuple, apparaît évidemment dans la divergence des idées sur la peine de mort chez les différents peuples, et même aux différents âges du développement d'un même peuple. Aussi la législation pénale n'a-t-elle une autorité véritable qu'à la condition de satisfaire la majorité des hommes éclairés d'une nation, et de contenir des dispositions sur l'étendue du droit pénal, sur les genres de pénalités, sur leur application, conformes aux progrès de la civilisation. L'histoire enseigne que chaque peuple a ses idées particulières sur le système pénal : telle peine qu'un peuple insouciant ou grossier acceptait ou subissait paisiblement dans un état de civilisation inférieure, doit s'évanouir devant la puissance de l'opinion publique, quand elle est condamnée par les hommes qui ont une autorité légitime sur le peuple devenu plus civilisé. Tandis qu'une partie des règles pénales repose sur les lois éternelles de la justice, une autre, la plus grande, trouve sa raison d'être dans l'état d'un peuple aux différentes époques de son histoire. Cette vérité apparaît surtout dans le choix des peines.

L'objet de ce livre n'appelle pas, sans doute, l'étude historique de la législation de tous les peuples (1) sur la peine de mort; néanmoins il faut étudier celle des Romains sur cette matière. C'est à la législation de ce peuple que les peuples de l'Europe ont fait le plus d'emprunts.

(1) Nous pensons qu'il suffit de commencer l'histoire de la peine de mort chez les Romains. Son histoire chez les autres peuples de l'antiquité est trop incertaine pour servir au but pratique de notre œuvre.

Trois principes auxquels se rattache essentiellement la peine de mort ont exercé dans l'antiquité leur influence sur le droit pénal. On les retrouve en partie dans l'histoire des peuples germaniques.

1° C'est le principe du talion. L'idée du talion imposant au coupable, autant que possible, un mal pareil à celui qu'il a causé à autrui par son crime, est plus ou moins acceptée par un peuple encore peu civilisé, selon que l'idée de la peine se dégage de ses croyances religieuses, sur le devoir de la vengeance, et le talion prend place dans une législation basée sur le droit coutumier, d'autant mieux qu'il satisfait les sens et le préjugé du mysticisme sur la nécessité d'apaiser le sang par le sang. C'est ainsi que nous trouvons dans le droit romain des Douze Tables, comme expression de l'idée du talion, table 8 (1), la règle suivante : *Qui membrum rupit ne cum eo pacit, talio esto* (2), et le mot *vindicta*, pour désigner la peine, correspond à l'idée de la vengeance et du talion. Sous l'empire de telles idées, on comprend que la peine de mort soit admise comme la peine légitime du meurtre.

2° C'est la nécessité de l'intimidation par la peine pour prévenir les crimes. Cette théorie sur la peine de mort convient à un peuple encore trop grossier pour respecter dans l'homme un être moral ; rapportant tout aux sens, il s'imagine que la crainte d'un mal physique peut seule faire impression sur l'homme comme sur les animaux, et le tenir éloigné du crime. C'est alors que la loi cherche des moyens d'intimidation dans des peines qui causent à l'homme un mal physique : par exemple, la torture, les mutilations, et, pour les plus grands crimes, la peine de mort.

3° C'est enfin l'idée de la colère divine et la nécessité de l'apaiser par les châtiments. L'idée qui a dominé dans l'antiquité a été celle d'une divinité irritée. Le peuple, dans sa grossièreté, lui prête les passions humaines, et s'imagine qu'elle est offensée par des fautes, par de grands crimes, et surtout par ceux qui semblent immédiate-

(1) *Bons développements sur l'histoire du talion*; Winssinger, *De talione*, Lovan. 1822 ; Deinse, *De pœna talion. apud var. gentes*, Lugdon. 1822 ; Rein. *Droit criminel des Romains*, p. 33.

(2) Les auteurs sont très-divisés sur le sens du mot talion. Festus, *Voce talio*; Isidor. *Orig.*, v, 27, p. 24; Rein. *Droit criminel des Romains*, p. 358 ; Osenbrüggen, dans le *Journal du droit allemand*, xviii, p. 74.

ment dirigés contre elle ou contre une institution importante pour elle, et qu'elle tire vengeance du peuple. Il doit alors chercher à apaiser la divinité par des sacrifices (1), dans l'espoir d'éviter à la société tout entière la peine méritée par un de ses membres. Un préjugé du même ordre a régné plus longtemps encore : c'est celui qui imposait à l'homme coupable du meurtre, même par imprudence, d'un de ses semblables, le devoir d'apaiser la colère des dieux : il ne pouvait participer aux sacrifices publics, sans empêcher qu'ils ne fussent agréables aux dieux (2).

Avec de telles idées, il était facile de faire accepter la peine de mort comme le sacrifice légitime du coupable et comme un moyen d'apaiser la divinité. Rien ne répondait mieux aux idées théocratiques des premiers Romains (3). Ainsi le mot *supplicium*, employé pour désigner l'exécution de la peine de mort, exprime l'hommage adressé par le peuple à la divinité (4) qu'il implorait. La mort du coupable (5) devait apaiser le dieu (*Numen*), protecteur offensé. Sous l'influence des mêmes préjugés théocratiques, l'homme coupable d'un crime déterminé était frappé d'une sorte de proscription par la formule : *Sacer esto;* le proscrit était exclu de la société civile, et l'impunité assurée à celui qui lui donnait la mort (6).

L'histoire romaine vient merveilleusement à l'appui des recherches historiques tendant à montrer chez tous les peuples les

(1) Cette théorie est dans Lassaulx, *Sacrifices expiatoires des Grecs et des Romains.* Chez les peuples barbares, c'étaient même des sacrifices humains. Lassaulx, p. 10. Rein. *Droit criminel des Romains*, p. 33.

(2) A cette idée se rapporte la lex Regia de Numa. Du Boys, *Histoire du droit criminel*, I, p. 263. Geib. *Leçons de droit criminel*, I, p. 13.

(3) Un travail approfondi sur l'ancien droit criminel des Romains et sur l'influence des idées théocratiques a été publié par Ulloa (un des jurisconsultes les plus distingués de Naples) dans la *Gazetta dei Tribunali*, Napoli, 1859, nᵒ 1328-40, où il démontre que le droit des Étrusques et des Sabins était théocratique. *Voyez* encore Welcker, *de l'Etat, du Droit*, p. 536; Platner, *de Antiq. jur. crim. Roman.*, p. 23.

(4) Sur le *supplicium*, explication des écrivains classiques (dans Ulloa), p. 671.

(5) On voit ainsi, dans la loi des Douze Tables, que l'homme qui a causé un dommage à des champs de blé doit être sacrifié à Cérès (Numen), qui protège les moissons.

(6) Sur ces idées de *Sacratio*, Geib. Traité, p. 14, et, suivant le langage des classiques, Ulloa, p. 672.

rapports des idées sur la peine de mort avec le développement de la liberté politique. Le peuple arrivé par le progrès des lumières à connaître le prix de la liberté et à respecter un être moral dans l'homme, trouve aussi dans le sentiment de l'honneur et de la liberté le plus puissant encouragement au bien et cesse de croire à la peine de mort. Au contraire, dans les pays où la liberté politique est anéantie, la tyrannie considère la peine de mort comme un moyen d'intimidation indispensable pour détourner les citoyens du crime. A Rome, après l'établissement de la république, dans un temps où l'honneur et la liberté étaient d'un si grand prix, on pensait que la peine de mort convenait à des hommes grossiers et asservis, mais non aux citoyens d'un pays libre : les *leges Porciæ* l'abolirent en général, pour la réserver à des cas extraordinaires (1). Elle fut remplacée par des peines plus douces ; mais, quand s'évanouirent les grandes idées républicaines et l'antique vertu des Romains, la peine de mort fut rétablie, et appliquée, sous l'empire, à tous les grands crimes ; enfin la situation politique devint si mauvaise, que le respect de la dignité humaine, le sentiment de la liberté et celui du droit disparurent (2) , et la peine de l'interdiction de l'eau et du feu, employée jusqu'alors, n'eut plus de sens.

Il faut ici parler de l'influence du christianisme sur les idées relatives à la peine de mort. Si la religion nouvelle était, comme on va le voir, le plus puissant élément de civilisation dans le monde germanique, elle n'avait pas à Rome le même genre d'influence sur l'application de la peine de mort; les disputes des premiers chrétiens (3), la dégradation des Romains et le caractère de Constantin, incapable de saisir l'esprit de la religion nouvelle, rendaient impossible l'action morale du christianisme. Il fut si mal compris, qu'il donna lieu, évidemment sans sa faute, à un redoublement de barbarie dans l'application de la peine de mort (4). L'action du

---

(1) Geib. Traité, p. 24; Eisenlohr, la *Provocatio ad populum*, p. 16.

(2) Geib. Traité, p. 110.

(3) *Voyez*, sur ce sujet, les observations importantes de Humboldt dans *le Cosmos*, II, p. 218, et Laurent, *Études sur l'histoire de l'humanité*, p. 229 et 294.

(4) On s'attachait, dans le droit pénal, à la rigueur de la loi mosaïque, et l'on accusait le paganisme d'un excès d'indulgence. Holzendorf, *la Peine de la déportation*, p. 134. La barbarie de la législation

christianisme fut excellente au contraire partout où, compris dans sa pureté, il réagit sur les mœurs des peuples. Les Pères de l'Église substituèrent à l'idée ancienne d'une divinité dont il fallait apaiser la colère par des châtiments, celle d'un Dieu qui aime les hommes comme ses enfants et veut les voir s'améliorer. Ils déclarèrent la guerre aux institutions païennes, déshonorantes pour l'humanité, à l'esclavage et aux combats de gladiateurs (1) ; la peine de mort fut également attaquée (2). Le même esprit animait aussi les papes et les prêtres chrétiens convertissant les peuples de la Germanie au christianisme, et condamnant la torture et la peine de mort par des décisions pleines de noblesse (3).

La légitimité de la peine s'expliquait, d'après les idées camoniques, en considérant le crime comme une offense faite non pas à l'individu, mais à l'intérêt public : un souffle d'humanité entra par là dans le système pénal (4). Dans un concile on proclama l'amélioration du coupable comme le but de la peine (5). Au moyen âge, on vit des hommes dignes de respect, tels que saint Bernard, attaquer la peine de mort, la regardant comme une institution contraire à l'esprit du christianisme (6). Parlons maintenant du droit d'asile, dont on abusa souvent et qui finit par dégénérer : l'idée qui lui donna naissance, c'était que

---

de Constantin dans la punition du rapt est fort bien exposée par Du Boys, *Histoire*, I, p. 673-76. Pour voir comme Justinien comprenait mal l'esprit du christianisme, il suffit de lire sa novelle 77, où il dit que la colère divine est excitée par le blasphème.

(1) Ces faits sont bien présentés par Laurent, *Études sur l'histoire de l'humanité*, vol. IV, p. 312.

(2) *Voir* saint Augustin, *Epîtres* 152, 154. Albini a fait une bonne dissertation sur ce sujet, *Della pena di morte*, p. 39. Il est à propos de rappeler ici la critique ardente du terrible régime des prisons, Laurent, p. 318.

(3) Laurent, vol. VII, p. 150. *Encyclique* du pape Nicolas aux Bulgares.

(4) Laurent, vol. VII, p. 150. Epinay, *l'Influence du droit canonique sur le droit français*; Toulouse, 1857, p. 124.

(5) *Concilium Toletanum in Mansc. Concil.*, vol. XI, p. 141.

(6) *Bibliotheca Cisterciens.* I, p. 51; II, p. 17. Le saint réussit à soustraire un brigand au supplice en disant qu'il préférait le laisser périr lentement par ses remords.

l'Eglise devait sa protection à l'homme qui cherchait, dans un asile dont elle ne permettait pas que la paix fût troublée, un refuge contre la violence d'un accusateur irrité, si souvent exercée au mépris du droit (1), sans soustraire le coupable à la peine qu'il avait méritée. Le droit d'asile fut encore pour l'Eglise le moyen de soustraire ceux qu'elle protégeait à la peine de mort; aussi trouvons-nous des décisions et des actes nombreux qui permettent de livrer les fugitifs, à la condition de ne pas leur infliger la peine de mort (2). Il ne paraît pas que, d'après le droit canonique, cette peine ait été légitime (3).

Dans le droit germanique, la peine de mort existe, des travaux récents l'ont prouvé; mais on voit encore ici l'influence des idées religieuses : le peuple regardait cette peine comme tellement extraordinaire, que la volonté divine pouvait seule la rendre légitime (4). Aussi longtemps que régnèrent chez les peuples de la Germanie le droit de tirer vengeance du meurtre et le système des compositions, la peine de mort fut rarement employée. Néanmoins son application à certains crimes eut sa raison d'être dans l'idée de la paix : le vrai principe de la société germanique est que l'homme qui trouble la paix par certains grands crimes peut être mis à mort comme un ennemi public (5). Il est vraisemblable que la peine de mort fut, chez certains peuples, usitée avant de l'être chez d'autres (6), et

(1) *Etude juridique sur le droit d'asile*, de Mohl, Tubingue, 1853. *Le Droit d'asile dans son développement historique*, par Bulmering, Dorpat, 1852. Du Boys, *Histoire du droit criminel*, vol. IV, p. 396.

(2) On trouve de précieux renseignements dans l'*Essai sur l'asile religieux* de Ch. de Beaurepaire. Paris, 1854, p. 30, 59.

(3) Il ne faut pas admettre, avec Roszhirt, dans son *Histoire du droit canonique*, p. 333, que la peine de mort soit une expiation, c'est-à-dire qu'elle soit instituée dans l'intérêt du coupable repentant. On peut seulement admettre que l'Eglise n'a pas contesté à l'Etat le droit de réagir contre le crime par l'application de cette peine, dans le C. 1, X, *de furtis*.

(4) Ainsi, Tacite rapporte que la peine de mort était employée, suivant les prêtres, *velut Deo imperante* : telle est bien l'idée des peuples barbares sur la peine de mort.

(5) Voir le passage de la Leg. Saxon. III, 5.

(6) Surtout chez les Saxons, malgré le doute des historiens à ce sujet. Boehlau, *Novæ constitutiones domini Alberti*. Weimar, 1858, p. 73.

qu'elle le fut surtout chez ceux qui avaient de fréquents rapports avec les Romains : l'influence du droit romain fait introduire la peine de mort dans le droit de ces peuples (1), de même qu'elle explique certaines décisions des Capitulaires (2). On trouve manifestement aussi dans les lois germaniques le principe du talion commun à tous les peuples barbares (3). Mais l'Eglise, fidèle à ses nobles traditions, dirigea contre la peine de mort son action bienfaisante sur les peuples de la Germanie convertis au christianisme (4). Cependant les préjugés populaires semblent avoir rendu fréquente l'application de la peine de mort, en diminuant le nombre des crimes rachetables et soumis à la composition, et la proscription, atteignant fréquemment les grands coupables, rendait légitime l'application de la peine de mort. Il en fut ainsi principalement pour les crimes consistant dans la violation de la foi jurée (5), la trahison, la rupture de la paix promise (6), et pour certains cas de meurtres vulgairement qualifiés d'assassinats. L'usage de cette peine se répandit chez les peuples de la Germanie (7) à mesure que le droit romain, où elle était souvent employée, influa sur leur législation, et que la puissance de l'Etat grandissante et l'intérêt social attaché à la punition du crime firent disparaître le système des compositions, et amenèrent l'application des peines publiques. La peine de mort fut facilement acceptée par d'autres causes au moyen âge; l'idée de la vengeance partout ré-

(1) Par exemple, chez les Goths, les Lombards. Strat, *de Jure Italor. crim.* Bérol. 1859. Anschutz, *la Lombardie*, p. 25.

(2) Par exemple, *Decretum Childeberti*, ao. 595. Il est encore vrai (Zoepfl, *Histoire du Droit*, p. 912) que l'introduction du droit mosaïque favorise le droit du talion.

(3) Il est énoncé dans les lois anglo-saxonnes, *Leg. Alfredi*, c. 19. *V.* encore Zoepfl, *Histoire du Droit*, p. 912.

(4) C'est ce qui explique le Capitul. Carol. ao. 785 (dans Pertz, iii, p. 49), qui affranchit de la peine de mort le coupable repentant d'après le témoignage du prêtre. Michelsen, dans le *Journal* xiv, p. 201.

(5) Du Boys, *Histoire du Droit criminel*, ii, p. 121. *V.* encore Zoepfl, *Histoire du Droit*, p. 916.

(6) Maurer, dans la *Revue de Bluntschli*, iii, p. 33.

(7) Les idées n'étaient pas uniformes dans cette matière : chez les Saxons, certains genres de vols furent, dès l'origine, punis de mort, Koestlin, dans *Bluntschli*, iii, p. 173.

pandue aboutisssait au talion, et, dans ces temps grossiers, chez un peuple conduit toujours par les impressions des sens, l'intimidation, considérée comme le but de la peine, rendait nécessaires les peines rigoureuses. Il devait paraître naturel au peuple d'infliger au criminel le traitement qu'il avait fait subir à autrui, et de mesurer l'expiation à la gravité du crime (1).

Pour intimider, il fallait prodiguer la peine de mort et l'exécuter avec un appareil terrible. Elle ne fut cependant pas, d'après le témoignage de l'histoire, exécutée aussi souvent que les lois la prononçaient. L'Église, qui cherchait dans la peine un moyen d'améliorer le coupable, intervenait continuellement pour s'opposer à l'exécution de la peine de mort (2); sa main se montre dans ces jugements du moyen âge (3) qui offraient au coupable le moyen de s'affranchir des peines les plus sévères et surtout de la peine de mort : il devait s'obliger à des actes de pénitences par lesquels il manifestait son repentir publiquement avec sa famille (4), à faire élever, comme témoignage durable de son repentir, de beaux ou d'utiles monuments (5) en l'honneur de l'Église, ou bien à entreprendre un pèlerinage, souvent même à Rome (6), en l'accompagnant d'actes de pénitence plus ou moins pénibles (7). Ce qui prouve encore que l'application de cette peine était loin d'être ausi fréquente que la loi l'autorisait, c'est que les peines rigoureuses, multipliées dans un but d'intimidation, n'étaient qu'un maximum, et les échevins avaient la faculté de prononcer des peines moins sévères pour les crimes moins graves. Ils avaient même, au moyen

(1) C'est ainsi qu'on trouve dans les institutions du moyen âge le principe du talion : la vie pour la vie, le sang pour le sang. On a là-dessus une bonne dissertation de Osenbrüggen dans la *Revue de Droit allemand*, xviii, p. 176, et dans le *Traité du droit pénal allemand*, p. 84.

(2) Laurent, i c., vol. vii, p. 157.

(3) Importants renseignements dans Cannaert, *Bydragen tot de Kennis van het oude strafregt van Vlanderen Gent*. 1835, p. 95, 100.

(4) Cannaert, p. 60, 136.

(5) Cannaert, p. 173.

(6) Un registre de Dresde, publié récemment dans la *Revue du Muséum germanique* pour les temps anciens, 1861, n° 19 octobre, indique le pèlerinage à Rome comme la peine ordinaire du meurtre, dans la période de 1432 à 1463.

(7) Cannaert, p. 179.

âge, le droit de grâce, et en faisaient souvent usage pour soustraire à la peine de mort (1), surtout de puissants criminels. Il y eut à cette époque, principalement en Italie, une discussion remarquable entre les jurisconsultes : quelques-uns demandaient l'adoucissement des peines, et déjà un écrivain estimé (2) se prononçait contre la légitimité de la peine de mort. Pourtant la fin du quinzième et le commencement du seizième siècle fut une mauvaise époque dans l'histoire du droit criminel, et, l'esprit d'intimidation triomphant, la peine de mort (3) fut prodiguée par les lois et exécutée avec un appareil terrible sous tant de formes diverses dont les bourreaux de ce temps-là nous ont laissé la description. Ce redoublement de rigueurs se manifesta quand les juges remplacèrent les échevins ou les annulèrent (4), et surtout quand le droit de grâce cessa d'être lié à l'exercice de la justice. On ne peut nier que Schwarzenberg (5) n'ait abusé, dans la *Constitutio criminalis Carolinæ*, de la peine de mort, obligé qu'il était de céder aux habitudes de son temps ; mais il est juste aussi de reconnaître qu'il a beaucoup contribué à rendre son application moins fréquente, tant par la disposition de l'article 104 de la *Constitutio criminalis*, que par l'économie de certains articles qui réservent la peine de mort comme un maximum aux cas de culpabilité les plus graves (6), et qui la prescrivent alors même, non d'une manière absolue, mais alternativement avec d'autres peines ; enfin, prenant en considération tout ce qui, dans l'état présent de la science, diminue la responsabilité pénale des accusés (7), il a donné aux juges la faculté d'appliquer, comme à des cas de culpabilité moins graves,

(1) Osenbrüggen, *Antiquités du droit*, i, p. 37 ; John, *Droit pénal du nord de l'Allemagne*, p. 344, note.

(2) Elizio Calenzio, précepteur du fils de Ferrante II. On trouve pour l'Italie des détails importants donnés par Ulloa dans la *Gazetta dei Tribunali*. Napoli, 1857, n° 1206, p. 492.

(3) Sur la nature terrible des peines dans les temps anciens, Osenbrüggen, *Antiquités du droit*, iii, p. 16.

(4) Il en a été ainsi dans la CCC; Zachariæ l'a bien prouvé dans les *Archives du droit criminel*, 1857, p. 85.

(5) Dans l'article 109, relatif à la sorcellerie. Dans l'article 125, relatif à l'incendie.

(6) Par exemple, article 159, pour les vols dangereux,

(7) Articles 175-179.

une peine inférieure à la peine légale. Aux xvie et xviie siècles, les lois prodiguaient encore la peine de mort (1) et les criminalistes professaient une grande sévérité dans la répression pénale (2); mais il ne faut pas oublier que les guerres multipliées et les violences commises par les partis religieux et politiques rendaient le peuple barbare, entretenaient l'habitude des peines rigoureuses, et surtout celle de la peine de mort, et les législateurs étaient eux-mêmes amenés à croire que, pour intimider les ennemis ou pour extirper les bandes de brigands aussi terribles que nombreuses (3), il fallait user de la peine de mort avec une rigueur extrême. Aussi ne faut-il pas s'étonner de voir, même à une époque où la science politique était enfantée par l'esprit du libre examen cherchant les limites du pouvoir de l'Etat, se produire des théories sur la légitimité de la peine de mort ; les écrivains subissaient l'influence de leur temps. A leur tête se place Hobbes (4) qui, voyant dans le criminel un ennemi de l'État, considérait la peine de mort comme une nécessité de l'état de guerre. Une doctrine contraire à la sienne avait pour défenseur le chancelier Thomas Morus, qui périt lui-même sur l'échafaud. Dans son livre sur la constitution d'un État idéal : *Utopia*, il enseigne que la peine doit être mesurée à la faute ; il condamne les peines violentes et soutient énergiquement l'illégitimité de la peine de mort, au moins quand elle sert à punir les attaques contre la propriété (5).

(1) Ajoutons que l'Église, jadis hostile à la peine de mort, se taisait et renonçait même à l'ancienne doctrine du christianisme.

(2) Ulloa, dans la *Gazzetta dei Tribunali*, 1858, n°s 1214, 1235, 1242-1245.

(3) De là vient que Henri VIII, roi d'Angleterre, ait fait un si terrible abus de la peine de mort.

(4) Sur Hobbes, *voir* Vorlaender, *Histoire de la morale philosophique dans le droit public*, Marburg, 1855, p. 353.

(5) Sur Thomas Morus, voir *Histoire de la science politique de Mohl*, i, p. 79; Frank, dans les *Travaux et séances de l'Académie des sciences morales*, Paris, 1854, ii, p. 309. Article de la *Revue des Deux-Mondes*, 1856, iv, p. 551; v, p. 564.

II.

Du rapport des idées sur la peine de mort avec le progrès des idées sur le droit pénal, depuis le milieu du XVIIIᵉ siècle.

Le changement le plus remarquable dans les idées sur la peine de mort se produisit en Europe depuis cet âge nouveau de la civilisation où l'esprit de scepticisme et de révolte souleva les hommes contre la tutelle de l'État et de l'Église. Il alla souvent, dans l'examen et l'attaque de l'ordre de choses existant, jusqu'à l'exagération et l'injustice ; mais il jeta dans le monde des idées nouvelles qui transformèrent son état politique et social. Il est vrai qu'en Angleterre, depuis un siècle, au milieu des grandes luttes religieuses et politiques, l'esprit de doute avait provoqué les plus savantes recherches sur la définition du pouvoir de l'État, et que l'Angleterre jouissait, dans les temps les plus mauvais, de la liberté et d'une constitution destinée à la garantir (1). Mais l'exemple de l'Angleterre était resté sans influence sur le reste de l'Europe, jusqu'à l'époque où des hommes éminents de la France allèrent en Angleterre : apprenant à connaître et à estimer le pays et ses écrivains, ils les désignèrent à l'attention de leurs compatriotes. Bientôt on vit paraître des travaux scientifiques qui, faisant l'éloge de l'Angleterre, développèrent des idées nouvelles sur la politique et sur le droit, et pénétrèrent dans le reste de l'Europe. Les idées nouvelles devaient nécessairement réagir sur la peine de mort. L'activité des écrivains de cette époque embrassait les

______

(1) On trouve beaucoup d'observations importantes à ce sujet dans l'*Histoire de la civilisation en Angleterre*, par Buckle, traduction de Ruge, Iᵉʳ vol. 2ᵉ chap. p. 193 ; vol. IIᵉ, p. 1.

objets les plus divers. Quelques-uns, et surtout Voltaire (1), attaquant d'une part l'ordre de choses existant avec violence et souvent avec injustice, et de l'autre défendant avec enthousiasme des innocents condamnés à la peine de mort, sans contester la nécessité de cette peine dans certaines circonstances, en montraient les dangers et luttaient contre l'excès de rigueur dans la loi pénale. En même temps Montesquieu (2), tenant compte d'un état de choses donné, mais déterminant les lois de l'humanité d'après la nature de l'homme, jugeait les constitutions existantes ; il indiquait les avantages et les inconvénients que l'expérience y faisait découvrir, condamnait en matière pénale autant le mysticisme que l'intimidation par des peines violentes, et demandait la modération au législateur : à cette condition, la peine de mort elle-même lui paraissait admissible.

En Angleterre, où, durant les guerres politiques et religieuses, la peine de mort était prodiguée au delà de toute mesure, et où dominait, en même temps, la théorie de l'intimidation, il se fit un changement dans les idées sur la peine de mort. Il était dû aux nobles efforts de Howard (3), qui, revenu de ses voyages en Europe l'esprit tout plein de la barbarie des lois pénales, travailla à la réforme du régime pénitentiaire, et s'éleva surtout contre la rigueur des peines. Ses peintures saisissantes d'un état de choses mauvais eurent une heureuse influence sur la législation pénale (4), et ses idées sur la nécessité de travailler à l'amélioration du coupable,

---

(1) Le livre de Buckle renferme de beaux passages sur Voltaire (a. O. II, p. 265). Ses rapports avec les souverains de son temps devaient avoir une grande importance.

(2) Il est bien jugé par Mohl, I, p. 236 ; Vorlaender, p. 628 ; par Buckle, I, 2ᵉ ch., p. 287. *Voir* encore la *Revue contemporaine de* 1858, avril, p. 749 ; mai, p. 49 ; le journal *le Droit* des 30 août, 1 et 2 septembre 1859, et surtout l'ouvrage du comte Sclopis : *Recherches historiques et critiques sur l'Esprit des lois de Montesquieu,* Turin, 1857. Carmignani, *Scritti inediti,* vol. II, p. 207.

(3) Life of J. Howard with comment on his character by Field. London, 1850. Son œuvre est retracée dans le livre : *The prison chaplain, John Clay, by his son* ; Cambridge, 1861, p. 22-43.

(4) La biographie de Howard fait voir qu'il lisait volontiers les ouvrages de Beccaria, et qu'il en faisait son profit. Field, dans l'ouvrage qui vient d'être cité, p. 168.

d'améliorer, dans ce but, le régime des prisons, et ses sorties contre l'abus de la peine de mort, préparèrent l'adoucissement du système pénal en Angleterre (1). Bentham (2) eut aussi de l'influence sur la législation de son pays : aimant l'humanité, il voulait l'amélioration des lois pénales, et, redoutant l'arbitraire et la faiblesse, il cherchait la proportion entre la peine et le crime : il contribua puissamment à l'amélioration des lois anglaises : il fut, en même temps, le fondateur de la théorie de l'utilité, qui, analysant les actions humaines, trouve la cause du crime dans un égoïsme raffiné où se mêlent l'espérance et la crainte, et voit dans la peine le moyen d'opposer aux séductions du crime la crainte d'un mal assez grand pour les vaincre. La doctrine de Bentham fut la base d'une théorie raffinée de l'intimidation (analogue à celle de Feuerbach), qui regardait la peine de mort comme légitime dans la mesure où elle était nécessaire, et avec de nombreuses restrictions.

Dans aucun pays, l'esprit de réforme ne fut, contre la peine de mort, aussi puissant qu'en Italie ; c'est le pays qui avait fait, avant tous les autres, de la philosophie du droit un sujet de savantes recherches (3). Filangieri y contribua beaucoup : il était né en 1752. Tendant au même but que Montesquieu, il lui fut inférieur; il n'eut pas, comme le philosophe français, une grande expérience, une science étendue de l'histoire, et un ensemble de connaissances recueillies dans des voyages, et surtout en Angleterre ; mais, nourri des travaux de Locke, il eut une grande influence, en pénétrant dans l'essence de la législation, en l'assujettissant à des règles certaines qui doivent présider à toutes les législations; enfin il fixa

(1) Il existe un ouvrage remarquable sur ce sujet: *Woolrych the history and results of the present capital punishments in England with full tables*, London, 1852. Il est intéressant de suivre la marche progressive de la législation vers l'abolition de la peine de mort, et surtout de constater que le nombre des crimes ne s'est pas augmenté, bien qu'il ait été fait un usage de plus en plus fréquent du droit de grâce.

(2) Livre sur *Bentham*. Mohl, p. 232; Vorlaender, p. 232 ; un bon article dans le *American law magazine*, vol. XXIII, p. 332; Hélie, dans les *Séances et travaux de l'Académie des sciences morales*, Paris, 1855, vol. II, p. 40. *The Prison Chaplain*, p. 72.

(3) Bonne exposition des travaux sur la philosophie du droit en Italie dans Carmignani, *Scritti inediti*, Lucca, 1851, vol II, p. 29, 177.

supérieurement les principes du droit pénal et de la procédure dans tous leurs détails. La peine de mort est légitime à ses yeux ; sa raison d'être est dans l'existence même de l'Etat; mais il en restreint l'application aux cas de haute trahison et d'assassinat, et montre comme il est dangereux pour l'Etat lui-même de prodiguer cette peine, surtout à l'encontre de l'opinion publique (1). Son ouvrage, mis à profit par le législateur en Italie, eut un grand succès, même en Angleterre (2).

Ce fut Beccaria qui changea les idées de tout le monde civilisé sur la peine de mort (3). Né en 1738, il mourut en 1794. Son œuvre fut le fruit de ses entretiens avec des hommes remarquables de la France et de l'Italie, appliqués à la réforme du droit pénal (4). Si elle manque de profondeur, si elle repose sur des principes qui ne supportent pas un rigoureux examen, si même elle n'est pas exempte d'exagération, elle dut néanmoins indisposer fortement les esprits contre la loi pénale existante (5). Il attaqua la peine de mort en démontrant que la législation ne doit pas imiter la justice de Dieu, et ne reposer ni sur l'idée du talion ni sur celle de l'intimidation ; que l'Etat, ne tenant des individus aucun pouvoir sur leur existence, n'a pas le droit d'user de la peine de mort; que le législateur doit consulter uniquement l'intérêt social, en tant qu'il est conforme à la justice; mais que la peine de mort est inutile et n'a que des inconvénients. Les idées de Beccaria trouvèrent bientôt, dans tous les pays,

(1) Sur l'esprit et sur le mérite des travaux de Filangieri, un bon article dans la revue anglaise *Law review*, 1855, p. 40 et 89; mon article dans Bluntschli, *Dictionnaire politique*, iii, p. 520; les œuvres de Carmignani, *Carmignani Scritti*, vol. ii, p. 207; Sclopis, ii, p. 282; et Soria, *Philosophie du droit public*, vol. vi, p. 139-157.

(2) *Dissertation in Woolrych history, and results of capital punishments*, p. 43.

(3) Sur Beccaria, étudier les idées nouvelles de Walther dans Bluntschli, *Dictionnaire politique*, vol. i, p. 757. Glaser sur Beccaria, Vienne, 1851. Hélie, vol. i. c. 1855, p. 505; 1856, p. 41. Sclopis, i. c. p. 276. Soria, *Philosophie du droit public*, p. 131. Carmignani, *Scritti*, vol. ii, p. 187.

(4) La correspondance de Grimm prouve que l'œuvre de Beccaria est sortie des conférences où les savants français et italiens discutaient les réformes de la législation.

(5) Aussi l'œuvre de Beccaria fut-elle frappée d'interdiction à Venise. Sclopis, p. 277.

malgré de nombreux adversaires, un bon accueil auprès des savants et des hommes d'Etat.

En Toscane, on doit à Léopold le changement complet de la législation.

L'esprit de réforme qui avait déjà animé son prédécesseur de la maison de Lorraine(1), le détermina à supprimer, dans le code de 1786, la peine de mort : une expérience de quatorze années (la dernière exécution en Toscane eut lieu l'an 1774) (2) avait montré au législateur que les peines barbares n'ont que des inconvénients, que l'amélioration du coupable, dont il ne fallait jamais désespérer, devait être, avec la sûreté de la société et la publicité de l'exemple, le but de la peine ; mais ce but lui paraissait atteint par un bon système pénitentiaire bien plus sûrement que par la peine de mort, si contraire au caractère du peuple toscan. Il a été reconnu (3) que son abolition n'a pas augmenté le nombre des grands crimes (4). Les troubles populaires qui éclatèrent dans quelques parties du pays, en l'absence de Léopold, après son avénement à l'empire en 1790, favorisèrent les manœuvres ténébreuses des ennemis de la réforme (5); ils décidèrent l'empereur, qui n'avait plus ni la vigueur ni la clarté de son esprit, à porter la loi de 1790 rétablissant contre les violents perturbateurs de l'ordre public la peine de mort. La loi portée, sous Ferdinand, le 30 août

(1) *Voir* le travail important de Zobi, *Storia civile della Toscana*, Firenze, 1851, vol. II, p. 430. *Voir* aussi Sclopis, I, C. p. 141.

(2) Ce point de vue est largement développé dans l'exposé des motifs de la loi de 1786; il est reproduit par Puccini, président de la cour de cassation, dans son excellent ouvrage *Il Codice penale Toscano*, Pistoja, 1855, vol. I, p. 118.

(3) Carmignani, dans ma *Revue* et dans celle de Mohl *sur la Législation étrangère*, II° vol., n° 20; et Puccini, dans la même *Revue*, XII° vol., n° 14. Puccini fut président de la cour de cassation à Florence; il vécut sous le règne de Léopold et déclara à l'auteur de cet ouvrage en 1841, à Florence, qu'une longue expérience lui avait appris l'illégitimité de la peine de mort, et que son abolition n'avait eu aucun inconvénient pour la Toscane.

(4) Deux assassinats furent commis dans chacune des années 1787, 1788, 1789.

(5) Carmignani, dans la *Revue*, p. 395. Sur les moyens honteux employés par les ennemis de la réforme, lire Zobi, II, p. 311, 320; sur la loi de 1790, II, p. 341.

1795, fut l'œuvre d'un parti politique luttant avec persévérance contre les réformes de Léopold et plein d'influence ; le grand-duc Ferdinand était facile à effrayer, et porté à toute espèce de rigueurs, en présence des intrigues de la France qui troublaient le pays (1).

Aux crimes d'État punis de mort par la loi de 1790 , la loi de 1795 ajouta certains crimes contre la religion, tous les meurtres qualifiés, l'homicide, l'infanticide et l'empoisonnement. Un fait remarquable et attesté par des documents certains (2), c'est que, sous l'empire de la loi de 1786, le nombre des grands crimes ne s'était pas augmenté, et que les étrangers n'eurent aucune part à ces crimes. On vit qu'on n'avait aucun motif de craindre, comme il y a quelque temps encore, que des étrangers ne vinssent commettre des assassinats dans un pays où la peine de mort était supprimée. Même après son rétablissement, cette peine ne fut jamais employée, soit que les tribunaux n'aient pas voulu la prononcer (3), soit que les condamnés aient été systématiquement graciés (4). On verra plus bas ce qu'il advint plus tard de la peine de mort en Toscane (5).

Le livre de Beccaria et l'exemple de la Toscane augmentèrent dans toute l'Europe aussi bien qu'en Italie le nombre des partisans d'une suppression complète de la peine de mort, ou de son application restreinte à quelques grands crimes. Il en fut de même en Allemagne. L'exemple de l'Autriche est surtout digne d'être cité. La philanthropie de l'empereur Joseph II devait naturellement faire

(1) Zobi montre dans sa *Storia,* vol. iii, p. 142, que la consulta, supprimée par Léopold et rétablie plus tard, fut l'adversaire énergique des réformes de Léopold, et que le professeur Ranuzzi fut chargé de prouver la nécessité d'une loi sévère.

(2) Carmignani, dans la *Revue,* p. 468; Puccini, dans la *Revue,* xii, p. 225; Puccini, *il Codice,* p. 130.

(3) Nous donnerons plus loin les décisions si remarquables des tribunaux en matière d'assassinat. Puccini, p. 131.

(4) Carmignani, i, C. p. 410.

(5) Un rapport du gouverneur français de la Toscane (imprimé dans l'ouvrage du comte Sclopis, *la Domination française en Italie* (Paris, 1861, p. 84), expose à l'empereur Napoléon qu'en Toscane, sous le règne de Léopold qui abolit la peine de mort, le nombre des crimes fut plus de la moitié moindre que sous le règne du roi d'Etrurie , qui les punissait rigoureusement de mort.

naître dans son esprit un grand doute sur la légitimité de la peine
de mort ; il n'osa pas l'abolir, mais il voulut empêcher qu'elle ne
fût exécutée. D'après les ordonnances de 1781 et 1783, tenues secrètes pour conserver le pouvoir d'intimidation attaché au maintien légal de la peine, les arrêts de mort n'étaient pas divulgués,
mais on en faisait part à l'empereur ; aussi, depuis l'année 1781,
presque aucun arrêt de mort ne fut-il exécuté (1). Ce fut la loi
du 7 avril 1787 qui abolit la peine de mort en Autriche. L'ouvrage de Beccaria, l'exemple de la Toscane et l'influence de l'il-
lustre Sonnenfels à Vienne, contribuèrent à cette réforme.

L'empereur François II rétablit en 1796, sur la proposition
des plus hauts fonctionnaires, la peine de mort pour le crime de
haute trahison ; mais son extension demandée ne fut décidée
que dans le code de 1803, malheureusement dans des cas trop
nombreux. Toutefois l'empereur jugea nécessaire de justifier le
rétablissement de la peine dans son décret du 29 octobre 1803 (2).
Tout en reconnaissant que le nombre des crimes ne s'est pas augmenté depuis la suppression de la peine de mort, il faut, dit-il,
la maintenir pour les criminels dont l'endurcissement dans le
mal est attesté par le caractère abominable de leurs actes (3). On
verra plus loin ce que devint la peine de mort en Autriche.

L'histoire de la peine de mort depuis la fin du dernier siècle
montre que les événements amenés par la révolution française
faisaient craindre aux gouvernements et aux hommes d'Etat des
mouvements révolutionnaires dangereux, et leur donnaient la
croyance à la nécessité de prévenir les crimes par des peines violentes, et surtout par la peine de mort (4). La législation devait

(1) On trouve d'importants détails dans l'ouvrage de Hye, *la
Législation pénale en Autriche* ; Vienne, 1855, p. 34, note. Une seule
exécution eut lieu en 1786.

(2) Il est rapporté par Hye, 1, c. p. 35.

(3) On expose que le seul motif d'épargner de tels criminels pourrait être l'espoir de les améliorer, et que, cet espoir abandonné, la
peine de mort est la seule qui protége la sûreté publique.

(4) On a discuté moins en Allemagne qu'ailleurs la légitimité de
la peine de mort ; mais l'idée d'une transformation de la législation
pénale et le doute sur la légitimité de la peine de mort apparaissent déjà, en 1777, dans un concours sur un projet de code pénal

prendre l'empreinte de ces idées bien facilement dans un temps où la théorie de l'intimidation était professée par des théoriciens et exprimée dans les codes.

C'est ainsi que, dans le droit prussien, la peine de mort est prodiguée surtout pour les crimes d'Etat, et d'une manière qui montre que le législateur n'avait d'autre but que celui de l'intimidation (1). La peine de mort est encore prodiguée sans mesure dans le code bavarois ; il est l'œuvre de Feuerbach (2), qui voyait dans l'intimidation le but de la peine, et voulait l'atteindre en opposant au mobile des crimes les plus graves le plus grand des maux, la peine de mort (3).

Suivons en France le mouvement de la discussion sur la peine de mort depuis 1790. Déjà, avant la révolution, les idées de Beccaria avaient été accueillies avec une grande faveur par les hommes qui travaillaient à la réforme de la législation pénale. Après l'année 1790, un fait d'une grande importance (4), c'est la proposition soumise par Lepelletier St-Fargeau à l'Assemblée nationale, au nom du comité de constitution et de législation ; elle tendait à la suppression de la peine de mort pour tous les crimes, excepté pour

ouvert par la société de Berne. Beaucoup d'ouvrages parurent alors. (*Voir* le *Traité* de Geib, I, p. 391. L'ouvrage de Beccaria fut traduit par Bergk. Dans les annotations de cet ouvrage et dans la traduction de l'ouvrage de Pastoret, publiée par d'Erhard, vol. II, p. 269-332, on trouve d'utiles rapprochements sur les idées reçues alors sur la peine de mort.

(1) Le § 93 du code, au tit. II, art. 20, dit que l'homme coupable de haute trahison doit être puni par le plus rigoureux et le plus terrible des supplices. D'après le § 805, on doit exécuter sur le cadavre du coupable qui s'est suicidé la peine infligée par le jugement, si elle doit servir à intimider les autres.

(2) La théorie de Feuerbach sur la légitimité de la peine de mort se trouve dans son article publié par la *Bibliothèque du droit pénal*, IIe vol., n° 4, et dans sa *Critique du projet de Kleinschroder*, II, p. 163; III, p. 164.

(3) La logique de sa théorie se révèle dans l'art. 52 de son projet de loi laissé en dehors du code. Cet article remplaçait la peine de mort par celle des fers, quand il était certain que le criminel avait commis son crime dans le but d'être exécuté.

(4) Ces développements historiques sont bien présentés dans le rapport de Lucas, des 11 et 13 mars 1848, à l'académie des sciences morales, et dans Ortolan, *Cours de législation pénale comparée*, p. 671, et Ortolan, *Éléments du droit pénal*, p. 604.

les crimes politiques, qui faisaient de leurs auteurs des rebelles. Robespierre soutint la proposition ; mais la majorité la repoussa. A la Convention, en 1793, après l'exécution du roi, qui avait irrité tous les cœurs généreux contre la peine de mort, Condorcet en proposa la suppression pour tous les crimes ordinaires. Les discours prononcés durant plusieurs séances étaient favorables à cette proposition ; mais le décret de l'an IV, supprimant la peine de mort, fut sans portée, parce qu'il ne devait être mis en vigueur qu'à l'époque du rétablissement de la paix universelle. De terribles déportations remplacèrent fréquemment la peine de mort. La loi du 29 décembre 1801 en prononça le maintien jusqu'à nouvel ordre. Le code de 1810, où la peine de mort était appliquée à trente-six cas par des motifs d'une rigueur révoltante, fut un témoignage de la dureté du caractère de l'empereur. La Restauration vit paraître un assez grand nombre de bons écrits, celui de Lucas entre autres (1), tendant à démontrer l'illégitimité de la peine de mort ; mais le mauvais esprit de ce temps-là s'opposait au libre examen ; il se manifesta dans la déclaration d'un ministre contestant à la chambre le droit de discuter la légitimité de la peine de mort. Après 1830, la discussion reprit une importance nouvelle en France ; il en sera question dans le prochain paragraphe.

En Angleterre, les idées de Beccaria eurent aussi du succès, et le nombre des adversaires de la peine de mort, agissant par des écrits sur le peuple et sollicitant le parlement par des pétitions, va sans cesse en s'augmentant ; il existe même une société pour l'abolition de cette peine.

Dans ce pays, cette question s'est trouvée heureusement liée à celle de la réforme des prisons, demandée par tous, et à celle de l'amélioration morale des prisonniers. Elle a été l'objet des efforts incessants d'hommes distingués et influents dans le parlement, tels que Romilly, Buxton, Roscoe, Macintosh (2). Ici se montre le sens pratique qui distingue les Anglais et leur fait préférer à des

____

(1) L'ouvrage de Lucas, *Du système pénal, et de la peine de mort en particulier*, fut publié pour un concours ouvert à Genève et à Paris en 1826. Il fut couronné à Paris en 1828.

(2) Leur œuvre est bien racontée dans Clay, I, *The prison chaplain, a memoir of the Rev. Clay, by his Son*; Cambridge, 1731, p. 87-95.

changements trop brusques de lentes améliorations, souvent
même à l'aide de demi-mesures. Si des motions et des pétitions (1) venant sans cesse demander la suppression de la peine
de mort étaient rejetées par la majorité du parlement, reproduites
par la presse, elles répandaient dans le peuple les idées des adversaires de cette peine; il arriva même qu'une pétition, présentée
par les hommes les plus considérables, à la suite d'une exécution
capitale, eut pour effet immédiat la suppression de la peine de
mort en matière de faux. Le sens pratique des Anglais se manifeste dans la loi qui va toujours en réduisant le nombre des crimes auxquels s'applique la peine, dans l'institution des commissions chargées par le parlement ou le ministère de faire auprès
des personnes compétentes une enquête sur les effets de cette
peine et sur les idées populaires à ce sujet (2), et surtout dans
les informations recueillies par le ministère auprès des juges de la
plus haute cour de justice, avant de proposer une loi qui modifie
la législation pénale (3).

L'histoire de la peine de mort a un caractère particulier dans le
nord de l'Amérique (4). Dès l'année 1682, on avait soutenu avec
ardeur, en Pensylvanie, et sans cesse renouvelé une proposition
demandant la restriction de la peine de mort à l'assassinat. Les
quakers, surtout, soutenaient l'illégitimité de cette peine en général, ou tout au moins la nécessité de la restreindre à l'assassi-

(1) L'exécution du banquier Fauntleroy, condamné pour le crime
de faux, provoqua de la part des banquiers anglais des pétitions demandant au parlement l'abolition de la peine de mort en matière de
contrefaçon des banknotes. *Voir*, au sujet des remarquables pétitions des corporations, les *Archives du droit criminel*, 1834, p. 13.

(2) *Voir* le rapport d'une commission du parlement : *Second report
from the commissioners on Criminal law*, 1836. Il est d'une grande
importance, parce qu'il contient les avis des hommes d'une incontestable autorité : des aumôniers, des directeurs de prisons, des shériffs. On en trouve des extraits dans ma *Revue de législation étrangère*, x, p. 239. Pour une enquête postérieure, *voir* la *Revue*, XXII°
vol., n°° 20, 21.

(3) Le ministre Russell a suivi une correspondance remarquable à
ce sujet. V. *Archives du droit criminel*, 1840, p. 586.

(4) Bemis a donné d'importants détails dans la revue *The mon-
thly law reporter. march*, 1846, p. 481, et 1853, août, p. 481. J'en ai
donné des passages dans les *Archives du droit criminel*, 1853, p. 57.

nat. Une sorte de pacte entre la législation pensylvanienne et les quakers fit admettre en 1786 l'épreuve d'une loi restrictive de la peine dans ces limites. Au bout de trois ans, on prolongea sa durée. En 1794, on consacra législativement cette réforme, en même temps que celle du système pénitentiaire. L'exemple de la Pensylvanie agit bientôt sur d'autres Etats. L'ouvrage de Beccaria, traduit à cette époque et accueilli avec faveur en Amérique, fut un nouvel aliment pour la discussion sur la peine de mort. La religion vint s'y mêler : on invoqua la Bible. Un parti demandait la suppression complète de la peine (1), en démontrant que les passages de la Bible qui s'y rapportent n'ont rien d'obligatoire ou sont mal interprétés ; un autre prétendait qu'on devait ne pas s'écarter du texte de la Bible et maintenir la peine de mort pour les crimes qu'elle punissait dans le droit mosaïque ; d'autres, c'était la majorité, ne la voulaient que pour l'assassinat (2). Son application fut plus ou moins étendue dans les divers États (3). L'expérience de l'Amérique est importante sous bien des rapports ; on est frappé de l'influence exercée dans ce pays par l'énergique opposition de Livingstone, devenu plus tard son représentant à Paris, à la peine de mort ; il l'attaqua dans son rapport de 1822, et avec plus de développements dans celui qui précède son code pénal pour la Louisiane. Sans doute, certaines de ses idées sur la philosophie du droit sont critiquables ; mais l'esprit pratique de ses rapports (4), l'étendue de son expérience et l'habile réfutation de ses contradicteurs firent une grande impression en Amérique, et méritent encore aujourd'hui l'attention des jurisconsultes de tous les pays. L'Amérique, et particulièrement la Pensylvanie, fut le premier pays où l'on reconnut la nécessité de faire une distinction entre l'assassinat du premier degré et celui du second degré,

(1) Déjà Franklin s'était énergiquement élevé contre ceux qui voulaient justifier la peine de mort par la Bible.

(2) Bonne exposition dans la *Revue american jurist.* Boston, 1840, vol. xliv, p. 273.

(3) *Voir* l'examen des diverses législations dans mon article des *Archives du droit criminel,* 1840, p. 589-92.

(4) Publiés ensemble dans un livre qui a paru en 1831 à Philadelphie : *Remarks on the expediency of the punishment of Death. Philadelphia.*

pour n'appliquer la peine de mort qu'au premier. Cette théorie fut bientôt admise dans les codes des autres États de l'Amérique (1). L'interdiction de la publicité des exécutions capitales, admise aujourd'hui par plusieurs États de l'Allemagne, fut pour la première fois portée en Amérique et adoptée par la plupart de ses États (2). Des pétitions, des motions, des assemblées publiques continuent à occuper les Américains de l'abolition de la peine de mort, et nous trouvons chez eux une masse considérable de matériaux pour notre question.

(1) *Wharton Treatize on The criminal law of the united states*; Philadelphia, 1857, § 1075, etc.
(2) *Voir* un bon travail de Lieber dans ma *Revue* et dans celle de Mohl *sur la législation étrangère*, XVII, n° 1.

III.

Des travaux scientifiques sur la peine de mort depuis 1830.

L'étude des travaux scientifiques faits dans les différents pays démontre que l'opinion des écrivains sur cette question est liée à leurs idées générales sur l'origine de l'État, sur l'organisation et l'étendue de son pouvoir, et plus encore au principe de la loi pénale, à l'influence de la théorie de l'utile sur le système des peines, enfin aux données de l'expérience. Le principe du droit pénal et la théorie de l'utile en cette matière doivent être l'objet de notre examen dans les paragraphes 5 et 6.

En Allemagne, les travaux scientifiques attestent une grande divergence d'idées sur la peine de mort. Les principes du droit criminel ont été, dans ce pays, un grand objet de discussions scientifiques. Le principe de l'intimidation a été continuellement en lutte avec celui de la justice, compris assurément dans des sens bien différents; enfin les écrivains sont arrivés aux conclusions les plus diverses relativement à la peine de mort, suivant les faits et les données de l'expérience sur lesquels ils s'appuyaient. Il suffit de s'arrêter aux écrits publiés dans ces trente dernières années; on y retrouve le fruit des travaux antérieurs. Il faut citer parmi les adversaires de la peine de mort appartenant à la période de 1830 à 1840 : Eschenmaier, Neubig, Grohmann, Zoepfl, Holst, Schaffrath, Althof, Nollner, Lichtenberg (1). Ils se placent

(1) Eschenmaier, *Abolition de la peine de mort*; Tubingue, 1831. Neubig, *Illégitimité de la peine de mort*; Nuremberg, 1833. Grohmann, *le Principe du droit pénal*; Carlsruhe, 1832. Zoepfl, *Mémoire sur la légitimité et l'utilité de la peine de mort*; Heidelberg, 1839. Althof, *Inconvénients de la peine de mort*; Lemgo, 1842. Schaffrath, *Principes du droit pénal*; Leipsig, 1841, p. 94. Nollner, *la Science et la vie dans ses rapports avec la peine de mort*; Francfort, 1843. Lichtenberg, *la Peine des travaux forcés*, p. 158.

à des points de vue différents : les uns attaquent la légitimité de la peine, et les autres son utilité seulement : mais partout elle a des partisans respectables divisés eux-mêmes : les uns soutenant sa nécessité d'une manière absolue, les autres ne l'admettant que pour le temps présent. Dans ce nombre on peut citer Heinroth, Reidel, Stahl, Richter, Jarke, Rotteck, Hepp, Henrici (1).

Les travaux sur la peine de mort prirent peu à peu une direction nouvelle en Allemagne : d'un côté, on abandonna le système de l'intimidation, pour lui substituer celui de la justice, la véritable base du droit pénal; de l'autre, on indiqua l'amélioration des condamnés, envisagée de diverses manières, comme le but de la peine, et on démontra que le législateur, en améliorant le système pénitentiaire, aura trouvé le meilleur moyen de rendre la peine de mort inutile. On rechercha même si les principes du christianisme se concilient avec la peine de mort, ou même s'ils la réclament (2). Trummer (3) et Schlatter (4) ont le mieux résolu la question dans un sens négatif. Parmi les écrivains qui ont soutenu la nécessité de la peine et le danger de renverser, en l'abolissant, le rapport exact entre le crime et le châtiment, il faut citer Geib (5), Biener (6), Hepp (7).

---

(1) Heinroth, *Journal de Hitzig pour l'administration pénale*, vol. xlv, p. 193. Reidel contre Zoepfl, *la Légitimité de la peine de mort*; Heidelb., 1839. Stahl, *Philosophie du droit*, iiᵉ vol., p. 392. Richter, *Philosophie du droit pénal*, p. 249. Jarke, *Manuel du droit pénal*, iᵉʳ vol., p. 22. Rotteck, *Traité du droit pénal*, iiiᵉ vol, p. 244. Hepp, *État présent de la discussion sur le maintien de la peine de mort*; Tubingue, 1835; et Hepp, *Archives du droit criminel*, 1847, p. 461. Henrici, *De l'insuffisance d'un principe de droit criminel*, p. 272.

(2) Schildner, *Petites dissertations sur une époque funeste*, p. 79. Wissler, *De christiano capit. pœn. vel admitt. vel repud. fundum*; Goett., 1738. Holst, *la Peine de mort au point de vue du christianisme bien compris*; Berlin, 1837. Hepp, *Exposé de la théorie du droit pénal allemand*, iᵉʳ vol., p. 333. Mon article dans les *Archives du droit criminel*, 1841, p. 328; 1857, p. 17.

(3) Trummer, *Rapports de la législation pénale actuelle avec le christianisme*, § 9-15.

(4) Schlatter, *Illégitimité de la peine de mort*; Erlangen, 1857.

(5) Geib, *Réformes*, p. 157.

(6) Biener, *Enseignements de l'histoire du droit*, ii, p. 45.

(7) Hepp, *Gerichtsaal*, 1847, p. 346.

Une idée assez répandue parmi les écrivains (1), c'était qu'il suffisait de supprimer la peine de mort qualifiée, et de s'opposer à l'abus de la peine elle-même; un bon nombre d'entre eux pensaient qu'il suffisait de renoncer à son exécution en public pour faire disparaître ses inconvénients les plus graves ; quelques-uns reconnaissaient, il est vrai, l'inutilité de la peine de mort chez un peuple arrivé à un certain degré de civilisation, mais ils ne croyaient pas qu'on y fût encore arrivé; d'autres (2) n'admettaient sa légitimité, si souvent mise en doute, que par hypothèse, dans les cas déterminés où elle renferme les vrais éléments de la pénalité, et où l'intérêt politique la rend indispensable (3).

Les savants allemands auraient dû trouver dans l'établissement de la constitution en 1848 une nouvelle occasion de se prononcer pour la suppression de la peine de mort; tel ne fut pas malheureusement l'avis d'un grand nombre. On a vu même un écrivain, oubliant la dignité de la science, mettre en suspicion la sincérité de ceux qui votèrent pour ce principe de la constitution (4). On a encore le regret de voir un criminaliste distingué (5), discutant à peine la légitimité de la peine de mort, avancer, contrairement à la vérité, que la doctrine seule, et non l'opinion populaire, s'est prononcée contre cette peine.

Mais deux hommes d'une autorité égale à leur expérience, le comte Reigèrsberg (6) et Arnold (7), se sont énergiquement pro-

---

(1) *Traité* de Roszhirt, p. 353 ; *Traité* d'Abegg, p. 190. Bauer, *Examen du projet de code rédigé pour le Hanovre*, p. 59. Krug, *Archives du droit criminel*, 1854, p. 529.

(2) C'est l'opinion de Marezoll ; son *Traité*, p. 145.

(3) Heffter parle dans ce sens; son *Traité*, p. 118.

(4) H. Beckker, dans sa *Théorie du droit pénal allemand*, 1er vol., p. 26, dit que l'abolition de la peine de mort était demandée par ceux qui pouvaient la craindre. Si l'auteur s'était donné la peine de recueillir les noms de ceux qui votèrent le paragraphe, il aurait trouvé ceux des savants les plus honorables et de jurisconsultes animés de l'esprit de conservation.

(5) Haelschner, *Théorie du droit pénal en Prusse*, 1er vol., p. 450.

(6) Dans la *Gerichtsaal*, 1854, I, p. 432. L'honorable membre de la chambre haute, ministre de la justice pendant plusieurs années en Bavière, a une riche expérience; il a manifesté à l'âge de 93 ans, dans l'été de 1861, à l'auteur du présent ouvrage, une opinion favorable à l'abolition de la peine de mort.

(7) Dans les *Archives du droit criminel*, 1854, p. 544, et dans la *Gerichtsaal*, 1858, p. 155. M. d'Arnold fut longtemps membre de la

noncés pour son abolition, même au point de vue pratique. Les travaux les plus importants sur l'illégitimité de la peine sont dus à Koestlin (1), à Berner (2) et à Mehring (3). La nécessité de son abolition a été récemment soutenue avec énergie par Schlatter, Nollner (4) et Goetting (5); les deux derniers se sont placés au point de vue de l'amélioration des coupables. Malheureusement, dans certains États de l'Allemagne, les tribunaux empêchent la presse d'exprimer librement le sentiment public (6) sur cette question.

En France, il faut ajouter aux travaux publiés pour soutenir l'illégitimité de la peine de mort différents écrits où elle est considérée surtout au point de vue de l'intérêt social (7). Mais on a soutenu dans d'autres écrits, même en France, qu'elle était nécessaire (8). Une voie nouvelle a été ouverte par le livre de Guizot contre la peine de mort en matière politique (9). Il a trouvé des motifs pour la supprimer dans la nature des crimes politiques. Il est difficile, suivant lui, de tracer, dans cet ordre d'idées, une limite entre les actes licites et les actes punissables, et il existe dans le

chambre haute et président de la cour d'appel; il unit à une science profonde une connaissance exacte des hommes.

(1) *Système du droit pénal allemand*, par Koestlin, 1ᵉʳ vol., p. 444.

(2) Le livre intitulé : *Suppression de la peine de la mort*, par Berner; Dresde, 1851.

(3) Bons développements sur la philosophie du droit, dans un livre de Mehring : *Avenir du système pénal*, p. 49; et Wirth, *Éthique*, ii, p. 332.

(4) Dans ses *Souvenirs de psychologie criminelle*; Stuttgard, 1858, p. 117.

(5) Dans le livre intitulé : *Droit pratique de la vie et science de Gœtting*; Hildesheim, 1861.

(6) Le rédacteur du *Moniteur* de Dresde fut, en 1860, pour une critique de la peine de mort, frappé d'une pénalité par deux instances. Nous verrons plus bas que le même fait s'est produit en France, et qu'il a été universellement blâmé.

(7) Lucas, *Du Système pénal et de la peine de mort*; Paris, 1821. Ducpétiaux, *De la peine de mort*; Bruxelles, 1827. *Examen critique de ces deux publications dans les Archives du droit criminel*, xᵉ vol., p. 346. Romieu, *Plus d'échafaud*; Paris, 1833.

(8) Hello, *Réflexions d'un magistrat sur la peine de mort*; Paris, 1836. Silvela, *Du maintien de la peine de mort*; Paris, 1832. Camperio, *l'Assassinat sera-t-il puni de la peine de mort?* Genève, 1833. Hubert, *Réponse aux partisans de l'abolition de la peine de mort*; Paris, 1842.

(9) Dans sa publication *De la peine de mort*; Paris, 1822.

peuple toujours plus ou moins de partis politiques en lutte : l'un d'eux voit un martyr dans l'homme qui a subi le supplice, et la peine de mort n'intimide personne.

La Société de la morale chrétienne instituée en France travailla à son abolition, et fit publier un certain nombre d'articles dans ce but (1). En 1848, à l'époque où l'Assemblée nationale supprima la peine de mort en matière politique, plusieurs représentants en proposèrent la suppression complète (2), et quelques écrits furent publiés sur cette question (3). Si la science ne s'en inquiéta guère, c'est que la loi de 1832, permettant aux jurés d'écarter, par l'admission des circonstances atténuantes, la peine de mort, donnait le moyen pratique de la faire disparaître.

En 1851, un jury français prononça un verdict de culpabilité contre l'auteur d'un article et contre le rédacteur du journal (4) qui l'avait publié, pour avoir attaqué la peine de mort : ce n'était guère le moyen d'encourager les travaux scientifiques sur cette question. Dans l'état présent de la science en France, la plupart des écrivains (5) regardent la peine de mort comme légitime et temporairement nécessaire (6), et son abolition immédiate comme dangereuse ; quelques-uns (7), au contraire, en demandent l'abolition.

En Angleterre, les travaux scientifiques sur la peine de mort ont

(1) Imprimés dans le *Journal de la morale chrétienne*, en 1836, 1837. Il contient deux discours remarquables de Lamartine.

(2) On trouve des développements dans Morin, *Journal de droit criminel*, 1849, p. 6.

(3) L'abolition de la peine de mort était demandée dans une seule publication, celle de Schœlcher. Il l'avait proposée à l'Assemblée nationale en 1851 ; mais sa proposition avait été rejetée. Molinier fut d'avis qu'il fallait limiter rigoureusement l'application de cette peine, tout en la maintenant. *V.* sa publication du *Droit de punir et de la peine de mort* ; Toulouse, 1848.

(4) Une critique très-vive de cette décision a été faite par Forsyth, *History of trial by jury*, p. 361.

(5) Hélie, *Théorie du droit pénal*, vol. i, p. 99-177. Bertauld, *Cours de droit pénal*, p. 200. Trébutien, *Cours*, p. 210. Tissot, *le Droit pénal dans ses principes* ; Paris, 1860, i, p. 398.

(6) Odilon Barrot, dans une bonne critique des idées de Rossi (qui défend la peine de mort dans son *Traité de droit pénal*, vol. iii, chap. 6). Cette critique a paru dans le *Recueil des séances de l'Académie des sciences morales*, 1856, p. 92-99.

(7) Boeresco, *Traité comparatif des délits et des peines*, 1857, p. 348-84.

une autre direction , et la législation tend de plus en plus à son abolition (voir § 5). Depuis l'année 1830, le nombre des écrivains qui la demandent n'a cessé de s'augmenter (1). Des sociétés instituées dans le même but en Angleterre et en Irlande (2) ont répandu les idées sur l'illégitimité de la peine. Son abolition a été proposée dans le parlement' par Ewart, et, dans l'enquête demandée par le ministère au parlement, on a entendu les hommes les mieux placés pour juger l'efficacité de cette peine (3), et c'est ainsi que l'attention générale a été éveillée sur cette question. Le nombre des adversaires décidés de la peine s'est augmenté récemment d'une manière surprenante en Angleterre (4). C'est un fait bien important, puisqu'en Angleterre on s'attache moins aux raisons philosophiques qu'au point de vue pratique. On est frappé des inconvénients de la peine, surtout en présence de condamnations infligées à des personnes qui ne les méritaient pas (5); de là sont nées de graves discussions dans les congrès (6). La peine de mort a pourtant d'énergiques défenseurs (7).

Ortolan, *Éléments*, p. 604. (Il demande en même temps la réforme complète de la législation pénale.) Pour la suppression de la peine de mort, *voir* encore Laget-Valdeson, *Théorie du code pénal espagnol*; Paris, 1860, p. 151.

(1) Un travail remarquable a paru dans le *Jurist*, x^e vol., p. 44. Andrews, *Crim. law being a commentary*; Lond., 1833. Old-Bailey, *Expérience on Crim. jurisprud.*, 1837. Wakefield, *Facts relating to punishment of death*, 1831. On en trouve des extraits dans les *Archives du droit criminel*, 1834, p. 19-22. On a fait un recueil important des articles tirés du *Morning-Herald*, sous le titre : *The punishment of death*, 2 vol., 1836.

(2) *Proceedings of a general meeting of the Howard society*; Dublin, 1834.

(3) On trouvera de plus longs développements au § 4.

(4) Voir *Neat considerations on punishment of death*, 1854; Philipps, *Vacation toughts on Capital punishment*, 1858, une des plus importantes parmi les nouvelles publications; Winslow, *Journal of psycholog. medicine*, 1856, avril, p. 347; Hill, *Crime, its amount*, p. 169; Christian, *Politics an essay on the text of Paley, by Rev. Christmass*; Lond., 1856, p. 229. Article dans la *Review*, Dublin, revue très-catholique, 1860, août, p. 472.

(5) Un exemple important est celui de Smethurst (*Gerichtsaal*, 1860).

(6) Surtout dans les congrès de la *National association for promoting social science, Comptes rendus de la Société*, 1858, p. 49; 1859, p. 487.

(7) *Voir* le bon article de Best dans les *Papers of the juridical society*, 1856, p. 400.

Dans l'Amérique du Nord, les travaux scientifiques sur la peine de mort sont moins nombreux : on comprend que, dans ce pays-là surtout, le sens pratique des jurisconsultes les empêche de s'arrêter à l'examen théorique des questions qui peuvent être mieux résolues, grâce à leur régime politique, par des pétitions adressées aux assemblées législatives. Les rapports de commissions provoqués par ces pétitions depuis de longues années sont importants. Ils offrent, avec la répétition des arguments connus ou des recherches théologiques sur la légitimité de la peine d'après la Bible, un riche ensemble de faits prouvant surtout que l'exécution de la peine, loin de produire l'intimidation, a de nombreux inconvénients (1). Dans la plupart des États, la peine de mort n'existant que pour l'assassinat, sans être même nécessairement applicable à ce crime, on n'a pas senti bien vivement le besoin d'en réclamer la suppression. Le dernier état des idées dans l'Amérique du Nord apparaît le mieux dans les travaux de Davis (2) et de Walker (3) ; ils réfutent heureusement le motif tiré du droit de la nécessité en faveur de la peine de mort, et ils montrent l'opinion publique de plus en plus favorable à l'abolition de cette peine. L'opinion des hommes d'État les plus importants de l'Amérique est bien exprimée dans le dernier message du gouverneur de Massachussett (4) ; il dit : La peine de mort disparaîtra un jour du code des nations civilisées. Déjà des philosophes, des jurisconsultes, des hommes d'État d'une grande expérience et d'un rang élevé, se sont prononcés contre cette peine, et le Massachussett entrera dans une ère nouvelle de progrès le jour où, mettant, par la suppression de cette peine, sa législation en harmonie avec les principes les plus élevés du droit pénal, il entrera dans la pratique du vrai bien.

----

(1) Nous donnerons plus bas les faits. Parmi les rapports les plus remarquables, il faut citer celui de Massachussett de 1831 (*Archives du droit criminel*, 1834, p. 25), de 1837, 1846, 1848, 1855 ; ceux de New-York, de 1851, 1853 et 1857. Une discussion rémarquable encore est celle du legislat. committee de Boston sur la suppression de la peine de mort. Elle a eu lieu les 16 et 22 mars 1835.

(2) *Davis a treatise on Criminal law* ; Philad., 1838, p. 20 (*Archives du droit criminel*, 1841, p. 317).

(3) *Introduction to american law by Walker Cincinnati*, 1846, p. 426.

(4) *Adress of J. Andrew of the two branches of the legislature of Massachussetts*, 5 janvier 1861. p. 17.

C'est en Italie surtout que la peine de mort est restée un sujet de travaux scientifiques. Les idées de Beccaria étaient si puissantes, qu'elles furent plus ou moins adoptées par les écrivains qui le suivirent. Les crimes multipliés pendant la guerre et dans un état politique sans sécurité empêchèrent fréquemment sans doute les écrivains de demander la suppression immédiate de la peine de mort ; la théorie si vantée de Romagnosi sur le droit de la défense et celui de la nécessité eut beaucoup de partisans et fit considérer la peine de mort comme légitime (1), mais on reconnut le devoir de la limiter le plus possible. D'autres, admettant sa légitimité, montrèrent la nécessité de restreindre son application à des cas exceptionnels, en l'entourant de garanties assez grandes pour empêcher l'erreur (2). L'adversaire le plus résolu de la peine fut Carmignani (3). Les travaux scientifiques prirent en Italie, dans l'année 1848, une direction nouvelle, quand les députés Mancini et Pisanelli (4), combattant l'un et l'autre la légitimité et la nécessité de la peine de mort, proposèrent transitoirement d'en limiter étroitement l'application. Un des plus importants écrits publiés récemment contre cette peine est celui d'Albini (5). L'auteur y réfute avec une grande sagacité les raisons fréquemment produites pour la légitimité et la nécessité de la peine, et en démontre les inconvénients par un ensemble de faits suffisants. D'autres écri-

(1) Parmi ses défenseurs les plus remarquables, il faut citer Baroli, *Diritto naturale*, Cremona, 1807 ; Giuliani, *Istituzioni di diritto criminale*, Macerata, 1856, vol. i, p. 48, 117 ; Contoli, *Dei delitti e delle pene*, Bologna, 1830, vol. i, p. 40 ; Tonelli, dans la revue *Antologia*, 1832, livraison de mars, p. 89. Il faut en rapprocher une excellente réfutation de Lambruschini, dans la *Antologia* de 1832, juillet, p. 84 ; Giorgi, *Saggio sui principi del diritto filosoph. sulla teoria del diritto penale*; Padova, 1852, p. 288.

(2) *V.* l'ouvrage de Raffaelli, *Nomotesia penale*; Napoli, 1824, iv, p. 157-173.

(3) Dans sa publication : *Una lezione sulla pena di morte*; Pisa, 1836. Examen dans les *Archives du droit criminel*, 1841, p. 320. On ne sait pas si Carmignani resta fidèle à ses propres idées, car il proposa, dans un projet de code pénal pour le Portugal, *Scritti inediti di Carmignani*, vol. v, p. 61, le maintien de la peine de mort en matière politique.

(4) Pisanelli, *Lezione sulla pena di morte*; Torino, 1848.

(5) *Della pena di morte, lezione di Albini*; Vigevano, 1852. Albini est un des plus savants publicistes de l'Italie, et il connaît bien les travaux de l'Allemagne.

vains (1) se prononcent dans le même sens; la peine de mort a néanmoins eu récemment d'assez nombreux défenseurs (2). Eller (3) a publié, il n'y a pas longtemps, un ouvrage considérable où, comme Albini, il démontre habilement, mais quelquefois par des raisons applicables à d'autres peines (4), et avec de grands détails, l'illégitimité et l'inutilité de la peine. Une autre publication bien intéressante, c'est la Revue d'Eller (5); elle groupe les travaux tendant à l'abolition de la peine et contient déjà d'intéressants articles (6). Ambrosoli a publié également un travail d'un vrai mérite (7); il démontre, avec le sens pratique qui le distingue, que le nombre des crimes ne s'est pas augmenté partout où la peine de mort n'est plus employée.

Des hommes voués à la pratique du droit en Italie ont une grande part au mouvement dirigé contre le maintien de la peine de mort; on n'en saurait donner une meilleure preuve qu'un discours d'ouverture tout récent d'un président de tribunal (8).

En Suède aussi, la peine de mort est discutée. Le roi de Suède, encore prince royal (9), a lui-même fait valoir des considérations

---

(1) Poletti, *Del diritto di punire*, p. 376, et Setti dans la revue la *Temi Firenze*, 1857, 6ᵉ livraison, p. 17.

(2) Tapanelli, *Corso di diritto naturale*, lib. iv, cap. 3, 150, 303. L'article publié dans la *Civitta catolica* de Rome, vol. vii, p. 589. Tous deux sont écrits au point de vue catholique ; et de Mathias, dans la revue de l'*Irnerio*; Bologna, 1855, p. 14.

(3) Eller, *Della pena di morte*; Venezia, 1858.

(4) L'ouvrage d'Eller a été attaqué, même en Italie, par plusieurs écrivains : Gabelli, *in Monitore dei tribunali*, Milano, 1860, nᵒ 29; l'*Eco dei tribunali*, Venezia, 1860, nᵒ 1024.

(5) *Giornale per l'abolizione della pena di morte diretto da Eller*; Milano, 1861.

(6) Cette revue, dont il n'a paru que deux livraisons, a le mérite de renfermer, outre les discussions sur la peine de mort, des analyses de toutes les publications nouvelles. Nous souhaitons que le directeur de cette revue ne donne ni des arguments connus depuis longtemps, ni des articles déclamatoires, mais qu'il recueille des matériaux d'une véritable utilité pratique.

(7) Ambrosoli, *Sul codice penale Italiano*; Milano, 1861, p. 37-39.

(8) Le président du tribunal de Livourne, dans son discours du 11 novembre 1861, publié dans la *Legge*, 1861, nᵒ 175. L'orateur regarde comme un bienfait l'abolition de la peine de mort.

(9) Au moment de la discussion d'un nouveau code pénal pour la Suède, la commission législative examina la question, et un de ses

remarquables contre la peine de mort, principalement les nombreuses difficultés de l'exercice du droit de grâce et la préférence due par le législateur à un bon système pénitentiaire.

membres, M. Richart, combattit la peine de mort d'une manière remarquable. Son discours est rapporté par Marquardsen, dans sa *Revue de législation étrangère*, xx⁰ vol., p. 77.

IV.

Des travaux législatifs sur la peine de mort dans les trente dernières années.

Les législations pénales de l'Allemagne, plus ou moins conformes, dans leur ensemble, à celle de la Bavière, en diffèrent néanmoins dans le régime de la peine de mort, qu'elles ont heureusement corrigé. Les législations du Wurtemberg, de la Hesse, du Hanovre, de Brunswick et de la Saxe, témoignent de l'heureuse influence des adversaires, plus nombreux chaque jour, de la peine de mort, en diminuant le nombre des crimes auxquels s'applique cette peine (1). On ne pouvait pas l'abolir : l'exposé des motifs et les discussions des chambres prouvent, en effet, qu'on admettait la légitimité de la peine en général, ou tout au moins pour certains crimes (2), par des raisons bien faibles sans doute, où l'analyse la plus exacte ne découvre que l'expression d'un principe de justice mal compris, et plus souvent encore du principe de l'intimidation. Le code du Wurtemberg prononce encore dans trente cas différents la peine de mort. Hepp (3) eut le mérite d'attaquer énergiquement l'abus de cette peine, appliquée partout aux crimes de haute trahison, de trahison d'État, d'empoisonnement, de vol commis avec violence, d'incendie. Il est néanmoins juste de reconnaître que la loi en empêche l'application dans certains cas où la responsabilité de l'accusé est amoindrie. Ainsi la peine de mort est inapplicable à des jeunes gens au-dessous de dix-huit ans, et même, en Autriche,

(1) Dans la *Revue de droit pénal*, par Holzendorf, 1861, n°ˢ 31-34. Triest a énuméré les cas auxquels s'applique la peine de mort.

(2) L'exposé des motifs de la commission est donné par Thilo dans le *Code pénal de Bade*, p. 50.

(3) Dans les *Archives du droit criminel*, 1847 et 1848, n° XVI, n° X.

au-dessous de vingt-un ans, elle ne doit pas être prononcée quand la déclaration de culpabilité ne repose que sur des indices. L'usage de la peine de mort est surtout restreint dans le code de Brunswick ; il permet d'écarter la peine légale, même pour les crimes punis de mort, quand il s'offre un concours de circonstances atténuantes, et c'est ainsi que l'assassinat n'est pas nécessairement puni de mort.

La plus importante époque dans l'histoire de cette peine en Allemagne est l'année 1848, où l'assemblée nationale de Francfort introduisit dans la constitution germanique la disposition suivante : La peine de mort est supprimée, excepté dans les cas où le droit de la guerre la prescrit et dans les cas de révoltes où le droit maritime l'autorise.

Cette innovation a été malheureusement l'objet d'attaques inconvenantes : on a soutenu qu'elle ne devait pas figurer dans la constitution du peuple allemand (1); on a mis en suspicion (2) ses auteurs ; enfin on a trouvé, dans l'exception introduite pour le droit de la guerre, l'aveu de la nécessité de cette peine (3). Ces objections n'ont aucune valeur pour l'homme impartial. L'abolition de la peine de mort fut adoptée par les assemblées législatives de la plupart des Etats allemands qui acceptèrent la constitution nouvelle (4). Mais la réaction provoquée par les périlleux mouvements populaires de 1848 et 1849 changea, dans les Etats allemands, la législation sur la peine de mort. On redoutait de nouveaux mouvements, et

(1) Stahl, *la Constitution politique de l'Allemagne*; Berlin, 1849, p. 62, 64. Hepp, dans la *Gerichtsaal*, 1849, p. 341. Il est vrai qu'on avait proposé de ne pas inscrire cette règle dans la constitution; mais cette proposition avait été rejetée à la majorité de 265 voix contre 175. L'abolition de la peine capitale fut votée en principe par une majorité de 288 voix contre 146.

(2) *Voir* la note 11, au § 3. Bekker n'aurait pas dit que l'abolition de la peine de mort fut votée par ceux qui craignaient cette peine pour eux-mêmes et pour leurs amis, s'il avait vu les noms des jurisconsultes les plus autorisés parmi ceux qui votèrent dans ce sens.

(3) On ne vota pas spécialement sur la proposition relative au droit de la guerre. Il faut remarquer que la portée de l'exception fut mal saisie par les votants. *Voir* plus bas le § 16.

(4) En Autriche, en Prusse, en Bavière, dans le Hanovre, l'article relatif à la peine de mort ne fut pas plus admis que la constitution elle-même.

on regardait comme indispensables les moyens d'intimidation; la
peine de mort parut le meilleur : on la rétablit, avec plus ou moins
de restrictions, dans la plupart des Etats. La postérité portera un
jugement sévère sur les discussions de plusieurs chambres de ce
temps-là. Les débats les plus étendus furent ceux de la chambre
des députés du Wurtemberg (1). Il y eut, dans les chambres des
divers Etats, une grande divergence de vues, et, dans les secondes
chambres, une minorité assez forte se prononça contre le rétablissement de la peine de mort (2). On voit par là que l'hésitation fut
grande; mais on fit valoir que le sentiment public réclamait cette
peine comme la seule qui fût en rapport avec les plus grands crimes ;
qu'il s'était récemment commis de terribles assassinats ; que, pour
les punir, la prison perpétuelle, la seule peine légale depuis l'année
1849, était insuffisante (3), et qu'on ne pouvait supprimer dans
un Etat la peine de mort aussi longtemps qu'elle subsistait dans
les autres (4). On ne la rétablit pas néanmoins dans certains cas où
elle existait antérieurement (5). Oldenbourg, Nassau et Anhalt sont
les seuls Etats qui ne l'aient pas rétablie.

L'histoire des travaux législatifs sur cette matière nous montre
d'ardentes discussions, dans les chambres allemandes, sur deux
points : 1° la publicité des exécutions ; 2° la faculté d'empêcher
l'application de la peine de mort par l'admission des circonstances
atténuantes. La législation allemande inclina de plus en plus à re-

____

(1) Ils sont bien exposés dans Seeger, *Etudes sur le droit pénal*, 1858,
p. 50-170. Sur les débats législatifs du grand-duché de Hesse, *voir*
Bopp, *Archives du droit criminel*, 1855, n° 17.

(2) Le rétablissement de la peine de mort fut voté, dans les premières
chambres de tous les pays, à l'unanimité. Il fut voté, dans la seconde
chambre du Wurtemberg, à la majorité de 47 contre 34; à Darmstadt,
à la majorité de 23 contre 21. A Weimar, la commission avait fait un
rapport contraire au rétablissement de la peine, qui fut voté à la
majorité de 16 voix contre 14. A Cobourg, il fut repoussé par 13 voix
contre 5.

(3) Des représentants objectèrent avec raison que rien ne prouvait
que ces crimes n'eussent pas été commis, si la peine de mort avait
existé.

(4) On fit valoir encore que la peine était rétablie dans d'autres
Etats. Ce sont de déplorables arguments. Un Etat ne peut-il pas faire
un progrès sans les autres?

(5) Dans huit cas différents en Wurtemberg. Seeger, p. 128.

pousser la publicité des exécutions, et les lois de la Prusse, du
Wurtemberg, de Hambourg, d'Altenbourg, du royaume de Saxe,
de Bade, prescrivirent que les exécutions auraient lieu dans un
cercle limité de personnes désignées (1). Quant au principe des
circonstances atténuantes , introduit, en 1832, dans la législation
française , il en fut souvent question dans les débats législatifs de·
l'Allemagne : les uns le préconisèrent, d'autres le repoussèrent, à
cause des grands inconvénients qu'il avait eus, suivant eux, en
France (2).

C'est surtout en Prusse et en Bavière qu'on peut bien suivre le développement des idées législatives sur la peine de mort. En Prusse,
le projet de loi de 1845 avait accepté la peine de mort, mais dans un
cas déterminé , comme une peine qui , sans être prescrite par la
loi, peut être prononcée par le juge (art. 381) (3). Le projet soumis,
en 1847, à la chambre pour le maintien de la peine de mort fut l'objet d'une longue discussion. La majorité le vota (4). Dans l'exposé
des motifs du projet de 1851, on affirma la légitimité de cette peine
comme le seul moyen de faire expier au criminel son crime , et
comme une garantie nécessaire à la sûreté publique ; on montra
enfin qu'elle était réclamée par le sentiment populaire pour l'expiation des plus grands crimes. Dans la commission de la seconde
chambre, quatorze membres contre quatre votèrent le maintien de
la peine. En dehors des raisons données dans l'exposé des motifs, ils
soutenaient qu'une partie considérable de la nation regardait temporairement la peine comme légitime, et comme un moyen d'intimidation indispensable pour les plus grands crimes (5), et trouvait

(1) Cette question est développée plus bas, au § 16. *Voir* les *Archives
du droit criminel*, 1851, p. 309; 1855, p. 302; 1857, p. 18.

(2) Mes articles dans la *Revue de droit pénal*, publiés par Gross, ii*vol.,
p. 214, 218; iii* vol., p. 81.

(3) Zachariæ s'élève contre ce pouvoir arbitraire dans les *Archives du
droit criminel* de 1845, p. 279. Il donne en même temps d'excellentes
raisons pour l'abolition de la peine de mort en matière politique.

(4) *Débats des commissions*, ii° vol., p. 117, 174. Le maintien de la
peine de mort fut voté à la majorité de 63 voix contre 34.

(5) Temme soutient, dans son *Examen critique du projet de loi prussien* de 1843, i, p. 56, que le peuple ne croit pas à la nécessité de la
peine de mort. Son abolition fut votée par l'assemblée nationale
de 1848.

bien difficile de la remplacer par une autre. Le rapport de la commission, dans la première chambre, affirma en peu de mots la nécessité au moins temporaire de la peine. Le projet de loi n'a pas été malheureusement, dans les chambres, l'objet d'une délibération assez étendue pour fournir à quelques-uns de leurs membres l'occasion de s'expliquer sur une question d'un si grand intérêt pour le peuple entier. Si le code prussien fait un usage restreint de la peine de mort (1), il faut néanmoins avouer qu'il est plus sévère que des codes plus nouveaux, en ne permettant pas au juge d'écarter cette peine dans les cas où la responsabilité de l'accusé est moins grave, et de tenir compte de la jeunesse des coupables, quand ils ont plus de seize ans. Les cas de haute trahison sont très-nombreux : la trahison de la patrie dans huit cas différents, et le meurtre dans deux cas, sont, par une malheureuse imitation de la loi française, punis de mort.

Dans le code pénal autrichien de 1852, la peine de mort est beaucoup moins usitée que dans celui de 1803 (2); mais il faut reconnaître qu'elle l'est trop encore. Cependant les tribunaux la prononcent moins fréquemment en Autriche que dans d'autres pays, grâce à la disposition qui l'écarte toutes les fois que le verdict de culpabilité repose uniquement sur des indices, et que l'accusé a moins de vingt et un ans (3). Il est surprenant de voir que le législateur, donnant au juge le droit d'abaisser la peine à raison de nombreuses circonstances atténuantes, le lui refuse quand il s'agit de la peine de mort (4).

(1) La peine de mort est appliquée par les articles 61 et 62 au crime de haute trahison; par les articles 67-69, à la trahison de la patrie; par l'article 74, au crime commis contre la personne du roi; par l'article 175, à l'assassinat; par les articles 176-179, à deux cas de meurtres; par les articles 285, 290, 294, 302, 303, 304, aux crimes ordinaires entraînant la mort d'un homme.

(2) Par l'article 59, *a*, *b*, au crime de haute trahison ; par l'article 36, aux actes publics de violence ayant causé la mort d'un homme; par l'article 136, à l'assassinat; par l'article 141, au meurtre accompagné d'actes de brigandage ; par l'article 167, à deux cas d'incendie. *Voir* les raisons à l'appui de ces lois dans de Hye, *Code pénal autrichien*, p. 38.

(3) Le code de procédure criminelle défend, dans les articles 375 376, d'appliquer la peine de mort au cas où une instruction nouvelle est ordonnée.

(4) Il est vrai que le tribunal peut demander la grâce du condamné,

Dans le code pénal de la Bavière, promulgué le 10 novembre 1861, la peine de mort est bien plus rare que dans la législation antérieure (1), et son application comporte de nombreuses exceptions : par exemple, dans les cas où la responsabilité de l'accusé est moindre (art. 68), où il est mineur (art. 83), où le crime a été commis à l'étranger dans certaines circonstances (art. 13), où la peine est prescrite (art. 100). Le code ne donne pas malheureusement aux juges la faculté d'avoir égard aux circonstances atténuantes, si nombreuses qu'elles soient, en matière d'assassinat, et d'écarter la peine de mort. Dans un seul cas, prévu par l'art. 120, l'offense commise envers le roi par voies de fait, si elle n'est pas grave, le juge peut substituer à la peine de mort celle des travaux forcés. Le maintien de la peine de mort fut discuté surtout depuis le projet de loi de 1857. Dans l'exposé des motifs du § 15, le gouvernement soutint qu'il fallait maintenir, au moins temporairement, cette peine, parce que la doctrine n'en avait pas encore démontré clairement l'illégitimité, et qu'on ne pouvait la juger inutile que dans un état de civilisation supérieur à celui de la masse du peuple. Mais il reconnut, comme il est dit dans les motifs, la nécessité d'en restreindre l'application aux crimes les plus graves, et de ne pas la laisser exécuter en public. Dans la commission de la seconde chambre (2), le rapporteur Weis déclara qu'il n'accordait à l'État l'usage de cette peine que dans des cas extraordinaires où l'État avait besoin de moyens de défense extraordinaires, par exemple dans certaines circonstances politiques, ou pour combattre une épidémie de grands crimes. Après une bonne discussion, où tous les arguments connus furent bien présentés, on procéda au vote, et quatre membres votèrent pour et quatre (3) contre la peine de mort ; et parmi ces derniers se

qui ne lui est pas refusée. Cependant cette règle est véritablement illogique.

(1) Elle est prononcée par l'article 101 pour le crime de haute trahison ; par l'article 112, pour celui de trahison d'État, dans cinq cas différents ; par l'article 121, pour des actes d'outrage à la personne du roi ; par l'article 228, pour l'assassinat ; par l'article 308, pour un acte de brigandage accompagné de meurtre.

(2) *Procès-verbaux de la commission législative*, p. 65-78.

(3) C'étaient des hommes d'une grande autorité : le baron Lerchenfeld, Weis, Boje, Voelk.

trouva le président de la commission. Dans la commission de la chambre haute, le rapporteur Maurer déclara la peine de mort nécessaire (1) aussi longtemps que l'on commettra le crime de haute trahison et d'autres crimes affreux que le canon réprime en détruisant les hommes par milliers, aussi longtemps que le peuple réclamera cette peine pour l'expiation des crimes d'une excessive gravité. D'après le rapporteur, la plupart des adversaires de la peine de mort sont véritablement opposés à toute espèce de pénalité : on ne peut s'arrêter à la possibilité d'améliorer le coupable ; son amélioration n'est pas le but unique de la peine (2). Dans la commission, le noble comte Reigersberg vota seul contre la peine de mort; tous les autres membres se rangèrent à l'opinion du rapporteur (3). La publicité des exécutions fut l'objet de longs débats dans les commissions des deux chambres. Il en fut de nouveau question dans la dernière session de 1860-1861 (4). Mais on ne discuta plus le maintien de la peine de mort, décidé dans la précédente session par la majorité de la commission.

Le maintien de la peine de mort a été récemment discuté à Hambourg. Une proposition du docteur Gallois, qui en demandait l'abolition, fut soumise à l'examen d'une commission. La majorité de cette commission fut contraire à la proposition par des motifs singuliers. Elle estima que la peine de mort répondait aux idées religieuses du peuple allemand, et que, cette peine une fois abolie, il n'y aurait plus de proportion entre la peine et la gravité du crime (5).

(1) Il déclara qu'en suivant le mouvement de son cœur, il n'hésiterait pas à prononcer l'abolition de la peine.

(2) Le rapporteur ajoutait que l'expérience de ces dernières années avait montré la nécessité de la peine de mort ; mais il oubliait d'en donner la preuve.

(3) La chambre haute de Bavière (*Procès-verbal*, p. 26) considéra que la suppression de la peine de mort en Bavière, à côté des États qui la maintenaient, ferait choisir la Bavière par les étrangers pour y commettre des crimes punissables de mort.

(4) *Voir*, à ce sujet et au sujet du secret des exécutions, plus bas, au § 16.

(5) La minorité, par l'organe du docteur Wollson, et un article du *Journal de droit pénal* d'Holzendorf, publié en 1861, n°ˢ 7 et 8, ont bien réfuté ces arguments. Nous y reviendrons plus bas.

Les vues législatives les plus importantes sur cette question en Allemagne furent produites à Oldenbourg et à Brême. A Oldenbourg, le code pénal n'admet plus la peine de mort ; il l'a remplacée par les travaux forcés à perpétuité (1). Nul dans la chambre ne la défendit, et l'expérience a démontré que son abolition a été sans inconvénients. Au paragraphe 8, on trouvera des détails à ce sujet. A Brême, le nouveau projet de 1861 n'a maintenu la peine de mort que pour l'assassinat (2).

En France, depuis 1830, deux innovations importantes ont été introduites dans la législation sur la peine de mort. On sait que le roi Louis-Philippe était un adversaire décidé de cette peine, et voulait son abolition ; il eut à ce sujet un entretien approfondi avec des jurisconsultes éminents, notamment avec Bérenger ; on lui montra les inconvénients d'une abolition immédiate de cette peine. Il fut d'avis alors de la supprimer pour certains crimes, et d'arriver progressivement à son abolition complète (3). Il fut également d'avis qu'il fallait donner au peuple, représenté par le jury, le moyen d'écarter, en introduisant dans tout verdict de culpabilité les circonstances atténuantes, la peine de mort, toutes les fois qu'elle lui paraîtrait imméritée.

Telle est l'origine de la loi de 1832 (4), qui supprima, pour plusieurs crimes, la peine de mort, et donna aux jurés le pouvoir

---

(1) Il est à regretter seulement que cette peine soit maintenue d'une manière absolue. *Voir* mes observations dans les *Archives du droit pénal prussien*, viie vol., p. 20. Pendant le règne du grand-duc Pierre, il n'y eut pas d'exécution, grâce à l'influence de la noble épouse du prince. Une seule condamnation à mort fut exécutée du temps des Français : ce fut la dernière. Depuis 1848, la constitution fut religieusement respectée.

(2) On soutenait que l'exécution des grands criminels est réclamée par la conscience publique, et on rappelait que la peine de mort venait d'être rétablie dans les États voisins. *Voir* mon article dans la *Revue de droit pénal*, publiée par Gross, 4e année, p. 293.

(3) Bérenger donne d'importants détails dans son *Rapport de la répression pénale* ; Paris, 1855, p. 29. Extraits dans les *Archives du droit criminel*, 1857, p. 176.

(4) Le roi fit une réponse remarquable à la députation qui lui apporta le projet de loi voté par les chambres. Il exprima sa répulsion contre la peine de mort. *Voir* un travail de Nypel sur Hélie, *Théorie du code pénal*, nouvelle édition, 1861, vol. i, p. 64.

d'admettre, sans être interrogés à ce sujet, les circonstances atténuantes, et de contraindre ainsi les juges à prononcer une peine inférieure à la peine légale.

On verra plus bas, au § 9, le fréquent usage que les jurés font des circonstances atténuantes pour écarter la peine de mort, parce qu'elle leur parait excessive (1). Une seconde innovation bien importante de la législation française fut, en 1848, l'abolition de la peine de mort en matière politique. (Constitut. de 1848, art. 5.) En 1853, on jugea nécessaire de ne laisser aucun doute sur le maintien des lois punissant les attentats contre la personne de l'Empereur : la loi du 10 juin 1853 déclara que les attentats contre la vie ou la personne de l'Empereur seraient punis de mort (2).

En Belgique, la révolution de 1830 réagit sur la justice pénale. Le 4 juillet 1832, un des hommes les plus distingués de ce pays, Brouckère, proposa aux chambres l'abolition de la peine de mort; cette proposition ne réunit pas la majorité des voix, mais elle eut une heureuse influence sur l'esprit public ; le ministère lui-même résolut de ne plus laisser exécuter une sentence capitale (aucune exécution n'avait eu lieu depuis 1829), et cette abolition de fait trouva un éloquent défenseur dans le député de Vaulx. Quelques membres des chambres reprochèrent, en 1835, au gouvernement l'abus du droit de grâce ; le ministère fut touché de ce reproche ; il proposa, en 1835, une exécution, et le roi laissa son cours à la justice. Cette exécution provoqua de nouvelles discussions dans les chambres : les uns, soutenant que la dernière exécution avait été inutile, se prononcèrent contre la peine de mort ; les autres vantaient le système suivi jusqu'alors, et consistant à ne pas user de la peine ; un troisième parti défendit la sévérité de la répression par la peine de mort (3). On discuta si l'indulgence a pour effet d'augmenter ou de diminuer le nombre des crimes méritant la peine de mort, et

(1) Mon article dans les *Archives du droit criminel,* 1857, p. 182.

(2) La commission déclara formellement dans son rapport que les motifs qui rendent légitime l'abolition de la peine de mort en matière politique ne s'appliquent pas aux crimes punis par les articles 86 et 87 du code pénal.

(3) *Voir* les détails donnés par Vischer dans la *Revue de législation étrangère,* vol. VIII*, p. 118, et mon article dans les *Archives du droit criminel,* 1836, p. 11.

la question fut tranchée de manières diverses, avec les éléments
de statistique que chacun avait pour les besoins de sa cause (1).

En Angleterre, les efforts des adversaires de la peine de mort,
signalés plus haut (2), eurent un grand succès. La peine, qui
s'étendait à cent soixante crimes, est limitée à sept (3) ; elle
n'atteint réellement que l'assassinat (4). On verra, par des documents statistiques (§§ 7 et 8), que son abolition pour tous ces
crimes n'en a pas élevé le nombre ; la statistique prouve aussi
que le système de la procédure anglaise donne toujours le moyen
d'écarter cette peine. La force croissante de l'opinion publique
contre elle encourage ses adversaires à provoquer des discussions
parlementaires (5) qui, sans aboutir encore à son abolition, la rendent de plus en plus impopulaire. Mais il faut dire, à l'honneur du
ministère anglais, qu'il y contribue puissamment en sollicitant
l'avis des hommes les plus autorisés sur les effets de la peine de
mort (6).

Dans l'Amérique du Nord, l'opinion publique devient de plus en
plus hostile à cette peine. Deux faits le prouvent : le premier,

(1) Pour le caractère de la législation de 1834 et celui de la révision
du code faite en 1853, *voir* à la fin de ce paragraphe. *Voir* l'excellent
ouvrage de Nypel sur la *Théorie du code pénal* d'Hélie, nouvelle édition,
vol. I, p. 64.

(2) *Voir* un bon article dans la Revue *Law review*, 1849, nov., p. 168.

(3) L'assassinat, la tentative d'assassinat, quand elle a causé des
blessures graves, la sodomie (on laisse subsister cette loi surannée,
à cause des Irlandais), l'attaque d'une maison avec violences contre
les personnes, le brigandage avec attentat contre les personnes, l'incendie de maisons habitées, et le crime de haute trahison, dans des
cas très-restreints.

(4) Depuis 1841, l'assassinat est le seul crime pour lequel une exécution ait eu lieu.

(5) Ewart surtout a fait depuis 1840 au parlement des propositions
dignes d'attention. Elles ont donné lieu à des débats rapportés dans
la *Revue de législation étrangère*, publiée par Marquardsen, XXII° vol.,
p. 481; XXIII°, p. 202.

(6) Nous recommandons l'étude des renseignements recueillis
en 1844 par le *committee* de la chambre haute auprès de personnes
compétentes, telles que directeurs, aumôniers de prisons, shériffs.
J'en ai donné des extraits dans la *Revue*, p. 465-475. On y trouve aussi,
p. 443, l'avis des juges de la haute cour, dont la majorité voulait le
maintien de la peine de mort comme un moyen d'intimidation. Nous
nous servirons, au § 10, de ces documents.

c'est que, dans la plupart des Etats de l'Amérique, la législation prescrit de demander aux jurés appelés à juger un crime entraînant cette peine, si leur conscience la repousse : une réponse affirmative les empêche de siéger dans l'affaire (1). Le second fait, c'est que les jurés n'arrivent souvent pas à se mettre d'accord (2) pour un verdict dont ils savent que la peine de mort est le résultat légal. On aurait tort pourtant de croire que l'opinion générale, en Amérique, est favorable à la suppression de cette peine. On voit les législations les plus nouvelles la conserver, et le vote des majorités repousser toujours les pétitions qui en demandent l'abolition. Mais on est généralement d'accord pour limiter l'application de cette peine à l'assassinat, et même à l'assassinat du premier degré, en admettant deux degrés dans ce crime (3). La législation la plus récente contient même une loi qui détermine les genres d'assassinat du premier degré (4). Une disposition curieuse se retrouve dans quelques lois; elles prononcent une double condamnation à la peine de mort et aux travaux forcés à perpétuité contre le coupable ; on ne l'exécute pas, mais on l'enferme pendant un an dans une prison ; le gouverneur ordonne ensuite, s'il le veut, suivant les circonstances, l'exécution du condamné (5). La peine de mort n'a été complétement abolie que dans le Michigan, 1846; dans le Rhode-Island, 1852, et dans le Visconsin (6).

En Italie, l'intérêt de la question est tout entier dans l'histoire

(1) Wharton, *Criminal law of the united States*, p. 857, nouvelle édition. Souvent la moitié de ceux qui sont désignés ne peut siéger, parce qu'ils se déclarent adversaires de la peine de mort.

(2) *Documents de statistique dans les archives du droit criminel*, 1853, p. 62.

(3) Wharton, *Criminal law*, p. 913.

(4) Nouvelle législation de New-York, en 1860. (Voir *Philadelphia of prison discipline*, 1860, july, p. 142. Code de Philadelphie promulgué en 1860, § 75. Loi de Massachussett promulguée en 1858.

(5) Dans le Maine depuis 1837, et dans le Massachussett depuis 1852. *Voir* les *Archives* 1855, p. 66-72. Dans ce dernier État, la loi fut heureusement abrogée en 1858.

(6) Observations importantes recueillies sur le Rhode-Island, dans le *Report on capit. punishm.* 23 janvier 1852, et dans les rapports de 1857. Le *Report* des *committee for abolition of capit. punishm*, New-York, 1857, p. 20-25, les donne pour le Rhode-Island, le Maine, le Michigan.

de la législation toscane. A la faveur de la réaction dans ce pays, les partisans de la théorie de l'intimidation arrivèrent au rétablissement de la peine par la loi révoltante du 28 mai 1803 (1).

Puis vint le code français, qui prodiguait la peine de mort. Il excita un mécontentement général parmi les Toscans, habitués à une législation plus humaine. Après le renversement de la domination française, la dynastie replacée sur le trône crut devoir s'affermir par un usage rigoureux de la peine de mort. La loi du 22 juillet 1816 l'étendit au vol commis avec violence ou à main armée, en même temps qu'à tous les crimes punis de mort par les lois de 1795. Mais les tribunaux toscans cherchèrent le plus possible à faire fléchir les lois nouvelles (2). L'avénement d'un nouveau souverain plein d'humanité, de Léopold, inaugura une ère de progrès remarquable. En 1830, deux exécutions eurent lieu, l'une à Pise, l'autre à Florence; on n'en avait pas vu depuis longtemps. Des manifestations publiques (3), l'attitude du peuple,-évidemment hostile à ces exécutions, firent sur l'esprit du prince une profonde impression ; elle fut fortifiée par des rapports reçus de tous côtés sur les effets de cette peine (4). Aussi, depuis 1831, n'y eut-il plus d'exécution en Toscane ; la loi du 2 août 1838 décida que les juges ne pouvaient prononcer la peine de mort qu'à l'unanimité. De 1838 à 1847, elle fut prononcée deux fois seulement, et l'on fit grâce aux condamnés. Une loi du 11 octobre 1847 abolit la peine de mort ; elle ne figura plus dans le code pénal. Les malheureux événements de 1849, en Toscane, ramenèrent la croyance à la nécessité d'une répression sévère, qui appelait le rétablissement de la peine de

(1) Zobi, *Storia*, vol. III, p. 625.

(2) Puccioni, *Il codice penale*, I, p. 133.

(3) Racontées dans les *Archives du droit criminel*, 1857, p. 347. A Florence, toutes les boutiques, tous les bureaux étaient fermés le jour de l'exécution. Il n'y avait personne dans les rues traversées par le cortége funèbre. Les citoyens étaient dans les églises et priaient; un petit nombre se tenait au pied de l'échafaud.

(4) L'auteur de ce livre a eu l'honneur d'avoir en 1841 un long entretien avec le grand-duc, qui reconnut que le peuple lui avait donné une leçon rendant toute exécution désormais impossible, et que les rapports de tous les fonctionnaires s'accordaient à demander l'abolition de la peine de mort.

mort, et du dehors on agit sur la Toscane dans le même sens ; alors vint la loi du 16 novembre 1852, qui rétablissait la peine de mort, et malheureusement le code pénal de 1853 en fit de trop nombreuses applications (1). Mais, pour donner une satisfaction à l'opinion publique, l'art. 309 reconnut aux tribunaux le droit de convertir pour l'assassinat, en admettant des circonstances atténuantes, la peine de mort en celle des travaux forcés à perpétuité. La nouvelle loi fut aussi mal accueillie par les juges que par le peuple ; il n'y eut qu'une condamnation à mort (2) : elle excita un mouvement tel, que le grand-duc fut obligé de faire grâce (3). Après la révolution de 1859, le gouvernement sarde fut obligé de rendre un décret qui, le 10 janvier 1860, abolissait la peine de mort (4).

Le mouvement de la législation en Piémont mérite aussi l'attention. Le code pénal de 1839 était encore, malgré des améliorations réelles, d'une sévérité sans mesure et prononçait dans quarante-un cas la peine de mort. Le nombre des condamnations à mort était effrayant, sans diminuer celui des crimes. En 1856, au mois de mars, il y eut une discussion très-importante dans la seconde chambre ; plusieurs orateurs attaquèrent avec énergie la peine de mort (5) ; on résolut d'en restreindre l'application à un petit nombre de crimes, et de permettre au tribunal de prononcer, en admettant des circonstances atténuantes, une peine d'un degré inférieur à la peine légale. Cette réforme prit place dans la rédaction du nouveau code pénal promulgué le 20 novembre 1859. L'application de la peine de mort fut restreinte à treize crimes, et même invariablement écartée par l'admission de circonstances atténuantes (6). Le 8 mai 1860, un député au parlement de Turin, Mazzoldi, proposa l'abolition de la peine de mort ; cette proposition donna lieu à d'intéressants débats (7), dans lesquels on cita quelques nouveaux exemples de condamnations prononcées contre des

(1) Motifs de la loi *in Puccioni del codice,* i, p. 126.
(2) Détails importants dans Bérenger, *De la répression pénale,* p. 27.
(3) Panattoni, dans la revue *la Temi,* vol. v, p. 682.
(4) *Peri risposta al Morelli* ; Firenze, 1860, p. 18.
(5) *Voir* les *Archives du droit criminel,* 1857, p. 165.
(6) *Voir* Ambrosoli, *Il codice penale,* p. 37.
(7) Bien exposés dans la revue *Eco dei tribunali,* 1860, n° 1038.

innocents. Le ministre de la justice combattit la proposition par les arguments ordinaires, et la chambre prononça l'ajournement de la question à l'époque de la rédaction d'un code pénal commun à toute l'Italie. Le corps législatif de la république de San-Marino a prononcé, en 1848, la suppression de la peine de mort. On ne la voit plus figurer dans le code pénal de 1859 (1).

En Suisse, la constitution de 1848 (2) a supprimé la peine de mort en matière politique, et les nouveaux codes des cantons de Fribourg (3) et de Neufchâtel l'ont supprimée pour tous les crimes. Les cantons de St-Gall, d'Argovie, de Soleure, l'ont maintenue ; mais, dans la discussion de leurs codes, des hommes distingués et pleins d'expérience en ont proposé l'abolition et soutenu l'inutilité (4). Son application a été restreinte par différents moyens : dans certains codes, le juge a le pouvoir d'écarter la peine légale toutes les fois qu'il rencontre des circonstances véritablement atténuantes (5) ; dans d'autres codes (6), on décide qu'aucune condamnation à mort ne peut être exécutée (7), cinq années après le jugement qui la prononce.

En Hollande, dans la discussion de la loi de 1854 (8), un mem-

---

(1) L'auteur de ce code est le professeur Zupetta, autrefois professeur à Naples, puis à Turin, et en dernier lieu à San-Martino. Zupetta s'est déjà élevé, dans son livre sur le droit criminel, contre la peine de mort.

(2) Article 54 de la constitution. Temme enseigne dans son *Traité de droit pénal*, p. 240, quels sont les cas où la peine de mort subsiste encore dans les cantons.

(3) Dans le code pénal de Fribourg, promulgué en 1849, et à Neufchâtel, par la loi de 1854. *Archives du droit criminel*, 1855, p. 302.

(4) *Voir* un projet de loi remarquable élaboré pour Zurich par un éminent homme d'État, Dubbs; il rejette la peine de mort. Il déclare dans sa préface, p. 14, que le peuple n'est plus accoutumé à cette peine. Dans le rapport de la commission chargée de préparer un code pénal pour le canton de St-Gall, p. 9, trois praticiens éminents, Curti, entre autres, repoussent par de bonnes raisons la peine de mort.

(5) A Genève, dans le nouveau code de Lucerne, promulgué en 1861, § 72. Code d'Appenzell, § 50.

(6) Code du canton de Soleure, § 61.

(7) Dans le canton du Tessin, l'abolition de la peine de mort fut proposée en 1850.

(8) Baumhauer, dans la *Revue de législation étrangère*, vol. XXVIII, p. 291.

bre de la chambre proposa l'abolition de la peine de mort, et le ministre déclara qu'il n'en voulait le maintien que pour des criminels dont les récidives multipliées prouvaient qu'ils étaient incorrigibles; mais l'opinion publique est, dans ce pays-là, peu favorable à l'abolition de cette peine : la preuve, c'est que cette peine existe encore pour l'infanticide et le vol accompagné de cinq circonstances aggravantes.

En Belgique, dès 1834, un grand progrès s'accomplissait : un projet de loi prononçait l'abolition de la peine de mort en matière politique. Dans les débats sur le projet de code pénal soumis aux chambres en 1853, et accepté en 1861 par la seconde chambre, la question fut largement discutée. Déjà, dans le rapport préparé par la commission législative (1), et présenté avec le projet de loi, elle était éclairée par l'étude des autres législations ; on se bornait à montrer que la peine de mort, limitée au plus grand des crimes contre les personnes, a pour elle le suffrage à peu près unanime des nations les plus civilisées de notre temps. La commission de la seconde chambre déclara qu'elle était unanime pour souhaiter la possibilité d'abolir la peine de mort et pour demander son maintien, la Belgique ne pouvant prendre l'initiative de son abolition en Europe, sans s'exposer, par sa situation même, à un grand danger. La commission du sénat reproduisit tous ces arguments, et surtout celui qu'on avait tiré du maintien de la peine chez les autres peuples (2); elle ajouta que l'expérience prouvait la nécessité de l'intimidation par la peine de mort. Ces considérations devaient déterminer les chambres à maintenir la peine. Mais elle est prononcée bien plus rarement ; on l'applique à huit cas différents (3). Le code

(1) *Mémoire*, p. 29. Son auteur est Haus, professeur à Gand.
(2) On soutint qu'il était impossible d'admettre que tous les législateurs se fussent trompés en maintenant la peine de mort, et qu'ils eussent violé les lois de la justice.
(3) Article 96, pour l'attentat contre le roi; article 97, pour l'attentat contre l'héritier présomptif de la couronne; article 456, pour l'assassinat; article 457, pour le parricide ; article 460, pour l'empoisonnement ; article 555, pour les cas de brigandage les plus graves ; article 556, pour le meurtre ou la tentative de meurtre accompagnée de vol; article 624, pour les cas d'incendie les plus graves.

contient des dispositions importantes : on n'applique la peine ni aux crimes politiques , excepté dans les cas des art. 96 et 97, ni aux personnes âgées de moins de dix-huit ans (4). L'admission des circonstances atténuantes, art. 95, donne au juge la faculté de substituer à la peine de mort celle de 45 à 20 ans de prison. La suppression de la peine de mort fut proposée encore une fois plus tard, et repoussée (2).

En Portugal, le dernier projet de loi renferme une disposition curieuse touchant la peine de mort : la commission législative pose en principe que l'amélioration du coupable est le but de la peine ; mais elle arrive à une inconséquence : c'est l'admission de la peine de mort, et, pour la justifier, elle déclare qu'il faut sacrifier l'amélioration du coupable dont on désespère, à l'intérêt social qui rend l'intimidation nécessaire (3). Le projet de loi admet rarement la peine de mort et la repousse en matière politique ; il l'applique seulement à deux espèces de crimes (4). L'admission des circonstances atténuantes entraîne l'application d'une peine inférieure à la peine légale ; les mineurs au-dessous de dix neuf ans ne peuvent pas être condamnés à mort.

Le nouveau code de la Suède, tout en punissant de mort l'assassinat, permet au tribunal d'admettre des circonstances atténuantes qui réduisent la peine à l'emprisonnement perpétuel (5). Les mêmes règles existent pour l'empoisonnement (§ 20) , et pour l'avortement, s'il détermine la mort de la mère (§ 30).

(1) Le projet de loi du gouvernement voté par la seconde chambre ne prononçait pas la peine de mort contre les personnes âgées de moins de 21 ans. Mais le sénat abaissa la limite d'âge à 18 ans, et la seconde chambre accepta cet amendement.

(2) D'après les *Annales parlementaires de* 1860, p. 816, la discussion fut provoquée par deux membres entrés plus tard dans la chambre. Ils parlèrent contre la peine de mort. Le ministre de la justice soutint que le nouveau projet de code pour la Belgique avait restreint plus qu'aucune autre loi l'application de cette peine.

(3) Mon article dans le *Gerichtsaal*, 1860, p. 212.

(4) D'après l'article 194, au meurtre qualifié, comprenant les cas suivants : le meurtre commis avec préméditation, le meurtre accompagné d'actes de barbarie contre les ascendants ou les descendants (excepté le meurtre de l'enfant illégitime) ou contre le conjoint; d'après l'article 299, à l'incendie, s'il a coûté la vie à une personne.

(5) Loi de la Suède du 29 janvier 1861, publiée par Holzendorf dans sa *Revue du droit pénal*, n° 44.

Dans le projet de loi présenté à la commission centrale de la Valachie (1), le ministre de la justice, Boeresco, propose la suppression de la peine de mort, en l'appuyant des considérations les plus élevées.

(1) Publié dans la *Revue critique de législation;* Paris, 1860, iie vol., p. 441.

V.

De la peine de mort considérée dans ses rapports avec l'organisation de l'État et le droit de punir.

La légitimité de la peine de mort et son efficacité sont un sujet de sérieuses études, depuis ce grand mouvement d'idées qui ne permet plus de chercher, dans la durée d'un pouvoir exercé par l'Etat, sa raison d'être. L'examen d'une telle question a une portée plus ou moins grande, suivant le caractère scientifique des travaux et le degré du respect de l'opinion publique et de l'Etat pour la science. A mesure que la civilisation se développe, et que l'Etat reconnaît la nécessité d'appuyer son autorité sur la majorité des hommes éclairés, l'autorité de la science en matière de législation grandit. Un gouvernement sage lui laissera, avec une entière liberté, le droit d'attaquer les institutions existantes, s'il ne veut pas que leurs imperfections demeurent cachées (1). L'autorité de la science doit se manifester surtout, en matière pénale, au sujet de certaines pénalités ; leur but est d'agir sur l'esprit des citoyens; mais elles sont impuissantes dès que la majorité des citoyens les regarde comme illégitimes ou surannées, et par là même nuisibles. En général, la vérité triomphe lentement : d'abord mise en doute et reconnue par le petit nombre, elle est méprisée et combattue par la majorité des hommes ; enfin la minorité devient peu à peu la majorité : il en est ainsi dans le droit pénal, surtout pour le choix des pénalités. Aussi longtemps que l'Etat a été considéré comme une

---

(1) Un gouvernement qui a le souci de la vérité ne poursuivra devant les tribunaux ceux qui attaquent la peine de mort, pas plus qu'on ne poursuivit autrefois ceux qui élevaient la voix contre la torture et contre la mutilation.

puissance investie du droit de faire tout ce qui lui est utile, on lui reconnaissait celui d'infliger la peine de mort comme tout mal approprié à sa fin, si obscure qu'elle fût pour lui-même, et il était superflu de chercher si la peine de mort est légitime, surtout à une époque où l'on pensait généralement avec Hobbes que le criminel est un ennemi de l'Etat qu'il faut combattre de toutes les manières. La peine de mort avait pour elle son antiquité et l'avantage d'être le meilleur moyen de garantir la sûreté de l'Etat et de produire l'intimidation. Dans la seconde moitié du dernier siècle, la philosophie florissante entra dans le domaine du droit; la peine de mort devint un objet d'étude ; mais s'il n'en sortit pas un résultat aussi grand qu'on devait l'espérer, c'est qu'une double faute fut commise : la première consiste dans un formalisme attaqué récemment avec raison, et imputable au système philosophique ; la seconde, c'est que les écrivains et les législateurs, bornant à l'étude de la sensibilité celle de la nature humaine, négligeaient l'ensemble de ses éléments, non moins qu'une autre étude indispensable à tout législateur qui veut rendre les lois efficaces, celle des faits auxquels il faut les adapter.

Souvent, les écrivains furent conduits par leur formalisme à chercher une formule déterminée pour un principe; en matière pénale, ils espéraient donner au législateur comme au juge une règle de conduite certaine à l'aide des formules suivantes : la peine est une expiation, ou l'anéantissement de l'injustice ; ou ils avaient recours à des mots sonores, tels que la justice, la réparation ou l'expiation du mal. On n'arrivait pas mieux au but en tenant la philosophie enfermée dans l'état de choses existant, et en la faisant servir à la consécration du droit pratiqué jusqu'alors par l'Etat (1). On ne pouvait non plus, en donnant pour base à la philosophie du droit l'état de nature et le contrat social, résoudre la question de la peine de mort.

Les travaux sur la légitimité de la peine se rattachaient à une

(1) *Voir* des passages de Haym dans un livre intitulé : *Hégel et son temps*; Berlin, 1857, p. 361. Il fait de justes reproches à la philosophie du droit d'Hégel. *Voir* aussi Prantl, dans le *Dictionnaire politique de Bluntschli*, v° vol., p. 63.

double théorie : la première était celle de la justice, la seconde
était l'utilité de la peine. La théorie la plus favorable à la légitimité
de la peine, c'était la plus absolue, ou celle de la justice (1); elle a
des applications nombreuses qu'il faut examiner. Envisagée
comme une théorie de la réparation morale, elle veut imiter la justice divine, réparer le dommage causé par le crime à l'ordre de ce
monde, rétablir cet ordre troublé, et le législateur doit prendre pour
modèle la justice divine (2); ou bien elle veut accomplir par la
peine la loi de la réparation morale régnant dans un monde supérieur, et relever le droit outragé (3). Suivant une autre théorie, le crime est un obstacle au droit, et la peine un moyen de le
faire disparaître (4). La peine est encore envisagée comme un
moyen de faire cesser le dommage causé par le crime (5) à la loi,
suivant les uns ; à la morale, suivant les autres.

D'après une autre doctrine, pour satisfaire à l'idée de la justice,
en matière pénale, il faut que la peine corresponde invariablement
au crime, et c'est là son unique objet. Ainsi la peine la plus rigoureuse est nécessaire au plus grand crime, et par conséquent la peine
de mort ne peut être remplacée, pour l'assassinat, par aucune autre.
Lui substituer la prison perpétuelle, c'est renverser la proportion
entre le crime et la peine (6). On fait souvent aussi reposer le droit
de punir sur la nécessité de faire expier le crime ou de le réparer par
la peine ; c'est ainsi que la peine, et surtout celle de mort, devient
légitime pour les plus grands crimes, et pour l'assassinat, entre

(1) L'auteur de ce livre a été jadis aussi conduit par l'application
du principe de justice à justifier la peine de mort.

(2) C'est la théorie de Bekker dans son *Traité du droit pénal allemand*, 1er vol., p. 71-81. En Angleterre, les idées théocratiques sont
encore celles de tout un parti piétiste ; on en trouve la preuve dans
un ouvrage, *The prison Chaplain by Clay*, p. 357. Cet auteur enseigne
que le droit pénal a pour base, non la défense de l'ordre social, mais
l'application de la justice divine représentée par le législateur. C'est
ainsi que la peine de mort est légitime comme l'accomplissement
de la volonté divine.

(3) Cette idée rentre dans le système de Savigny, vol. I, p. 26.

(4) Opinion de Haelschner, *Système du droit pénal en Prusse*, vol. I,
p. 14.

(5) Selon les idées de Rossi.

(6) C'est la doctrine de Kant. *Voir* Fischer, *Histoire des idées d'Emma-
nuel Kant*; Mannheim, 1860, IIe vol., p. 221.

autres; elle est appelée par l'assassin lui-même comme un moyen d'expiation, et par la voix du peuple comme un sacrifice expiatoire. La théorie de la justice voit encore dans l'assassin un homme qui substitue sa volonté particulière à la volonté générale de la loi ; la peine n'est qu'un acte de représailles, que le criminel a voulu lui-même, et doit être l'équivalent du crime (1). Suivant une autre théorie (2), la peine n'est qu'un moyen de rétablir la sainteté de la loi ; on fait disparaître le criminel ou on lui inflige une souffrance pour maintenir l'ordre établi par la Providence, et on abaisse la volonté du criminel devant la puissance de l'État.

Que devient la légitimité de la peine de mort, si l'on arrive à démontrer qu'aucune de ces théories, fondées sur la justice, ne repose sur un principe qui apprenne au législateur, d'une manière claire et satisfaisante pour la raison , les conditions de l'exercice de la puissance pénale, ses limites, et le but même de la peine ? Elles s'appuient sur de fausses prémisses, se contentent de formules obscures et mystiques, visent à l'impossible ; enfin elles sont contraires à la nature humaine et à l'expérience, et, loin de guider le législateur, le jettent dans l'arbitraire. Il faut repousser avec énergie surtout la théorie qui représente avec de belles phrases le droit de punir appartenant à l'État comme une image de la justice divine ; elle est fausse comme l'idée de la théocratie (3) ; elle consacre l'usurpation de la justice de Dieu au profit du législateur de la terre , privé des moyens dont Dieu dispose pour juger la véritable valeur des actions humaines, et mal éclairé sur les lois divines qui président à l'ordre de ce monde. Le législateur, voulant rendre la justice sur la terre, sait-il si Dieu n'a pas exercé la sienne ? Un autre vice de cette théorie, c'est de ressusciter l'idée antique d'une di-

---

(1) Doctrine d'Hégel, *Philosophie du droit*, par. 99-101, 220.

(2) Stahl, *Philosophie du droit*, II° vol., p. 364.

(3) Réfutation bien faite par Mohl, *Encyclopédie des sciences politiques*, p. 310.

Bonnes objections contre cette théorie dans Trébutien, *Cours du droit pénal*, p. 26. Hélie, *Du principe du droit penal*, p. 70. Conforti, p. 204. On verra plus bas que, pour punir de mort l'assassinat, on a tort d'invoquer la volonté divine révélée par la loi mosaïque ou par la Bible.

vinité irritée, qu'il faut apaiser par un sacrifice, et de repousser l'idée chrétienne d'un Dieu d'amour, qui conduit les peuples et les individus coupables par des voies différentes de celles du législateur. Qu'on ne cherche pas la légitimité de la peine de mort dans la théorie qui veut réparer par la peine l'injustice, ou, dans un langage emphatique, l'atteinte portée par le crime à l'ordre de l'univers ou le mal moral; il est absurde de vouloir faire que ce qui est arrivé ne le soit pas, et l'exécution d'un assassin ne fait pas qu'il n'ait pas commis d'assassinat (1). Il est tout aussi difficile au législateur d'effacer par la peine le mal moral qui résulte du crime, car il n'appartient pas à la législation pénale d'apprécier les suites morales d'un crime; il lui est même impossible de juger exactement la gravité du mal moral. Tel crime grave suivant la loi, même l'assassinat, n'a aucune gravité au point de vue général (2) et, suivant les circonstances, même au point de vue moral (3). Malheureusement une idée des temps barbares, celle du mal pour le mal, ou celle de la réparation par la peine empruntée à théorie de la vengeance et du talion (4), a exercé une influence fatale sur les travaux scientifiques (5); il faut le reconnaître même en admettant avec cette théorie que le criminel doit avoir la conscience de mériter, par le mal qu'il a fait, le mal qu'il subit. Les partisans de cette théorie veulent-ils établir un rapport exact entre la peine et le crime? Ils ne sont pas d'accord entre eux. Ainsi Kant cherche une égalité spécifique, tandis qu'Hégel ne demande

(1) Hill raconte finement dans son ouvrage, *Crime, its amount, cause,* etc... (London, 1853, p. 169), le trait d'un enfant qui, assistant à une exécution, demandait à sa mère si la mort du coupable allait rendre la vie à sa victime. Mais pourquoi le pendre alors? dit l'enfant; une fois mort, cet homme ne pourra plus faire une bonne action.

(2) On tue, par exemple, un homme très-dangereux, dont la mort fait plaisir à un grand nombre de personnes.

(3) Par exemple, une mère franchit le cordon sanitaire pour sauver son enfant.

(4) Le droit canonique, c. XXIII, quæst. 3, cap. I, proclame aussi : *Judex punit non delectatione alienæ miseriæ, quod est malum pro malo, sed delectione justitiæ, justum pro injusto, quod est bonum pro malo.*

(5) De Berner fait ces justes réflexions dans son traité *Suppression de la peine de mort,* p. 9. *Voir* la remarquable déclaration d'un directeur de prison plein d'expérience, Hoyer, rapportée dans mon travail sur la *Question des prisons,* p. 46.

qu'une équivalence (1). On doit surtout repousser la doctrine de Kant (2), qui réclame comme indispensable une mesure absolue de la peine reposant sur une égalité spécifique avec le crime, et ne voit dans la peine qu'une satisfaction à la justice. Cette théorie oublie qu'il n'existe aucune mesure absolue de la peine; que chaque Etat doit, en matière pénale, considérer sa situation et ses intérêts. Aussi le législateur doit-il tenir compte de l'utile, tandis qu'une doctrine inflexible, comme celle de Kant, ne permet pas de tenir compte d'éléments importants, tels que la prescription et le repentir. La fausseté de cette théorie apparaît surtout dans la démonstration de Kant relative à la nécessité de la peine de mort contre le meurtre. C'est bien arbitrairement et sous l'influence de la théorie barbare du talion que ce philosophe imagine la nécessité de cette peine et soutient l'impossibilité de la remplacer par une autre. Il suffit d'objecter qu'il y a des degrés infinis dans le meurtre, même dans l'assassinat, et qu'on ne peut pas refuser absolument la grâce à l'assassin, tandis qu'il est injuste, d'après Kant, de ne pas exécuter tout assassin.

La théorie de Stahl est également fausse. Son point de départ arbitraire est que la peine est faite pour abaisser le criminel qui se place au-dessus de la loi ; la peine de mort est un moyen d'anéantir la volonté du criminel ; elle est par là même légitime (3). Cette théorie est contraire à la nature de la peine; elle exclue la peine de mort quand le criminel manifeste un repentir sincère et qu'il n'y a plus à réprimer chez lui de mauvais sentiments. La théorie de l'expiation, fréquemment soutenue, n'est guère plus satisfaisante (4). Le but de la justice humaine n'est pas d'agir sur la conscience du meurtrier et d'y faire naître les remords, comme si la contrainte exercée par la peine en donnait le moyen. Veut-on prétendre encore que la peine

---

(1) Kœstlin montre, p. 425, combien la théorie d'Hégel est peu solide.

(2) Sur Stahl, Kœstlin, p. 392. Berner, p. 8. Gœtting, *Droit, pratique de la vie et science*, p. 22.

(3) On demande ce que l'État gagne à faire tomber la tête du criminel. *Voir*, contre Stahl, de Wyck *Sur la peine et l'amélioration du coupable*, p. 23.

(4) Bien combattue par Hélie, p. 75. Trébutien, *Cours de droit pénal*, p. 31.

réconcilie la société avec le coupable, on favorise le sentiment de la vengeance (1), on ne fournit aucune règle pour la mesure de la peine; on arrive enfin logiquement à n'admettre aucune peine pour le coupable qui manifeste le sentiment de sa faute par son ardent repentir ou par la souffrance qu'il s'impose à lui-même. Il n'est surtout pas vrai que le coupable subisse la peine de mort en reconnaissant qu'elle est l'expiation de son crime. Cette phrase mystique, contraire au sentiment populaire, exprime une idée présentée par le prêtre au criminel qu'il assiste dans ses derniers jours si pénibles ; il serait plus sage de lui faire comprendre que la meilleure manière d'expier son crime est de s'en repentir et de s'amender dans sa prison.

Une théorie plus répandue parmi les écrivains, et surtout parmi les praticiens, est celle du relatif ou de l'utile : elle voit dans la peine de mort un moyen d'atteindre un but déterminé dans l'intérêt de l'État : ainsi, selon Bentham (2), le législateur trouve dans le plaisir et la peine les mobiles des actions humaines, et, voulant prévenir le crime, il oppose aux tentations qu'il a pour l'homme la crainte d'une peine assez forte pour l'en détourner. Cette théorie a une grande affinité avec la théorie ingénieuse de Feuerbach sur l'intimidation psychologique. L'objet de la peine est, suivant ce philosophe, de contraindre la volonté par la crainte d'un mal supérieur aux avantages du crime, et de le prévenir par cette crainte salutaire : la peine de mort est légitime comme un obstacle aux plus grands crimes. La théorie préventive, entendue d'une manière générale et défendue surtout par les écrivains italiens, justifie la peine comme un moyen que l'État a le droit et le devoir d'employer contre l'entraînement des passions humaines, et la peine de mort comme le mal le plus redouté par les hommes, pour les éloigner des plus grands crimes. Une théorie préventive plus

(1) On demande si l'ordre social est mieux assuré quand la société s'est réconciliée avec le coupable en le faisant mourir.

(2) Goetting fait remarquer avec raison dans son traité, *Droit, pratique de la vie et science*, p. 117, que Bentham, adversaire de la peine de mort, est embarrassé quand il veut montrer que cette peine, la plus terrible des peines aux yeux des hommes, et vraiment un objet d'effroi pour beaucoup de criminels, est légitime, parce qu'elle est un frein contre le crime.

restreinte justifie la peine de mort, en soutenant que le criminel a fait voir par son crime combien il est dangereux, et que l'État emploie contre lui la peine pour l'empêcher de faire encore du mal. D'autres considèrent le droit de punir comme un moyen de défense nécessaire à l'existence de l'État : la peine dirigée contre l'individu qui a menacé l'État par son crime, éloigne le danger de nouveaux crimes. D'autres enfin soutiennent la légitimité de la peine, en montrant qu'aux yeux de·tout homme qui connaît le cœur humain, il n'y a pas de plus grand obstacle au crime que la crainte d'une peine grave pour l'homme déjà puni et pour ceux qui seraient tentés de l'imiter.

Aucune de ces théories ne justifie la peine de mort, s'il est démontré qu'aucune d'elles a un point de départ exact. Elles ont toutes un défaut commun (1) : c'est de vouloir donner pour principe au droit pénal l'utile, qui varie indéfiniment au gré de la force, au lieu de reconnaître que la peine ne vaut qu'à la condition d'être juste, proportionnée à la gravité du crime et nécessaire (2). Le législateur ne peut pas faire sortir la légitimité et l'efficacité de la peine du fait même de son existence. L'erreur de ces théories utilitaires est de considérer le crime comme le résultat d'un calcul de la part du criminél. Elles se complaisent à donner une force déterminée aux mobiles du crime, pour donner une force équivalente au mal résultant de la peine. Elles doivent même amener le législateur à exagérer le danger du crime, comme la peine qui doit en préserver l'État (3). La théorie fondée sur le droit de la protection sociale ne peut fournir aucun principe de pénalité ; elle confond le droit de punir avec celui de prévenir les crimes, et elle a l'inconvénient de faire négliger au législateur les vrais moyens de prévenir les crimes. La théorie du droit de dé-

(1) Bonne démonstration d'Hélie : *Du principe du droit pénal*, p. 84 ; Paris, 1855.

(2) Les écrivains qui, partisans de la théorie de l'utile, s'occupent de la pratique du droit pénal, modifient leur théorie en la rattachant au principe de justice; il en est ainsi de Bauer, de Rauter, en France ; de Guiliani, en Italie.

(3) Il en est ainsi quand la facilité avec laquelle on commet un crime, par exemple un vol domestique, devient là raison d'une pénalité sévère.

fense aboutit à une pareille confusion et blesse toutes les notions du droit , en invoquant cette prétendue nécessité de défense pour punir l'ennemi désarmé et impuissant (1). La théorie préventive, entendue restrictivement, fait reposer la peine sur la nécessité de protéger la société contre un coupable dont le crime prouve qu'il est dangereux ; c'est donner un principe faux au droit de punir. Cette théorie aboutit à une extension sans limites de ce droit (2); elle fait tomber sous l'application de la peine de mort même les crimes les moins graves, par exemple le vol commis par un voleur de profession (3); elle devrait au contraire affranchir de toute peine le coupable que des circonstances déterminées empêchent de commettre un nouveau crime (4). La peine de mort ne devient pas légitime même avec une théorie qui prétend, comme celle de Feuerbach, combattre la tentation du crime par la crainte d'une peine rigoureuse. Une théorie qui voit dans la menace de la peine sa raison d'être est contraire à la nature humaine et à l'expérience, car elle a le tort de supposer qu'un homme disposé à commettre un crime en pèse les avantages et les inconvénients, d'attribuer une force déterminée aux mobiles du crime pour en déterminer la peine, de faire exactement la part du plaisir et de la peine ; mais l'expérience montre que l'âme humaine obéit, en agissant, à une force qui la domine. Cette théorie n'aperçoit pas que la puissance de la loi pénale est non pas dans la gravité, mais dans la certitude de la peine ; aussi la peine à laquelle on a un grand espoir d'échapper est-elle inefficace (5). Le législateur espère en vain agir sur l'âme du criminel par la certitude de la peine, et combattre le

(1) C'est contrairement à toute idée saine du droit que l'État invoque la nécessité de sa défense pour autoriser l'exécution d'un criminel captif, et peut-être mis, par un mal physique, hors d'état de nuire.

(2) Par exemple, pour punir la tentative du crime qui atteste la perversité de la volonté.

(3) C'est ainsi qu'un canton suisse a puni de mort un voleur qui, souvent condamné, s'échappait de prison et recommençait à voler.

(4) Par exemple, un homme coupable de viol, et saisi en flagrant délit, a été maltraité ; il a même subi la castration.

(5) Lord Brougham a communiqué là-dessus une observation importante à l'Académie française. *Archives du droit criminel*, 1851, p. 137.

penchant du crime par la crainte du mal, si celui qui mérite le crime ignore la peine dont la loi le menace. L'expérience montre que l'assassin ne songe ordinairement pas à la peine de mort (1); souvent il s'occupe, non pas de la peine, mais des moyens de commettre son crime sans être découvert (2). Pour voir combien la théorie de l'intimidation répond mal à l'idée de la justice, il suffit de rappeler l'exemple de la Bavière : on sait comme la sévérité de ses lois pénales et la défense faite au juge d'en atténuer l'application, en dépit des circonstances atténuantes les plus nombreuses, ont souvent blessé la conscience publique (3). L'expérience atteste que, malgré quelques exceptions, la peine de mort a, moins que toute autre peine, la force de l'intimidation ; elle est combattue par l'espérance de l'acquittement ou de la grâce (4). Cette considération s'applique à la théorie tout entière de l'intimidation par la peine (5). Il est à propos de dire ici que les législations nouvelles suppriment les exécutions publiques, et que les plus grands criminels ont assisté à des exécutions (6).

Les recherches sur le principe du droit pénal, et particulièrement sur la peine de mort, prirent une direction nouvelle en Angleterre, grâce à Howard et à d'autres hommes éminents après lui, tels que Buxton, Romilly et Makintosh : ils appelèrent l'attention publique sur la nécessité de réformer le régime des prisons et de travailler à l'amélioration des condamnés, et peu à peu la théorie de l'intimi-

(1) Un individu commet un vol, persuadé qu'il n'y a personne dans la maison ; quelqu'un sort de la chambre; le voleur, surpris, se décide à le tuer. La peine de ce crime est celle de l'assassinat dans beaucoup de législations.

(2) Hill cite dans son ouvrage , *Crime, its amount*, p. 170, un exemple curieux, celui d'un marchand qui cherchait avec anxiété, depuis l'exécution de Fauntleroy, le moyen de faire des faux sans être découvert.

(3) Feuerbach a lui-même reconnu que sa théorie était impraticable; on le voit par le projet de code qu'il a laissé. On sait aussi (voir *la Vie et l'œuvre de Feuerbach*, vol. I, p. 232) qu'il était devenu, dans ses dernières années, un adversaire de la peine de mort.

(4) Berner a fait cette réflexion dans son *Traité sur l'abolition de la peine de mort*, p. 15.

(5) Nous y reviendrons plus bas, au § 16.

(6) *Voir* aussi plus bas, au § 10. Il ne faut pas compter sur la puissance de l'intimidation. *Voir* une bonne démonstration de ce point dans les *Transactions of nat. ass.*, 1860, p. 493.

dation par la peine et l'idée de la corruption absolue et irrémédiable des grands criminels furent entamées. Une fois que le régime pénitentiaire fut amélioré et qu'on vit de très-grands criminels s'amender, tous les jurisconsultes mirent en doute la légitimité des peines qui rendent, comme la peine de mort, impossible l'amélioration du coupable, et discutèrent s'il n'est pas conforme à la nature morale de l'homme et à l'intérêt de l'État de donner l'amélioration du coupable pour but à la peine. Alors commencèrent des travaux scientifiques sur ce nouveau principe : on l'exagéra malheureusement. On alla jusqu'à soutenir qu'il fallait ne retenir le criminel en prison que durant le temps nécessaire à son amélioration, et le mettre en liberté dès qu'il s'était amendé. Les adversaires de ce système eurent dans son exagération un prétexte pour en nier la légitimité (1). On disputa sur le sens et sur l'étendue de cette théorie (2), et sur la nécessité de donner encore à la peine un autre objet que l'amélioration du coupable (3). La vérité, c'est que la peine, tout en étant dans un rapport exact avec la gravité du crime, doit avoir pour but l'amélioration du condamné; il faut donc écarter tout ce qui peut l'empêcher, y faire servir toutes les ressources de la nature humaine, et laisser entrevoir au condamné dans son retour au bien un moyen de rendre sa condition meilleure (4). On peut citer des exemples de bien grands

(1) On voit que des écrivains éminents, tels qu'Hélie, *Du principe du droit pénal*, p. 90 ; de Wyck, *De l'amélioration du coupable*, p. 14, combattaient le principe de l'amélioration des condamnés. Réflexions d'Abegg, dans les *Archives du droit criminel*, 1845, p. 248. Kœstlin, *Système*, p. 398.

(2) Surtout s'il faut poursuivre l'amélioration sociale ou morale. Comparez Rœder, *An pœna malum esse debet*, sur le principe de l'amélioration par la peine, Heidelberg, 1846, à Gœtting, *Droit, pratique de la vie et science*, p. 114.

(3) Gœtting, combat, p. 121, la doctrine exposée dans mon travail sur la *Réforme des prisons*, p. 75. La rapprocher de celle d'Holzendorf, dans la *Revue* de Gross *sur la Science du droit pénal*, II* vol., 1** livraison, p. 5, et IV* vol., p. 191.

(4) Comment l'amélioration du condamné doit-elle se concilier avec la peine? *Voir* mon travail sur la *Réforme des prisons*, p. 78-125; mon travail sur la *Question des prisons*, p. 75 ; la discussion d'un praticien dans les *Transactions of the society for promoting social science*, Glasgow, 1860, p. 111 ; Berner, *Suppression de la peine de mort*, p. 21; Gœt-

criminels qui se sont amendés sous l'influence d'un bon régime pénitentiaire. N'est-ce pas un argument décisif contre la peine de mort ?

Voici les principes qui doivent diriger le législateur en matière pénale :

1° L'existence de l'État est nécessaire au développement de l'humanité. Les théories imaginaires sur l'état de nature ou sur le contrat social doivent être exclues du droit pénal.

2° L'action de l'État embrasse les rapports de la vie civile ; il doit sa protection aux hommes qui vivent ensemble sous sa loi ; il doit se garder de vouloir accomplir ou imiter la justice divine, ou rétablir par la peine l'ordre dans ce monde.

3° Le gouvernement a le droit d'employer tous les moyens qui servent à fonder et à protéger le droit.

4° De là naît pour l'État le droit d'instituer et d'appliquer des peines : il est conforme à l'idée du droit écrite dans la conscience universelle ; l'homme qui a porté atteinte au droit mérite une peine en rapport avec la gravité de sa faute, et cette peine doit, tout à la fois, servir à corriger le coupable, à prévenir d'autres crimes, et à protéger la sûreté publique.

5° Le système pénal n'est qu'un des moyens destinés à protéger le droit, et l'État ne doit s'en servir qu'après avoir épuisé les autres moyens dont il dispose.

6° Les pénalités que l'État peut employer ne doivent supprimer ou limiter que les droits qui viennent de lui ou qui sont l'objet de sa protection légale ; mais le droit de l'État ne va pas jusqu'à infliger des peines qui anéantissent chez l'homme le développement de son être. La vie est un présent de Dieu et la condition du développement moral de l'homme. Sa durée est fixée par la Providence : toute peine qui entreprend sur la volonté divine, en ôtant l'existence à l'homme, est illégitime. La peine de mort n'est devenue légitime qu'à la faveur de théories contraires au chris-

---

ting, p. 67; et une étude sur la pénalité, tant au point de vue de l'amélioration qu'au point de vue de l'intimidation. Clay, *The prison Chaplain*, p. 292-297.

tianisme, et fondées sur l'idée de la colère divine qui veut être apaisée (1).

(1) *Voir* un excellent travail dans la *Revue* de Dublin. *Dublin Review*, 1860, août, p. 472.

VI.

Influence de la théorie de l'utile sur la peine de mort.

Le législateur qui veut établir une bonne loi pénale doit suivre, dans la sphère de la justice, les données de la théorie de l'utile appliquée à la matière criminelle. Cette théorie lui fait connaître les lois les plus conformes au but qu'il poursuit, à l'intérêt présent de son pays, et les résultats que, d'après l'état et le caractère des habitants, il en doit attendre. C'est surtout dans le choix des peines qu'il doit tenir compte de tous ces éléments d'appréciation. De même qu'un médecin prudent a, dans le choix de ses remèdes, égard à leurs propriétés, à leur force, à la constitution de ses malades, de même un législateur sage doit, pour le choix des peines, connaître le tempérament des hommes qu'il gouverne ; car la valeur d'une pénalité est dans son action sur l'individu qu'elle atteint et sur l'ensemble des citoyens. Un grand trésor d'expérience est la meilleure garantie de la sagesse des lois ; c'est à l'expérience aussi qu'il faut s'adresser pour juger la question de la peine de mort. Les travaux scientifiques et les discussions des assemblées législatives attestent malheureusement une grande insuffisance de matériaux dans les mains des hommes appelés à prononcer sur la question. Les gouvernements ont récemment, dans quelques pays, avant de présenter un projet de loi sur la liberté commerciale, par exemple, recueilli les avis expérimentés de milieux différents. Ne devraient-ils pas, comme l'a fait celui d'Angleterre, créer des commissions d'enquête sur la peine de mort? Elles entendraient les hommes les mieux placés pour étudier les criminels, par exemple les directeurs de prisons, les médecins, les aumôniers chargés d'assister les condamnés dans leurs dernières heures, les fonctionnaires, les juges, les magistrats du ministère public, les avocats habitués à voir les criminels, enfin des citoyens de différentes classes de la société. On devrait publier, comme en Angleterre, ces enquêtes, pour les livrer à la discussion de la presse (1).

Voici les questions qu'elles doivent embrasser :

1° Il faut avant tout rechercher le nombre des grands crimes commis dans chaque pays, celui des crimes punis de mort, et surtout leur moyenne embrassant une longue période, soit dans un pays, soit même dans certaines contrées d'un pays. Il faut connaître le nombre des condamnations à mort prononcées dans un long espace de temps. Il est très-important d'avoir la statistique des crimes qui ont cessé d'être punis de mort : sont-ils plus ou moins nombreux depuis la suppression de cette peine? Il est encore important de rechercher quel a été l'effet de la clémence du souverain faisant systématiquement grâce de la peine de mort, et si, dans les pays où elle est abolie, le nombre des crimes s'est augmenté.

2° Il faut savoir aussi le nombre des condamnations capitales exécutées, des grâces accordées, et en dire le résultat.

3° On ne peut décider, avec le texte de la loi seul, si la peine de mort est nécessaire ; mais il faut voir si cette peine est appliquée et comment elle l'est. Il faut encore, pour juger sainement les effets de la loi pénale, rechercher si la peine de mort est conforme au sentiment populaire, ou si la répugnance pour cette peine ne va pas jusqu'à nuire à l'application de la loi pénale. Cette répugnance va-t-elle assez loin dans la masse ou dans une grande partie du peuple pour être un obstacle à la poursuite des grands criminels?

(1) Il ne faut guère s'en rapporter aux rapports isolés de quelques fonctionnaires, ou même aux avis des cours de justice, reposant trop souvent sur des matériaux insuffisants.

Par exemple, voit-on la victime d'un crime ne pas dénoncer le coupable, ou diriger son témoignage de manière à ne pas donner lieu à l'application de la peine de mort? Il faut enfin savoir si les accusations capitales n'aboutissent pas le plus souvent à des acquittements ou à des verdicts qui écartent, surtout par l'admission des circonstances atténuantes, la peine de mort.

4° Il est ensuite important d'étudier l'impression produite par la condamnation à mort et par son exécution : A, sur le condamné, d'après son attitude au moment de sa condamnation et de son exécution ; B, sur la masse du peuple. La condamnation est-elle approuvée ou désapprouvée, et le peuple veut-il, en manifestant son mécontentement, empêcher l'exécution de la peine de mort qui lui répugne ? L'attitude du peuple annonce-t-elle que l'exécution de la peine est salutaire ou funeste ? Est-il utile d'empêcher les exécutions en public ? Est-il prouvé par l'expérience que la présence du peuple aux exécutions ait pour résultat la diminution du nombre des crimes ?

5° Une question bien grave, c'est la conduite des coupables qui ont échappé par la grâce à la peine capitale, pendant qu'ils sont en prison ; permet-elle d'attendre du régime pénitentiaire l'amélioration des condamnés ?

6° Arrive-t-il que des innocents soient exécutés ?

L'Angleterre est malheureusement le seul pays où toutes ces questions aient été étudiées. J'ai, de mon côté, recueilli depuis de longues années, dans différents pays, des faits que je livre à mes lecteurs. Disons tout d'abord qu'il ne faut pas conclure légèrement du nombre des crimes au maintien ou à l'abolition de la peine de mort.

Le nombre des crimes plus ou moins grand, dans un espace de temps donné, est un fait qu'il faut considérer avec prudence. Le nombre en a été moindre par des causes diverses peut-être : c'est tantôt une plus grande énergie et une meilleure direction dans l'emploi des motifs préventifs, de la police par exemple, tantôt une meilleure situation politique (l'amoindrissement de l'esprit de parti), tantôt un progrès dans l'état social et écono·mique du peuple , le développement de l'éducation publique ou l'amélioration du régime pénitentiaire. D'un autre côté, il ne faut pas voir trop facilement dans l'augmentation du nombre des crimes la preuve de l'insuffisance des moyens de répression. En étudiant les mobiles d'un acte criminel, on reconnaît souvent que c'est un crime isolé, qui s'explique par des causes particulières, rares (1), ou locales (2), et qu'il ne se rattache en rien au maintien ou à l'abolition de la peine de mort. Il est certain que, même dans un État prospère, et malgré la douceur des mœurs, il se commet de grands crimes qu'on ne saurait empêcher par le maintien de la peine de mort ou par de fréquentes exécutions. Il en est surtout ainsi des crimes dus à des causes qui se produisent chez tous les peuples et qu'on ne peut faire disparaître : le criminel a cédé, par exemple, à un mouvement de brutalité ou de jalousie, et n'a pas songé à la peine de mort. Une dernière observation importante, c'est qu'aujourd'hui l'assassinat est le seul crime qui donne lieu, chez presque tous les peuples, à l'exécution de la peine de mort. Mais comment le distinguer du meurtre ? La distinction paraît simple aux législateurs et aux écrivains, mais elle est en fait très-difficile. Voilà, par exemple, un meurtre commis sous l'empire d'une inimitié vieille, toujours ardente, et souvent aggravée par la violence du chef de la famille, ou un meurtre commis par vengeance des mauvais traitements qu'un mari a fait subir longtemps à sa femme. Il y a des législations qui obligent les jurés et les juges, par l'économie de leurs lois sur l'assassinat, à punir comme tels des crimes qui ne sont pas le résultat d'une grande perversité (3).

(1) C'est, par exemple, un frère qui tue le séducteur de sa sœur.

(2) Ou la cause de l'assassinat est dans une violente inimitié entre des contrebandiers et un employé violent de la douane. Bien souvent les crimes sont dus à des causes locales et temporaires. Il y a des contrées où l'on n'a vu ni assassinat ni incendie depuis de longues années, tandis qu'ils sont fréquents dans d'autres contrées du même pays. *Voir* mon article dans les *Annales de Hizig*, 6ᵉ livraison, p. 369; Faider, dans le *Bulletin de la commission de statistique en Belgique*, vol. II.

(3) Par exemple, un crime commis pour obéir aux excitations d'une personne qu'on aime.

STATISTIQUE DES CRIMES ET DES CONDAMNATIONS A MORT DANS DIFFÉRENTS PAYS.

Commençons par la statistique de l'Allemagne. En Autriche (1), le nombre de condamnations à mort est de 479 depuis l'année 1829 jusqu'à l'année 1841 (2). On compte 44 condamnations, 15 exécutions en 1842 ; 30 condamnations, 8 exécutions en 1843 ; 357 condamnations de 1845 à 1848, et seulement 27 exécutions ; 60 condamnations, 6 exécutions en 1849 ; 122 condamnations à mort pour toute l'Autriche en 1856, et 39 seulement ont été suivies de grâces.

En Prusse, on trouve une statistique développée des condamnations à mort, de 1826 à 1843, dans les actes du ministère de la justice (3). Dans la province rhénane, régie par le code pénal, on compte, pour cette période, 189 condamnations à mort, et seulement 6 exécutions ; dans les autres provinces, 237 condamnations et 96 exécutions. Dans ce nombre on trouve 135 condamnations pour assassinat, 1 pour parricide, 34 pour infanticide, 12 pour incendies dans lesquels il y eut mort d'homme. On remarque dans le compte rendu que le nombre des condamnations à mort eût été bien moindre, si la loi proposée en 1847 eût été déjà en vigueur : au lieu de 426, il serait descendu à 187. On montrera plus bas l'importance de cette ob-

(1) Dans cette statistique de l'Autriche nous ne comprenons ni la Hongrie, ni la Croatie, ni la voïvodie serbe, ni le Banat, ni la Transylvanie, ni les frontières militaires. Nos chiffres sont officiels et contenus dans des documents publics ou non publics.

(2) Dans la Hongrie, dans la Croatie, dans la voïvodie serbe et dans le Banat, le nombre des condamnations a été de 261 ; il a été de 51 dans la Transylvanie. Ainsi leur nombre s'élève pour l'Autriche entière, excepté les frontières militaires, à 791. 272 ont été exécutées. Nous rappelons à nos lecteurs le décret royal du 20 octobre 1803, qui restreignait l'exécution de la peine au cas où la gravité du crime et le caractère du criminel ne laissaient pas l'espoir de le voir s'améliorer. D'après une statistique donnée par de Hye dans *la Loi pénale en Autriche*, p. 41, les tribunaux réguliers ont prononcé, de 1803 à 1848, 1,304 condamnations à mort : 121 pour haute trahison, 174 pour faux en matière de papiers de crédit, 84 pour incendie, et 911 pour assassinat ; 856 condamnés furent graciés.

(3) Publiés dans le *Bulletin du ministère de la justice en Prusse*, 1848 p. 247.

servation. D'après une statistique récente (1), il a été prononcé en Prusse, de l'année 1818 à l'année 1854, 988 condamnations à mort : 534 pour assassinat, 137 pour meurtre, 124 pour infanticide, 96 pour incendie, 32 pour fabrication de fausse monnaie, 12 pour haute trahison (2). Il faut suivre avec attention le mouvement des condamnations à mort depuis la publication du nouveau code pénal et l'établissement du jury. Dans les tables de statistique, on trouve 37 condamnations à mort en 1854, 49 en 1855, 44 en 1856, 57 en 1857, 29 en 1858, 26 en 1859 ; et pour assassinat , 32 en 1854, 44 en 1855, 35 en 1856, 12 en 1857, 24 en 1858, 29 en 1859. Le code prussien punit de mort le meurtre dans deux cas ; on a le nombre des condamnations à mort prononcées pour ces crimes : on en compte 4 en 1854, 3 en 1855, 2 en 1856, 7 en 1857, 4 en 1858, 2 en 1859 (3).

En Bavière, des documents publics montrent que, depuis la promulgation du nouveau code pénal en 1813, le nombre des condamnations à mort donne une moyenne de 7 par an (4). De 1834 à 1838, il est de 19 (en y comprenant 15 condamnations pour assassinat, 1 pour brigandage, 3 pour incendie) dans la Bavière rhénane, régie par le code pénal, tandis qu'il s'élève à 34, en y comprenant 6 pour infanticide, pour toute la Bavière. Dans les onze années de la période de 1837-1838 à 1847-1848, il n'y eut, dans les sept anciens cercles, que 41 condamnations à mort (5).

(1) Dans les *Documents du bureau de statistique à Berlin*, 1856, nᵒˢ 13-15.

(2) En moyenne, 26 1/2. Ces nombres ont beaucoup varié dans certaines années. Par exemple, on trouve seulement 14 condamnations à mort en 1841, et 60 en 1851.

(3) Dans le royaume de Westphalie, aucune condamnation n'a été prononcée en 1854 et en 1855.

(4) Le supplément officiel de la statistique publié pour la Bavière par d'Hermann, à Munich, 1853, p. 66, fixe à 29 le nombre des condamnations à mort prononcées depuis 1832-33 jusqu'à 1836-37. Dans certains cercles, celui du Danube inférieur, du Mein supérieur, il n'y eut qu'une seule condamnation en 5 années. Dans le cercle de l'Iser il n'y en eut pas en 1833 ; leur nombre a été de 7 en 1837.

(5) D'après la statistique officielle, on dénonça en 1846-47 88 cas d'assassinat, 17 de plus qu'en 1845-46. Dans certaines régions, par exemple dans les deux régions du Mein, une seule condamnation a été prononcée pendant les onze années; mais la Bavière inférieure en

Dans les quatre années 1850-1851 jusqu'à 1853-1854, on compte
pour les sept cercles 115 condamnations à mort : en 1850, 25 seulement, 20 en 1852, 42 en 1853 ; on n'exécuta que 26 personnes
(10 dans la haute Bavière, et dans ce nombre il y avait 9 assassins). Dans la Souabe et dans le Neubourg, il n'y eut pas d'exécution. Dans les années 1854-1855 jusqu'à 1856-1857, 68 condamnations à mort furent prononcées : la haute Bavière en compte 25.
En 1854, il y eut 8 condamnations à mort dans ce cercle ; en 1855,
le nombre s'éleva à 10. Dans ces 68 condamnés, on comptait 24
pour meurtre qualifié, 7 pour meurtre simple. Il y eut, en 1857,
dans 12 cas différents, 16 condamnations capitales (10 pour assassinat, 2 pour incendie) ; en 1858, 23 condamnations à mort
(10 pour assassinat, 12 pour vol avec violence); en 1859, 24 condamnations à mort, 12 pour assassinat, 7 pour vol avec violence ;
en 1860, 12 condamnations à mort (8 pour assassinat, 4 pour
incendie).

Dans le royaume de Saxe (1), on compte, de 1815 à 1838, 158
condamnations à mort : 15 pour assassinat, 11 pour meurtre accompagné de vol, 4 pour empoisonnement, 20 pour vol qualifié,
62 pour incendie. Pour ce dernier crime, il n'y eut régulièrement, chaque année, depuis 1815 jusqu'à 1830, qu'une condamnation à mort, tandis qu'on en compte 9 pour l'année 1835 (deux
d'entre elles furent exécutées), et 10 pour l'année 1837. Nous manquons de renseignements pour les années suivantes (2). De 1856
à 1860, il y eut 11 condamnations à mort, prononcées toutes
contre des assassins.

Dans le royaume de Wurtemberg, on compte, de 1816 à 1823,
24 condamnations à mort, 18 de 1831 à 1833, 2 de 1835 à 1836,
5 de 1836 à 1837, 4 de 1837 à 1838, 7 de 1838 à 1839, 0 de 1839

compte 16. En 1844, aucune condamnation n'a été prononcée. En Bavière, dans les onze années, on a suivi 432 instructions pour assassinat.

(1) D'après les tables officielles publiées dans les *Archives du droit
criminel*, 1840, p. 460.

(2) Au moment de la révision du code pénal, le ministère déclara
(*voir* de Wæchter, *le Code pénal du royaume de Saxe*, p. 178) que
malheureusement il s'était commis jusqu'alors des crimes qu'il fallait
punir de mort, si l'on ne voulait pas blesser la conscience publique.

à 1840, 2 de 1840 à 1841, 1 de 1841 à 1842, 1 de 1842 à 1843, 1 de 1843 à 1844, 1 de 1844 à 1845, 0 de 1845 à 1846. Les lois de 1849 et de 1853 diminuèrent le nombre des crimès punis de mort : on prononça 2 condamnations en 1856, 1 dans chacune des années 1857 et 1858. D'après une statistique récente publiée par le *Mercure de Souabe*, le nombre des crimes est considérablement diminué dans le Wurtemberg. Il arrive, en 1848, à un total de 20,613, tandis qu'il dépasse à peine 16,000 chaque année, depuis 1856 jusqu'à 1860 (il est de 16,800 en 1860). Le nombre des assassinats descendit, de 11 en 1854, à 6 en 1855, à 3 en 1856 et en 1859 ; il remonta à 9 en 1860.

Dans le royaume de Hanovre, on compte, de 1850 à 1856, 38 condamnations à mort ; en 1850 et 1852, 2 seulement chaque année : en 1851, 5; en 1853, 8; en 1854, 9; en 1855, 7; en 1856, ce nombre retomba à 5. Les condamnations furent toutes prononcées pour assassinat, excepté en 1854, où trois cas de meurtre furent punis de cette peine.

Dans le grand-duché de Bade, d'après le droit commun et la loi pénale édictée en 1803, il y eut 7 condamnations à mort en 1829, 8 en 1830, 3 en 1831, 12 en 1832, 7 en 1833, 7 en 1834, 8 en 1835, 9 en 1836, 7 en 1837, 4 en 1838, 2 en 1844, 3 en 1845, 4 en 1846. On ne rétablit qu'en 1852, après l'institution du jury, la statistique criminelle, qui présente 3 condamnations à mort en 1852, 4 en 1853, 3 dans chacune des années 1854, 1855, 1856 et 1860, 2 en 1859. Il n'y en eut pas en 1857 et 1858.

Dans le Brunswick, il n'y eut, sous le gouvernement du duc Charles-Guillaume, aucune condamnation à mort, et depuis 1817 2 condamnations seulement furent exécutées (1). Depuis l'établissement du jury, on compte, du 1er juillet 1853 au 1er juillet 1854, une seule condamnation à mort. Dans les années suivantes, il n'y en a plus : la peine des travaux forcés fut appliquée même à l'assassinat.

En dehors de l'Allemagne, c'est en Angleterre qu'on trouve le plus grand changement dans le nombre des condamnations à

____

(1) Strombeck, *Projet d'un code pénal*, p. XXVI.

mort : on a cessé d'appliquer cette peine à un grand nombre de crimes (il y a 70 ans, elle existait encore pour 240 crimes), et l'opinion publique lui est devenue de plus en plus hostile. En 1817, 1,302 condamnations étaient encore prononcées en Angleterre : ce nombre se réduisit successivement à 1,100, à 1,000; il remonta en 1831 à 1,604. Depuis 1832, le nombre des crimes punis de mort par la loi alla toujours en décroissant (1); en 1834, celui des condamnations fut de 480, tandis qu'en 1833 il était encore de 931. De 1834 à 1838, le nombre varie entre 523 pour l'année 1835, et 438 pour l'année 1837 ; il est beaucoup moindre depuis l'année 1838 : il est de 116 en 1838, et de 54 en 1839. Il faut surtout remarquer que le nombre des accusations d'assassinat diminue sans cesse, malgré l'accroissement de la population en Angleterre, et, dans la période de 1836 à 1842, il est inférieur de 61 à celui de la période de 1830 à 1836, et de 93 à celui de la période de 1812 à 1818. Cependant, dans ces dernières années, le nombre des exécutions était de 91, tandis qu'il ne dépassait pas 50 de 1836 à 1842 (2). Dans une statistique de 50 années en Angleterre (3), on trouve encore 802 exécutions de 1800 à 1810, et même 897 de 1811 à 1820, tandis qu'on n'en compte, de 1831 à 1840, que 250, et 107 de 1841 à 1850. On trouve plus récemment encore (4), pour l'année 1851, 70 condamnations à mort; 52 seulement en 1859, et 48 en 1860. La plupart punissent l'assassinat ; ce genre de crime décroît aussi : on compte 18 assassinats en 1859, 17 en 1860. Les exécutions furent au nombre de 9 en 1859, et de 12 en 1860.

En Ecosse, le nombre des crimes et des condamnations à mort décroît d'une manière surprenante. On compte encore 32 condamnations à mort en 1823, 16 en 1824, 9 en 1825, 16 en 1826, 14 en 1827, et seulement 7 en 1828, 9 en 1829, 9 en 1833, 3 en 1837, 5 en 1841, 0 en 1842, 1845 et 1846, 2 en 1847, 4 en 1848, 5 en 1849, 3 en 1850, 1 en 1851, 4 en 1852, 6 en 1853, 1 en 1854, 2 en

(1) *Voir* les *Archives du droit criminel*, 1834, p. 5 ; 1836, p. 3.
(2) *Voir* la *Revue de législation étrangère*, XXII, p. 493.
(3) *Revue*, XXV, 168.
(4) *Judicial statistics*, 1860, p. XIX.

1855, 3 dans chacune des années 1856 et 1857 (1). Il n'y en a pas en 1858 et 1859 : on en compte 4 en 1860 ; mais il n'y a pas une seule exécution.

L'histoire de la peine de mort n'est nulle part aussi curieuse qu'en Irlande. Tandis que les condamnations à mort étaient au nombre de 295 en 1829, et même de 309 en 1831, et de 319 en 1834, elles se réduisent à 13 en 1845, et à 5 tous les ans depuis 1855. C'est surtout en Irlande qu'on voit une relation intime entre le nombre des grands crimes et l'état politique du pays. L'agitation politique et un fatal esprit de parti avaient fait entrer dans une terrible association pour les crimes même les hommes les moins pervertis, et tout sentiment du droit s'était évanoui chez eux avec le respect de la vie d'un ennemi politique ; aussi voit-on en 1848, au plus fort de l'agitation politique, 45 condamnations à mort, et on compte encore en 1850 43 accusations d'assassinat. Ce nombre va toujours en déclinant, à mesure que les passions s'apaisent. Un autre crime aussi facilement provoqué par l'esprit de vengeance, l'incendie, est très-fréquent pendant les années d'agitation violente. On compte 50 accusations d'incendie en 1850, et même 160 en 1851 ; ce nombre décroît aussitôt que le mouvement s'apaise : il est de 19 en 1856 et de 27 en 1858.

La statistique de la France fait bien juger les effets de la peine de mort. En 1825, année où parut la première statistique criminelle de la France, nous trouvons 980 accusations de crimes punis de mort, 134 condamnations à cette peine, et 150 en 1826; 60 condamnations à mort ont pour cause l'assassinat, et 59 sont exécutées. Malgré tant de rigueur, le nombre des assassinats est de 84 en 1826, et celui des condamnations à mort est aussi plus grand. 73 assassins sont exécutés, et le nombre des crimes punis de mort s'augmente encore (2). En 1832, parut l'importante loi qui, permettant au jury l'application des circonstances atténuantes, rendait possible l'abaissement de la peine légale d'un ou de deux

(1) L'auteur n'a pas les renseignements nécessaires aux années intermédiaires.

(2) En 1825, le nombre des condamnations à mort pour infanticide a été de trois (deux ont été exécutées). En 1826, le nombre des condamnations s'élève à 6.

degrés : cette innovation était d'une grande importance, surtout pour les crimes punis de mort. Tandis qu'en 1826 on prononçait encore contradictoirement, c'est-à-dire contre des accusés présents, 150 condamnations à mort, le nombre n'est que de 50 en 1833, et tandis qu'en 1826, 73 condamnés pour assassinat étaient exécutés, nous ne trouvons en 1833 que 25 exécutions pour ce même crime. Le nombre des condamnations à mort est même réduit, en 1837, à 33. Depuis l'année 1851, il se manifeste une recrudescence dans le nombre des condamnations à mort : on en compte 45 en 1851, 79 en 1854, 61 en 1855 (1). Le nombre des condamnations à mort monte à 58 en 1857 ; il retombe à 38 en 1858 et à 36 en 1859, bien que le nombre des accusations d'assassinat soit de 196 en 1858 et de 186 en 1859. Nous verrons plus bas comment cet abaissement de pénalité se lie à l'application des circonstances atténuantes par le jury.

En Belgique, il existe une statistique officielle très-importante des condamnations à mort (2). La période de 1796 à 1807 fut sanglante : il y eut 90 condamnations à mort en 1801, 85 en 1802, 86 en 1803. Ce nombre décroît sensiblement dès l'année 1808 ; il est, dans certaines années, de 23 à 25. A partir de 1814, les années sont encore meilleures ; il y a telle année où le nombre des condamnations est de 8, et même de 6, comme en 1823. En 1828, il se relève, et arrive jusqu'à 18-20 dans une seule année, bien qu'il se réduise à 2 en 1830. En prenant deux périodes, dont l'une embrasse la domination française jusqu'en 1814, et l'autre la domination hollandaise, nous trouvons dans la première 300 condamnations à mort pour vols dangereux, 39 pour incendie. Dans cette même période, on trouve 379 condamnations à mort pour assassinat; dans la seconde, il n'y en a que 113. Ajoutons que dans la période qui comprend le plus grand nombre de condamnations

---

(1) Pourtant le nombre des accusations d'assassinat s'était abaissé. En 1851, il était de 280, et de 210 en 1855. Au contraire, le nombre des infanticides s'était augmenté : il était de 164 en 1851, de 190 en 1853, de 198 en 1854.

(2) La statistique soumise en 1834 par le ministre aux chambres embrasse les condamnations à mort prononcées de 1796 à 1833. Elle a été publiée dans la *Revue de législation étrangère,* viii° vol., p. 121.

à mort et d'exécutions (1), on remarque une progression constante dans le nombre des grands crimes; au contraire, dans la période qui compte le moins de condamnations et d'exécutions, le nombre des grands crimes s'amoindrit. Les années 1831-49 comptent 464 condamnations à mort; 23 étaient prononcées par contumace. Les condamnations pour des crimes autres que l'assassinat étaient nombreuses : on prononçait 164 condamnations pour assassinat contradictoirement, et 277 pour d'autres crimes, et le nombre des condamnations variait infiniment, suivant les provinces. Ainsi la province de Brabant comptait, dans la seule année 1846, 6 condamnations à mort; celle de Namur 4 seulement, de 1831 à 1849; elle n'en comptait pas une de 1831 à 1842. La multiplicité des condamnations, dans une seule année, s'explique souvent par la mise en jugement d'une bande dont les crimes remontaient aux années précédentes (2). Le nombre des condamnations en Belgique s'élève à 43 en 1850 (16 pour assassinat, 8 pour incendie, 5 pour infanticide), à 32 en 1851 (15 pour assassinat, 4 pour parricide, 11 pour incendie), à 18 en 1852 (4 seulement pour assassinat, 4 pour viol et assassinat, 4 pour meurtre et vol), à 27 en 1853 (9 pour assassinat, 4 pour fabrication de fausse monnaie), à 32 en 1854 (15 pour assassinat), à 32 en 1855 (4 pour parricide, 12 pour assassinat, 4 pour tentative d'assassinat), à 20 en 1856 (5 pour assassinat, 8 pour incendie).

Pour les contrées du Nord, on a une statistique officielle du Danemark, de la Suède et de la Norwége. Celle des deux premières contrées est surtout intéressante, car elles ont des lois anciennes, rigoureuses et prodiguant la peine de mort.

Dans le Danemark, on compte 123 condamnations à mort de 1832 à 1840, et 205 de 1841 à 1855. Les lois si rigoureuses de ce pays appliquaient cette peine au meurtre, au viol, à l'inceste

Une autre statistique, embrassant la période de 1800 à 1849, dont la meilleure partie est celle de 1831 à 1849, se trouve dans la statistique générale de la Belgique. *Exposé de la situation du royaume*, 1852, p. 359.

(1) En 1801, on compte 76 exécutions, et 60 en 1803.

(2) Vischer, dans la *Revue*, VIII, p. 124.

et à la bigamie. En 1844, une femme fut condamnée à mort pour un troisième adultère ; la peine de mort fut aussi prononcée pour bestialité dans chacune des années 1844, 1845, 1851. En Suède, le nombre des condamnations prononcées et même exécutées était récemment encore considérable (1), et même de nos jours il est grand : 85 personnes, parmi lesquelles on comptait 36 femmes, furent condamnées en 1850, 85 le furent en 1851, 84 en 1852, 87 en 1853, 89 en 1854. (Voyez , pour l'exécution des jugements, le § VIII.) Dans la Norwége (2), 3 personnes furent condamnées à mort en 1856, 3 en 1857. On trouve une seule condamnation dans chacune des années 1858 et 1859, et 3 en 1860. Toutes ces condamnations furent prononcées pour assassinat accompagné fréquemment d'autres crimes, par exemple : en 1857, le vol avec violence, le vol simple, la fabrication de fausse monnaie. En 1860, une des condamnations à mort s'appliquait à un crime commis en 1838. En 1856, une jeune fille fut condamnée pour avoir tué son père, à cause des mauvais traitements qu'il avait fait subir à sa mère. Elle voulait mettre sa mère, qu'elle aimait, à l'abri de ces mauvais traitements.

Il est important aussi de rendre compte des condamnations à mort prononcées dans deux grands États de l'Italie, le royaume de Naples et le Piémont (3). Naples a une statistique officielle (4) embrassant la période de 1831 à 1850 : le nombre des condamnations est de 641, et comprend 23 parricides, 160 assassinats d'un époux par l'autre, 19 empoisonnements, 229 assassinats ordinaires, 11 viols suivis de meurtre, 186 vols qualifiés suivis de meurtre. Les nombres varient beaucoup suivant les années : on compte 79 condamnations en 1831, 109 en 1832, 95 en 1833 ; elles se réduisent, pour les années 1836, 1849, 1850, à 30 et à 36. En 1851, il y

(1) La statistique officielle porte 20 condamnations exécutées en 1830, 21 en 1831, 21 en 1836, 16 dans chacune des années 1834 et 1835, et 15 en 1837. V. *Archives du droit crim.*, 1840, p. 453.

(2) Le code pénal de la Norwége, promulgué en 1842, est moins sévère, et ne punit de mort qu'un petit nombre de crimes.

(3) Il est impossible d'avoir une statistique exacte pour les Etats de l'Eglise et le duché de Modène. Pour la Toscane, se reporter plus haut.

(4) *Statistica penale compara a per l'anno* 1850-1851.

a 50 (1) condamnations (14 pour crimes politiques, 10 pour assassinat, 16 pour assassinat accompagné de vol).

En Piémont (2) le nombre des condamnations à mort fut de 227 dans la période de 1815 à 1823; il fut de 229 dans celle de 1824 à 1839, et de 200 dans celle de 1840, époque de la promulgation du nouveau code, à 1855, et 138 parmi ces 200 sont postérieures à l'établissement du système de procédure publique et orale. De nouveaux documents nous apprennent que le nombre des condamnations prononcées depuis 1855 jusqu'à 1860 a été de 71 dans le ressort de la cour d'appel de Turin (12 en 1855, 20 en 1860); de 17 dans le ressort de la cour de Gênes, enfin de 16 dans celui de la cour de Casale. Ce nombre comprend, pour chaque ressort, des condamnations par contumace, par exemple 19 pour Turin. On trouve de nombreux actes de brigandage accompagnés de meurtre (grassazioni), 23 pour les 5 années dans le ressort de Turin. Il faut encore remarquer que beaucoup de condamnations à mort (7 dans le ressort de Turin, 2 dans celui de Gênes), ont été annulées par la cour de cassation.

---

(1) Sur 100 crimes punis de mort, 37 ont pour mobile la cupidité, 7 les haines de famille, 14 l'adultère ou l'impureté, 10 la jalousie, 9 le désir de venger l'honneur de la famille.

(2) Le gouvernement a publié une statistique embrassant 40 années : *Statistica giudiziaria degli stati Sardi*. Elle peut servir de modèle à la statistique criminelle. *Voir* les *Archives du droit criminel*, 1854, p. 521.

VIII.

Du rapport entre le nombre des condamnations à mort et celui des exécutions, et des effets d'une pratique contraire à l'application de la peine de mort, et d'une législation qui l'a totalement ou partiellement abolie.

La peine de mort est, dans la loi où elle est écrite, ainsi que dans les jugements qui la prononcent, digne de toute l'attention de l'écrivain ; l'exécution de la peine l'est encore davantage ; il faut l'envisager sous différents rapports : 1° pour fixer le nombre des condamnations exécutées dans les différents États ; 2° pour savoir quels ont été les résultats d'une pratique gouvernementale renonçant depuis longtemps à l'exécution des jugements prononçant la peine de mort; 3° si les crimes qui ont cessé d'être punis de mort par la loi sont plus ou moins nombreux qu'autrefois ; 4° quels ont été surtout les effets de la suppression légale de cette peine au point de vue indiqué plus haut ?

Pour l'Autriche, reportons-nous au décret impérial de 1803, rappelé plus haut ; il prescrivait qu'on n'exécuterait que les condamnés dont le crime serait trop grave, ou le caractère trop dépravé pour laisser aucun espoir de les améliorer. D'après les renseignements donnés au § 7, le nombre des condamnés fut de 1,304 depuis 1803 jusqu'à 1848, et 856 d'entre eux furent graciés. On compte 911 condamnations pour assassinat et 421 exécutions ; 121 condamnations pour haute trahison et 2 exécutions ; enfin, 84 condamnations pour incendie et 18 exécutions. Ainsi, deux tiers des condamnés furent graciés.

On a déjà remarqué plus haut que le nombre des condamnations devient plus grand ensuite, mais celui des grâces varie considérablement dans certaines années. La grâce fut accordée toujours à plus de la moitié des condamnés, depuis 1822 jusqu'à 1830 : par exemple, à 19 sur 33 en 1822, à 18 sur 28 en 1824, à 20 sur 29 en 1829 ; de 1829 à 1841, à 519 condamnés sur 791, et même à 161 condamnés pour assassinat sur 199. Des 78 condamnés pour meurtre d'un conjoint, la moitié fut graciée. Des 62 condamnés pour infanticide, un seul n'eut pas sa grâce ; sur 76 condamnés pour contrefaçon de papier de crédit, aucun ne fut exécuté. On compte seulement 14 exécutions sur 42 condamnations en 1831, 21 sur 69 en 1832, 13 sur 48 en 1833, 18 sur 67 en 1838 ; mais 30 sur 75 en 1829, 26 sur 50 en 1830, 32 sur 82 en 1834, 22 sur 30 en 1843. De 1845 à 1848, il n'y eut, sur 357 condamnations à mort, que 27 exécutions (11 en Gallicie). Ainsi 330 condamnés furent graciés. En 1856, le nombre des condamnations à mort fut de 122 ; dans ce nombre figurent 8 condamnations pour haute trahison, prononcées par contumace ; 39 condamnés pour assassinat sur 59 furent graciés (1). Nul des condamnés pour un autre crime, même pour incendie, n'eut sa grâce.

En Prusse, une statistique officielle de 1826 à 1843 donne pour la province rhénane 189 condamnations à mort et 6 exécutions ; pour les autres provinces, 237 condamnations et 94 exécutions (2). Dans ce nombre, on compte 12 condamnations pour incendies dans lesquels il y eut mort d'homme ; une seule exécution (3) ; 29 condamnations pour assassinat d'enfant naturel dans les anciennes provinces, et seulement trois exécutions (dans des cas où il n'y avait pas infanticide, dans le sens étroit du mot). On compte encore 11 condamnations pour meurtre d'un ascendant, et une seule exé-

---

(1) Le code autrichien ne permet pas aux juges de prononcer une peine autre que la peine de mort, quand elle est écrite dans la loi, malgré toute espèce de circonstances atténuantes. Mais ils peuvent demander la grâce du condamné.

(2) Dans le *Bulletin du ministère de la justice*, p. 247.

(3) Le rapporteur, qui avait les pièces officielles sous les yeux, déclare, dans le *Bulletin du ministère*, p. 28, que les onze autres graciés ne valaient pas mieux que ceux qui furent exécutés.

cution, dans un cas où le coupable avait fait preuve d'une grande barbarie ; 48 condamnations pour assassinat dans la province rhénane, et seulement 5 exécutions ; et pour les autres provinces (1), 87 condamnations et 76 exécutions.

L'expérience a montré la difficulté d'une distinction exacte entre l'assassinat et le meurtre (2). D'après des documents embrassant une période de 37 années, de 1818 à 1854 (3), le nombre des condamnations à mort a été de 988 ; celui des exécutions, de 286. Dans ce nombre figurent 534 condamnations et 249 exécutions pour assassinat, 124 condamnations et 2 exécutions pour infanticide. Les condamnations et les grâces peuvent se diviser en plusieurs périodes : dans celle de 1818 à 1824, le nombre des exécutions était de 10 en moyenne par an ; dans celle de 1825 à 1833, il était de 5 annuellement. Il s'éleva exceptionnellement à 12 en 1829, et retomba à 2 dans chacune des années 1832, 1833 et 1834. De 1839 à 1845, il varia de 5 à 8 tous les ans ; en 1848, il n'y en eut pas ; en 1849, elles furent au nombre de 3. La dernière période est celle de 1850, où commença un système de sévérité plus grande : en 1851, sous l'empire du nouveau code pénal, il y eut 19 exécutions sur 60 condamnations, 14 sur 39 en 1852, 23 sur 40 en 1853, 20 sur 37 en 1854, 28 sur 46 en 1855, 26 sur 41 (4) en 1856 (5).

(1) Cette grande disproportion entre le nombre des condamnations exécutées dans la province rhénane et celui des condamnations exécutées dans les anciennes provinces a sa raison d'être dans une pratique du ministère. Pour la province du Rhin, il faisait rechercher si la culpabilité des condamnés était certaine, suivant les règles de la procédure criminelle, et toutes les fois que le condamné n'avait pas fait l'aveu de son crime, le ministère demandait sa grâce.

(2) On voit que souvent (les cas sont rapportés par le *Bulletin du ministère de la justice*, 1848, p. 252) les juges de première instance admettent l'assassinat; que ceux de seconde instance admettent le meurtre, et qu'enfin le ministère admet le meurtre après la condamnation pour assassinat prononcée par les juges des deux instances.

(3) Renseignements du bureau de statistique à Berlin, 1856, n°ˢ 13-15.

(4) 20 condamnés en 1853, 17 en 1854 furent exécutés pour assassinat. Parmi les condamnés de l'année 1856, 18 avouaient leur crime, 3 d'entre eux furent graciés; 11 n'avaient pas fait d'aveu, 4 furent graciés.

(5) Malgré les nombreuses exécutions, le nombre des condamnations à mort s'éleva à 57 en 1857. Nous regrettons de n'avoir pas réussi,

Dans le royaume de Bavière, en 1832, 2 condamnés sur 3 furent graciés ; de 1832 à 1835, dans le cercle du Rhin, 10 condamnés furent tous graciés. La statistique officielle, dressée depuis l'établissement du jury en 1850, comprend, de 1850-1851 à 1853-1854, 26 exécutions, 89 grâces accordées à 35 assassins, à 16 brigands, à 11 incendiaires. Le plus grand nombre d'exécutions eut lieu dans la Haute-Bavière. Dans la période de 1854-55 à 1856-57, on compte 68 condamnations à mort et 18 exécutions : dans l'année 1854-55, 4 exécutions ; dans l'année 1855-56, 9 ; dans l'année 1856-57, 5 : dans la Haute-Bavière, 10 exécutions eurent lieu pendant ces trois années ; 12 individus condamnés pour assassinat furent graciés. Sur 23 condamnations à mort prononcées en 1858, on compte 7 exécutions, 4 pour assassinat, 3 pour brigandage. L'année 1859 comprend 21 condamnations à mort, 12 pour assassinat, dont 5 furent exécutées. En 1860 on compte 12 condamnations, 8 pour assassinat, et 2 exécutions.

L'exemple de la Bavière prouve bien l'inefficacité de la peine capitale (1). Là, dans sept années, de 1850 à 1857, où la moyenne des exécutions est de 6 par an, la moyenne des assassinats, des meurtres et des coups et blessures suivis de mort est de 156 par an, tandis qu'en quatorze années, de 1836 à 1850, où l'on ne voit qu'une seule exécution par an, le nombre des mêmes crimes ne dépasse pas 155.

Dans le Wurtemberg, on compte, sur 24 condamnations prononcées de 1813 à 1823, 11 exécutions. De 1834 à 1838, il n'y en a pas une seule. On compte, sur 7 condamnations prononcées en première instance, dans l'année 1838-39, 2 exécutions, 2 diminutions de peines en vertu de décisions émanées de juridictions plus élevées. En 1839-40, aucune condamnation à mort ne fut prononcée. Les 3 prononcées de 1840 à 1842 furent exécutées ; une seule prononcée en 1842-43 fut convertie par la grâce en une peine moindre. Les 5 condamnations prononcées de 1843 à 1845 furent exécutées ; il n'y en eut pas de 1845 à 1846. De 1855 à 1858 tous les condamnés à mort pour assassinat furent exécutés.

malgré tous nos efforts, à obtenir une statistique des exécutions ordonnées depuis 1857 ; elles furent, nous dit-on, peu nombreuses.

(1) Derniers renseignements 1860, n° 153.

Dans le royaume de Saxe, durant plusieurs années, de 1815 à 1838, aucune condamnation à mort ne fut exécutée ; on en compte beaucoup néanmoins dans ces années : 7 en 1833, 5 en 1834, 5 en 1836, 10 en 1837. Dans d'autres années, au contraire, en 1835 par exemple, on trouve 2 exécutions sur 9 condamnations. Au total, sur 158 condamnations prononcées de 1815 à 1838, 30 seulement furent exécutées. Plus récemment, nous trouvons sur 11 condamnations à mort de 1856 à 1860, 4 exécutions ordonnées, toutes, contre des assassins.

Dans le Kurhessen on compte, de 1826 à 1837, 10 condamnations à mort et 7 exécutions.

Dans le grand-duché de Bade, il y eut bien des années sans exécutions, par exemple en 1830 et en 1831, malgré 8 condamnations à mort prononcées en 1830 ; il en fut de même en 1833, où 7 condamnations furent prononcées. En 1829, on compte 7 condamnations, 3 exécutions, et, dans les années suivantes jusqu'en 1838, une exécution. Dans les années 1844-46, il n'y eut aucune exécution ; la condamnation fut une fois même, en 1846, changée par la juridiction supérieure. En 1845 et en 1852, on compte 1 exécution, 3 en 1853 ; dans chacune des années 1855, 1856, 1 sur 3 condamnations ; en 1854, 2 sur 3 ; en 1857, en 1858, il n'y eut pas de condamnation à mort ; en 1859, il y eut 2 condamnés ; tous deux furent graciés ; en 1860, il y eut 3 condamnés, et un seul fut exécuté.

Dans le Nassau, la statistique de 1826 à 1835 indique 49 condamnations à mort, 7 exécutions : 37 condamnations avaient été prononcées, en 1831, par des tribunaux militaires, pour l'assassinat du cadet Vigelius ; en retranchant ces condamnations, on trouve pour dix ans 12 condamnations à mort, et seulement 3 exécutions.

En Angleterre, la statistique officielle de 1810 à 1832 élève le nombre des exécutions à 759 ; dans certaines années, en 1817, il est de 115 sur 1,302 condamnations, et de 114 en 1821. A partir de cette époque, si le nombre des condamnations ne s'abaisse pas (il est encore de 1,601 en 1831), celui des exécutions s'abaisse : il est annuellement de 50, excepté dans la période de 1827 à 1829, où il est, chaque année, de 70 et même de 79. A partir de 1832, le nombre des condamnations s'amoindrit aussi, à la suite de la loi de 1832 qui supprime la peine de mort pour un grand nombre de crimes ; mais le nombre des exécutions est encore plus fortement diminué. Ainsi , pour l'assassinat , nous trouvons , en 1829 , 11 exécutions sur 12 condamnations ; en 1841, 10 sur 20 ; en 1843, 16 sur 22 ; en 1846, 6 sur 13. Si l'on compte 802 exécutions de 1800 à 1810, 897 de 1811 à 1820, on n'en compte que 250 de 1831 à 1840, et 107 de 1841 à 1850. Puis viennent, en 1851, 70 condamnations à mort (16 pour assassinat), et seulement 10 exécutions ; en 1859, 52 condamnations, 9 exécutions ; en 1860, 48 condamnations et 12 exécutions. Depuis longtemps on n'exécute que les condamnations pour assassinat.

En Ecosse, le nombre des exécutions était encore, en 1823, de 16 sur 32 condamnations ; en 1826, de 8 sur 26 ; en 1829, de 6 sur 9 ; en 1837, de 2 sur 3. Depuis 1851, on compte une seule exécution dans la plupart des années ; il n'y en eut 3 qu'en 1852 et en 1857 (1). En 1858 et en 1859, aucune condamnation ne fut prononcée ; en 1860, elles furent au nombre de 4, mais aucune d'elles ne fut exécutée.

L'Irlande présente le fait le plus surprenant : on y exécutait encore, en 1823, 61 condamnations à mort sur 241 ; en 1829, 60 sur 295 , mais, en 1828 , 21 seulement sur 211 ; en 1850, 8 sur 17 , et depuis 1855, 4 par année.

En France, le régime de la répression fut très-sévère de 1825 à 1832, bien qu'on l'eût atténué depuis 1828 (2). Grâce au système des circonstances atténuantes, établi en 1832, le nombre des condamnations à mort s'amoindrit, et on n'en prononça que dans les cas les plus graves : 50 en 1833, 31 en 1834. Le roi, personnellement ennemi de la peine de mort, se décidait difficilement à la laisser exécuter. Le nombre des exécutions fut pourtant de 34 en 1833, de 39 en 1835, de 34 en 1838. Celui des condamnations s'éleva tout à coup,

---

(1) Comme on le voit par le paragraphe précédent; mais le nombre des condamnations à mort fut à peine plus élevé.

(2) On compte, en 1825, 111 exécutions sur 134 condamnations; en 1826, 111 sur 150; en 1828, 75 sur 114; en 1830, 33 sur 92; en 1831, 25 sur 108.

en 1854, à 79, et 34 furent exécutées. On compte, en 1853, 27 exécutions sur 39 condamnations à mort ; en 1856, 17 sur 46 ; en 1857, 32 sur 58 ; en 1858, 23 sur 38 ; en 1859, 21 sur 36.

Tandis qu'en France les condamnations à mort sont si sévèrement exécutées, elles le sont bien rarement en Belgique. Dans ce pays, sous la domination française, le régime pénal avait été bien rigoureux : d'après la statistique officielle, on avait exécuté 323 condamnations à mort sur 407, de 1800 à 1809. Sous la domination hollandaise, le régime pénal s'était adouci : on avait exécuté 74 condamnations sur 150, de 1814 à 1829. C'est depuis le règne actuel que la peine de mort est rarement exécutée : de 1831 à 1849, on compte en tout 28 condamnations exécutées sur 438 prononcées contradictoirement ; de 1850 à 1856, le nombre est de 22 sur 204 (1).

Dans le royaume des Pays-Bas, la rigueur est plus ou moins grande à certaines époques. On fait grâce à 39 condamnés, et 42 sont exécutés de 1811 à 1820 ; on compte 57 condamnations non exécutées, 17 exécutées de 1831 à 1840 ; 105 condamnations non exécutées sur 125, et seulement 10 exécutées de 1841 à 1850 ; en 1851, 7 condamnations sont prononcées, mais aucune d'elles n'est exécutée (2). On compte, en 1854, 13, et, en 1855, 14 condamnations ; une seule exécutée chaque année ; en 1856, 3 sur 8 sont exécutées ; en 1857 et en 1858, il n'y a pas une seule exécution, bien qu'en 1857 il y ait sept condamnations.

En Danemark, 80 condamnations sur 205 furent exécutées de 1841 à 1855. La grâce accordée à 125 condamnés le fut, en règle générale, pour les crimes autres que l'assassinat, et même assez fréquemment pour ce dernier crime ; 21 hommes et 7 femmes convaincus d'assassinat furent graciés.

En Suède, les exécutions furent anciennement, et même à une époque récente (V. le paragraphe précédent), très-fréquentes, malgré le grand nombre des grâces dispensées par la faveur souveraine (3).

(1) En 1852, 14 condamnations à mort furent prononcées; aucune d'elles ne fut exécutée.

(2) *Statistique exacte de Kœnigswarter* dans les *Séances et travaux de l'Académie des sciences morales,* 1857, p. 138; et Baumhauer, dans la *Revue de législation étrangère,* xxvie vol., p. 125.

(3) Nous lisons dans l'ouvrage du prince royal Oscar, *Sur la peine*

Mais il y eut toute une révolution à l'avénement du prince royal, qui s'était si énergiquement prononcé contre la peine de mort. Il se laissa bien difficilement amener par ses ministres à faire exécuter des condamnations à mort. Il n'y eut que 5 exécutions sur 85 condamnations en 1850, 8 sur 85 en 1851, 2 sur 89 en 1852, 11 sur 87 en 1853, et 8 sur 89 en 1854.

En Norwége, on en compte 3 seulement sur 11, de 1856 à 1860 (1).

L'histoire de la peine de mort dans le royaume de Naples nous montre, de 1831 à 1850, un grand nombre de condamnations à mort annulées par la cour de cassation : 36 en 1832, 40 en 1833, 4 dans les dernières années. La nouvelle procédure, après l'annulation de la première, ne pouvant amener une nouvelle condamnation à mort, aboutit à la peine de la prison dans 72 cas, et à l'*absolutio ab instantiâ* dans 44 autres. 55 condamnés à mort sur 644 furent exécutés en 20 années ; on en trouve un seul dans certains années (1834), 2 dans d'autres années (1836), 4 dans les dernières années, et 7 sur 50 en 1851.

En Piémont, on exécuta, de 1815 à 1823, 198 condamnations à mort sur 227 ; de 1824 à 1839, 166 sur 229 : en 1824, 11 sur 12 ; en 1839, 7 sur 13, et de 1840 à 1855, 109 sur 200. Le gouvernement fit souvent preuve d'une grande clémence : en 1841 et en 1843, il n'y eut qu'une seule exécution. On revint tout d'un coup à un système de rigueur qui aboutit à un refus systématique des grâces ; on exécuta, en 1853, 14 condamnations sur 26, et, en 1854, 13 sur 19. Récemment encore, on se montra bien rigoureux : de 1855 à 1860, 32 condamnés furent exécutés à Turin, 13 graciés ; à Gênes, 5 furent exécutés, un seul gracié. Nous arriverons plus bas aux conclusions qu'il faut tirer de ces faits.

---

de mort et sur les prisons, p. 13, que le nombre des condamnés qui ont obtenu leur grâce a été, dans les sept dernières années avant 1840, en moyenne, de 43 par an.

(1) Un individu condamné à mort en 1859 avait commis un assassinat dans un but de vengeance. Sa condamnation souleva en Norwége, où son passé lui avait valu l'estime publique, un mouvement tel, qu'il fallut lui accorder sa grâce.

Un sujet digne d'une grande attention , c'est l'examen des résultats produits par la pratique des Etats où, la grâce étant systématiquement accordée à tous les condamnés, la peine de mort a depuis longtemps cessé d'être en usage.

Le plus remarquable exemple de ce genre est celui de la Toscane, où la peine de mort, rétablie en 1795 pour quelques crimes, ne fut jamais exécutée ; néanmoins le nombre des crimes punis de mort ne s'augmenta pas même durant la domination française (1). De 1831 jusqu'à nos jours, on n'a vu dans ce pays aucune exécution, et même dans des temps agités, après le rétablissement de la peine de mort, en 1850, une condamnation, prononcée pour un assassinat terrible, fut effacée par la grâce. La statistique ne constate aucune augmentation dans le nombre des grands crimes, et les rapports des fonctionnaires les plus expérimentés montrent l'inutilité de la peine de mort (2).

La Belgique a fait également une expérience remarquable : de 1830 à 1833, aucune condamnation à mort n'a été exécutée (3), et pourtant le nombre des grands crimes ne s'est pas augmenté. Citons encore la Bavière : tous les condamnés à mort ont été, plusieurs années de suite, graciés dans la Bavière rhénane et à Bade. Il en a été de même dans le duché d'Oldenbourg : aucune exécution n'a eu lieu sous le gouvernement du duc Pierre, et, sous celui du dernier grand-duc, un seul individu a été puni de mort pour assassinat (4).

---

(1) *Voir* Carmignani, dans la *Revue*, iiᵉ vol., p. 413.

(2) Renseignements donnés par le président Puccini dans le *Jour nal*, xii, p. 230 ; par le président Puccioni dans son *Commentaire codice penale*, iiᵉ vol., p. 128. Ils sont confirmés par des lettres du directeur général des prisons à Florence, M. Peri.

(3) Ce résultat est consigné dans la statistique officielle, avec d'excellentes réflexions de Vischer dans la *Revue de législation étrangère*, viiiᵉ vol., p. 120.

(4) Un système particulier d'abolition pratique de la peine de mort est en vigueur dans quelques Etats de l'Amérique du Nord, par exemple dans le Maine : le criminel condamné à mort d'après la loi de 1837 est en même temps condamné à la prison et au travail forcé, et reste soumis à cette dernière peine jusqu'à ce que le gouverneur ordonne l'exécution de la condamnation à mort. En 1860, sept condamnés se trouvaient, suivant un rapport officiel, en prison. Depuis

Partout où la peine de mort a depuis longtemps cessé d'être en usage, le peuple s'est habitué à la regarder comme abolie. Une exécution nouvelle éveille sa pitié en faveur du condamné, et souvent l'indispose contre le gouvernement ; il voit dans ce malheu-reux, moins coupable que d'autres qu'on a graciés, une victime expiatoire choisie par le gouvernement pour donner la preuve de son énergie. Le parti de la violence, habitué à voir dans la rigueur des peines un bon moyen de gouvernement, reproche au pouvoir sa clémence, lui montre sans cesse les inconvénients de grâces trop multipliées, et le pousse à donner, par une exécution nouvelle, un témoignage de sa force.

La Belgique nous offre l'exemple d'un gouvernement se laissant imposer une exécution en 1835 (on avait déjà exécuté, en 1834, une condamnation sur 28, dans la Flandre occidentale). Mais, dans la chambre et dans la presse, on reprocha au gouvernement sa condescendance pour un parti (1).

La statistique donne encore des enseignements très-favorables aux lois qui ont supprimé la peine de mort pour certains crimes. Ainsi, en Angleterre (2), la suppression de la peine, loin de mul-tiplier les crimes, a fortifié l'action de la loi pénale. C'est une ob-servation vraie pour le vol de chevaux, le viol, le vol avec effrac-tion, et surtout pour le faux. On exécutait encore, de 1821 à 1830, 46 condamnés pour vol de chevaux, 44 pour faux ; et de 1831 à 1840, 18 pour viol, 53 pour incendie ; après l'abolition de la peine de mort, le nombre de ces crimes (3) ne s'est pas augmenté,

---

1837, aucune condamnation à mort n'a été exécutée, et le nombre des assassinats ne s'est pas augmenté.

(1) Ce fut dans une séance du sénat, le 31 janvier 1835, qu'on re-procha au gouvernement sa clémence. On représenta, contre toute vérité, qu'il en résultait une recrudescence de crimes. Le ministre, touché de ces reproches, se détermina à proposer une exécution qui eut lieu à Courtray, le 19 février. Cette province n'avait plus vu depuis dix-neuf ans ce terrible spectacle. On trouve, à ce sujet, d'importants détails donnés par Vischer, dans la *Revue de législation étrangère,* VIII, p. 119.

(2) On n'a malheureusement aucune statistique d'un temps plus reculé pour d'autres Etats.

(3) Renseignements extraits des *Reports,* dans la *Revue de législation*

et pourtant on avait manifesté dans le parlement , à ce sujet , les craintes qu'éveille à présent la suppression complète de cette peine. L'expérience en a démontré le néant.

Le point essentiel est de connaître les effets d'une abolition complète de la peine de mort. Rappelons d'abord l'expérience de la Toscane : la peine de mort y fut abolie de 1786 à 1795 ; rétablie, mais bien restreinte en 1795 ; abolie de 1847 à 1854 , et rétablie de 1854 à 1859. Mais aucune exécution n'eut lieu, et la peine fut abolie de nouveau (1). Les documents officiels attestent qu'on ne vit pas s'augmenter le nombre des grands crimes durant la période où la peine de mort était abolie, surtout celle de 1847 à 1854. Aussi, d'après le témoignage de fonctionnaires importants (2), en Toscane, les hommes les plus expérimentés sont-ils d'avis que la peine de mort est inutile. Il est difficile de juger avec certitude le résultat de son abolition depuis l'année 1860 (3).

Nous avons des documents officiels pour les Etats de l'Amérique, où la peine est légalement supprimée, et particulièrement pour le Michigan (4) et pour le Rhode-Island (5). Dans le premier

étrangère, xxv, p. 463, et *Phillips vacation thoughts on Capital punishments*; London, 1858, p. 32.

(1) *Voir* plus haut, § 2, page 17, note 4.

(2) L'auteur a su, par des entretiens et par une correspondance avec de Bologna, président de la police, Lami, procureur général (tous deux ont été ministres), et Peri, directeur général des prisons de la Toscane, que l'opinion publique n'admettait pas dans ce pays la nécessité de rétablir la peine de mort.

(3) On ne sait pas si l'affaiblissement des pouvoirs publics produit par des causes politiques n'explique pas la diminution du nombre des poursuites pour de grands crimes. Mais le témoignage d'un président de tribunal rapporté plus haut, § 3, page 33, note 8, est digne d'attention.

(4) Le *Report* du *Committee on bill und petitions for abolit. of capital punish.* New-York, 1857, contient, à sa page 20, une circulaire du secrétaire d'Etat, qui dit que 23 condamnations pour assassinat ont été prononcées depuis l'année 1846, époque de l'abolition de la peine de mort. Mais si l'on songe que le chiffre de la population est doublé, le nombre des condamnations aurait dû s'élever à 37, et non à 23; encore, dans ces 23 condamnés, y en avait-il 5 du second degré qui n'encouraient pas la peine de mort.

(5) D'après le rapport du secrétaire d'Etat de Rhode-Island (*Report*, p. 25), il s'est produit, depuis la suppression de la peine de mort en 1852, une forte recrudescence d'assassinats; mais le secrétaire d'Etat

de ces États, le nombre des condamnations pour assassinat, surtout pour celui du 1er degré, autrefois puni de mort, ne s'est pas augmenté. Dans le second, il s'est augmenté; cependant on a rejeté les propositions faites pour le rétablissement de la peine de mort.

Dans le duché d'Oldenbourg, où la peine est supprimée depuis 1849, les fonctionnaires élevés et l'habile directeur des prisons Hoyer déclarent que ni le peuple, ni les jurisconsultes ne veulent le rétablissement de la peine de mort, surtout après l'heureux exemple de plusieurs condamnés à mort, moralement transformés depuis la commutation de leur peine en celle de la prison perpétuelle. Suivant Hoyer, à la fin de 1861, les prisons renfermaient 9 hommes condamnés à la prison perpétuelle; 5 femmes condamnées aux travaux forcés pour un temps illimité (2 l'étaient pour infanticide) subissaient leur peine ; entre tous ces condamnés, 2 seulement étaient endurcis dans le mal. On comptait 3 femmes , condamnées pour empoisonnement, l'une d'elles venait de Brême ; 2 avaient une conduite exemplaire; elles s'étaient véritablement amendées (1). On comptait aussi 3 hommes condamnés à perpétuité pour incendie ; l'un d'eux était tout jeune encore, mais privé d'éducation : on lui a donné de l'instruction, et il s'est amélioré (2).

Le duché de Nassau, où la peine de mort est supprimée depuis 1849, a une statistique officielle qui s'étend de 1851 à 1858. On y trouve, en 1855, 4 accusations d'assassinat (3) suivies de 3 acquittements ; en 1856, 3 accusations, 1 acquittement ; en 1857, 6 ac-

déclare qu'il ne sait s'il faut l'imputer à l'abolition de la peine de mort ; et bien qu'il affirme que l'opinion populaire est plus favorable à cette peine, la proposition de son rétablissement fut rejetée.

(1) Deux vieilles femmes, qui avaient excité leurs filles à l'infanticide, sont idiotes. Une femme condamnée pour infanticide s'est amendée; mais elle ne veut pas être graciée.

(2) Un homme condamné pour brigandage est profondément endurci.

(3) La statistique de 1851 à 1854 ne distingue malheureusement pas les assassinats des meurtres. On les confond sous le nom de meurtres; leur nombre s'élève, pour l'année 1852, à 4 ; pour l'année 1853, à 8 ; pour l'année 1854, à 6.

cusations et 4 acquittements ; en 1858, 6 accusations et autant d'acquittements ; de 1855 à 1858, 5 condamnations aux travaux forcés à perpétuité, 3 en 1855, 2 en 1856 ; il n'y en a ni en 1857 ni en 1858. On voit ainsi que la suppression de la peine de mort n'a pas augmenté le nombre des grands crimes, et on s'explique que les tribunaux, interrogés par le gouvernement, n'aient pas demandé le rétablissement de la peine.

Dans le canton de Neufchâtel, où la peine de mort fut abolie en 1854, la statistique ne révèle aucune augmentation du nombre des grands crimes, ni aucune accusation d'assassinat. Le nombre des crimes est même, en 1854-55, inférieur à celui de 1853. Les peines les plus fortes de l'année 1855 sont deux peines d'une durée de 15 années. En 1856, on compte pour la première fois depuis 1848, 2 condamnations à la prison perpétuelle, et une autre dans le cours de 1857. Nul ne demande, dans ce pays, le rétablissement de la peine de mort.

IX.

Influence de la peine de mort sur l'administration de la justice pénale.

Une peine usitée dans un pays ne vaut qu'à la condition de ne pas avoir pour adversaires les hommes participant à l'administration de la justice et à l'application des peines ; si le peuple et les juges ont une aversion prononcée pour une peine déterminée, il est certain, et l'expérience le prouve, qu'ils emploieront toute espèce de moyens pour l'écarter. Cette expérience a été surtout faite pour la peine de mort, toutes les fois qu'elle a été contraire au sentiment d'une partie importante de la population. Voici le témoignage bien curieux d'un aumônier de prison anglais (1) : En Angleterre, dit-il, magistrats, jurés, défenseurs, témoins et plaignants s'entendent pour empêcher l'application de la peine de mort, dont ils sont les adversaires. C'est ainsi que la force de la répression et le respect de la loi s'affaiblissent.

1° On voit les victimes d'un crime ne pas le révéler à la justice ou ne pas le poursuivre (2), et les témoins diriger leur témoignage en sens contraire à la vérité (3), de manière à empêcher l'application d'une peine trop grave. 2° Les personnes appelées à faire partie du jury sont obligées, par une délicatesse de conscience qui en ferait d'excellents jurés, à priver la société de leur concours dans les affaires

(1) Clay, dans son travail *The prison chaplain a memoir of Rev. Clay* ; Cambridge, 1861, p. 87.

(2) Aussi voit-on les banquiers les plus considérables de l'Angleterre (*Phillips vacation thoughts*, p. 26) adresser en 1830, au parlement, une pétition pour l'abolition de la peine de mort en matière de faux billets de banque.

(3) Par exemple, ils atténuent le mal qui leur a été fait, ou ils omettent avec intention une partie des circonstances les plus graves.

les plus graves ; dès qu'elles se déclarent hostiles à la peine de mort,
elles ne peuvent entrer dans le jury (1). 3° La répulsion des jurés
pour cette peine se manifeste surtout dans les faits suivants : A, ils
ne reculent pas devant une sorte de parjure pieux en prenant soin,
pour empêcher l'application légale de la peine de mort, d'écarter
les chefs d'accusation les plus graves, quand même ils sont prouvés (2) : B, ils sont bien disposés à déclarer innocents des coupables (3) : C, s'ils doivent être unanimes pour un verdict de
culpabilité, ils ne se mettent pas d'accord (4) : D, ils repoussent la
circonstance aggravante à laquelle est attachée la peine de mort :
par exemple, la préméditation dans l'assassinat, et le crime devient
un meurtre simple qui n'entraine pas la peine de mort (5). 4° Il faut

(1) En Amérique, on demande à chacun des citoyens appelés à faire
partie du jury chargé de juger un crime puni de mort, s'il repousse la
peine de mort. En cas de réponse affirmative, il ne peut siéger dans le
jury; aussi beaucoup d'hommés très-honorables se trouvent-ils souvent exclus du jury. *V.* mon livre sur la *Procédure criminelle en
Angleterre*, p. 395. En France, il est arrivé qu'un juré qui s'estdéclaré
contraire à la peine de mort a été puni par la cour comme un
juré qui manque à l'appel.

(2) En Angleterre, aussi longtemps que le vol d'une somme de
40 shellings a été puni de mort, les jurés déclaraîent que le vol ne
dépassait pas 39 shellings. Il en a été ainsi, d'après les documents
soumis aux parlements, dans 535 cas en 15 années. *Phillips thoughts*,
p. 23.

(3) En Amérique, dans l'État de Massachussett, 28 individus sur 60
accusés d'un crime entraînant la peine de mort ont été acquittés en
10 ans. *Law reporter.*, mars 1846, p. 494. En Angleterre, le nombre
des individus accusés d'assassinat a été de 70 en 1859. La poursuite
a été écartée pour 10 d'entre eux par le grand jury ; 32 ont été acquittés, 8 déclarés irresponsables de leurs actes. En France, le
nombre des accusés de ce crime était de 140 en 1858 ; 31 ont été
acquittés ; 83 ont obtenu les circonstances atténuantes; en 1859, le
nombre des accusés était de 150 ; 37 ont été absous.

(4) Dans le Massachussett, 29 individus ont été accusés d'assassinat,
13 absous de 1832 à 1843. Pour dix d'entre eux, la poursuite a été
ramenée à une qualification moins grave ; pour trois, les jurés
n'ont pu se mettre d'accord. A New-York, le jury n'arriva pas à l'u-
nanimité, en 1857, dans 38 cas, et dans 22 en 1858.

(5) En France, le verdict du jury amena, en 1858, dans 32 accusations d'assassinat, une condamnation à une peine temporaire, et
dans 47 autres, une condamnation aux travaux forcés à perpétuité,
au lieu de la peine de mort. 24 accusations d'infanticide furent mo-
difiées par le verdict de manière à n'entraîner qu'une peine temporaire.

surtout faire attention à l'usage que font les jurés du droit d'atténuer la peine en admettant les circonstances atténuantes dans leur
verdict. Nos lecteurs se rappellent que le roi Louis-Philippe, ennemi
de la peine de mort, fît introduire dans la loi de 1832 cette disposition, pour donner au peuple l'occasion d'exprimer son opinion
sur la peine de mort : c'était le moyen d'arriver progressivement à supprimer, ou tout au moins à restreindre l'usage de
cette peine, et d'augmenter en même temps la force de la répression ; les jurés, ne craignant plus d'amener par leur verdict l'application de la peine de mort qui ne leur paraît pas fondée, sont
plus facilement conduits à prononcer un verdict de culpabilité.

Il est maintenant important de suivre le mouvement de la justice
pénale en France. Ici la statistique (1) nous apprend que le jury
admet fréquemment (2) les circonstances atténuantes, en dépit des
jurisconsultes partisans de la théorie de l'intimidation (3), et surtout
pour écarter la peine de mort, quand l'accusé ne leur paraît pas l'avoir
méritée. En 1855, les circonstances atténuantes furent accordées à
320 individus accusés de crimes punis de mort ; en 1858, à 328 ; en
1859, à 315 ; en 1855, à 91 accusés d'assassinat ; en 1858, à 78 ;
en 1859, à 73 accusés du même crime ; en 1855, à 60 accusés de
meurtre aggravé d'un autre crime ; en 1858, à 10 ; en 1859, à 9 ; en
1855, à 110 accusés d'infanticide ; à 158, en 1858 ; à 140, en 1859 ;
à 29 accusés d'empoisonnement, en 1855 ; à 30, en 1858 ; à 17, en
1859 ; à 56 accusés d'incendie, en 1855 ; à 53, en 1858 ; à 56, en
1859. L'admission des circonstances atténuantes, même pour le parricide, dans 7 cas en 1858, dans 10 en 1859, n'étonnera pas celui
qui connaît la sévérité de la loi française (4). La même pratique

(1) Extraits dans les *Archives du droit criminel*, 1857, p. 182.
(2) En 1855, les circonstances atténuantes furent admises dans
3,065 verdicts ; en 1858, dans 2,701 ; en 1859, dans 2,511.
(3) Mes observations dans la *Revue de droit pénal*, publiée par Gross,
III, p. 90.
(4) Suivant le code, d'accord en cela malheureusement avec le code
prussien, le meurtre d'un ascendant, même s'il est le résultat de la
plus violente provocation, entraîne la peine de mort ; l'expérience
montre cependant qu'une violente provocation, les mauvais traite-

existeà.Genève (1); les jurés ont le droit d'admettre les circonstances atténuantes ou même très-atténuantes.

ments d'un père, par exemple, atténuent considérablement la culpabilité. *Voir* les *Archives de Goldtammer*, ii, p. 311.

(1) A Genève, un verdict du jury avec l'admission de circonstances très-atténuantes substitue même à la peine de mort le minimum de la peine. En 1849, 7 condamnés sur 17 obtinrent les circonstances très-atténuantes, 8 obtinrent les circonstances atténuantes.

X.

De l'effet des condamnations à mort et de leur exécution.

L'efficacité de la peine de mort est une question qui se présente toutes les fois qu'il s'agit de statuer sur l'exécution d'un jugement qui la prononce. Il faut donc s'occuper de l'impression produite : 1° par le jugement; 2° par son exécution. Le jugement une fois prononcé, on s'inquiète de savoir s'il doit être confirmé.

Nous parlerons, au § 12, de l'exercice du droit de grâce et des hommes investis de cette fonction. Il s'agit maintenant d'étudier l'impression produite par la nouvelle de la condamnation à mort, en s'attachant aux faits suivants :

Souvent le condamné, en voyant s'évanouir, devant la terrible certitude de sa condamnation, l'espoir d'échapper à la peine de mort, qui l'a soutenu pendant les débats, tombe dans le désespoir (1), comme à l'approche de sa dernière heure ; mais, d'après le témoignage des ecclésiastiques et des fonctionnaires, l'état moral des condamnés qu'ils assistent dans leurs derniers jours (2) varie infiniment. Il faut tenir compte de leur caractère et du de-

______

(1) Arnold fait, dans la *Gerichtsaal*, 1858, p. 464, une juste observation que lui suggère son expérience, en disant qu'il ne faut pas confondre les dispositions de l'homme qui veut commettre un crime avec celles de l'homme qui l'a commis.

(2) De tels renseignements sont malheureusement rares : nous en devons un certain nombre à des ecclésiastiques anglais, à des recorders, à des shérifs; des commissions spéciales les ont recueillis. Il y en a dans le second rapport de la commission criminelle de 1836. (Extraits dans la *Revue*, xii, p. 439, et dans les rapports publiés avec des suppléments en 1847 et 1848. Extrait dans la *Revue*, xxii, p. 464; puis dans *Phillips on Capit punish.*, p. 70. *Neate considerations on punish. of death*, 1857.)

gré de leur instruction, de leurs sentiments à l'égard de la religion, et surtout du concours des circonstances malheureuses qui ont amené le crime. Chez les uns, on trouve un profond repentir et une soumission religieuse à une destinée devenue inévitable par leur faute ; au contraire, des criminels grossiers et privés de toute éducation (1), ou devenus violents par une longue habitude du crime et endurcis contre le danger, n'ont ni remords ni dignité. L'expérience apprend encore qu'il y a des condamnés chez qui le repentir apparent n'est qu'une sorte de désespoir ou une manière hypocrite de mériter la grâce. D'autres enfin, ce sont les plus corrompus, font un dernier effort pour faire, au moment de mourir, preuve d'un courage qui excite l'admiration de leurs camarades (2).

Il est curieux de voir à quel point est faible l'impression produite par la condamnation à mort sur les autres personnes. Il y a sans doute des assistants profondément émus, quand, par exemple, en Angleterre, le juge met sa toque noire ; mais souvent les propos des camarades de prison, à la nouvelle de la condamnation de l'un d'eux, attestent qu'elle n'a sur eux aucune action salutaire (3), et la conduite de ses parents ne prouve pas moins souvent combien la condamnation les a peu touchés (4).

Souvent une condamnation à mort produit au sein du peuple

---

(1) L'aumônier de Newgate, chargé de préparer à la mort une femme condamnée à cette peine, vint à lui parler du Christ. N'a-t-il pas été, dit-elle, un grand chef de brigands ?

(2) Le gouverneur de Newgate racontait en 1841, à l'auteur de ce livre, que beaucoup de condamnés, surtout ceux qui appartiennent à la *criminal class*, mettent leur orgueil à mourir avec résignation et courage, pour laisser une grande réputation au milieu de leurs semblables. En Angleterre, on entendit un jour, au moment d'une exécution qui avait attiré un grand concours de spectateurs, une femme (c'était la mère du condamné) s'écrier : Mon fils, j'espère que tu vas mourir avec courage, comme ton père! *V.* encore Bérenger, *De la répression pénale*, p. 466-68.

(3) L'aumônier de Newgate rapportait que souvent les camarades de prison accueillent la nouvelle d'une condamnation par ces mots : Il a perdu la partie, ou qui ne risque rien n'a rien.

(4) Des témoignages rapportés au parlement attestent que la police, en remettant à la famille le cadavre d'un condamné qui avait fabriqué de fausses banknotes, avait vu ses proches cacher dans sa bouche de fausses banknotes.

une émotion qui se traduit par d'ardentes manifestations, par des pétitions, par des réclamations de la presse pour obtenir la grâce du condamné et exercer sur le gouvernement une sorte de contrainte morale (1).

Il importe surtout d'étudier l'impression produite sur les assistants par l'exécution de la peine. Le législateur devait croire qu'ils étaient là tout pénétrés de l'idée du devoir si grave que la société accomplit pour le maintien de la loi en donnant la mort à l'un de ses membres, et de la légitimité du châtiment qu'elle lui inflige, et qu'ils quittaient le lieu terrible de l'exécution dans une disposition d'esprit bien propre à les éloigner du crime. Malheureusement l'expérience prouve qu'il n'en est souvent pas ainsi (2) ; l'attitude de la foule qui se presse à une exécution atteste une grossièreté effrayante, la curiosité qui s'attache à un spectacle rare, à la manière d'être plus ou moins singulière du condamné, enfin, une barbarie qui se manifeste, après le coup fatal, par des transports de joie (3). Ajoutons qu'après l'exécution les assistants vont faire, dans des cabarets (4), les plaisanteries et les réflexions les plus grossières. N'est-il pas certain qu'on ne peut pas compter sur l'effet salutaire de la peine de mort? En Angleterre, il se commet de nombreux vols pendant les exécutions. Tout autre est le sentiment d'un grand nombre de ceux qui n'assistaient pas à l'exécution ; ils sont mécontents, ils doutent du droit de l'Etat, ou même ils

(1) En Angleterre, la condamnation de Smethurst provoqua de la part des médecins, des avocats les plus renommés, des démarches auprès du ministre, auquel ils affirmaient l'innocence du condamné. *Gerichtsaal*, 1860, p. 347. Une agitation populaire décida aussi le souverain, en 1857 à Florence , en 1860 dans le Norwége, à faire grâce.

(2) Faits recueillis dans l'enquête de la commission anglaise, *Revue de législation étrangère*, XXII, p. 464. Importantes déclarations des témoins appelés devant la commission du parlement de 1856. *On the present mode of carrying into effect capital punishments. Archives du droit criminel*, 1857, p. 18. Extraits, avec de bonnes observations, dans l'exposé de Webster, du 1er décembre 1860, à la Society of promoting the amendment of the law.

(3) Des procès-verbaux officiels attestent qu'on entend même des bravos et des applaudissements.

(4) On verra, au § 17, à quel point on échappe à ces inconvénients, en interdisant la publicité des exécutions.

sont dans la tristesse (1). Il est encore vrai qu'aux yeux de personnes pleines d'expérience, l'impression produite par l'exécution sur les assistants dépend souvent de l'attitude du condamné (2) ; il arrive qu'il meurt en témoignant d'un repentir et d'une affliction profonde, ou bien au contraire sans vouloir ni se repentir ni recevoir aucune consolation religieuse, et peut-être en se laissant aller à des malédictions et à tous les excès de la dépravation ou de la barbarie (3). Dans le premier cas, le sentiment de la pitié à l'égard du coupable domine la plupart des assistants, en pensant qu'on exécute un homme qui s'amende, et qui serait arrivé, si on lui avait laissé la vie, peut-être à se transformer complétement et même à faire le bien (4). Dans le second cas, c'est la colère contre le coupable qui se manifeste chez beaucoup d'assistants.

Souvent aussi c'est le doute sur le droit que s'arroge l'Etat d'exécuter cet homme : sa dépravation est imputable à l'État, qui a négligé, avec son éducation, les moyens propres à le défendre contre le crime. On a souvent même remarqué la mauvaise influence d'une exécution sur les assistants ; elle les excite eux-mêmes au crime ; l'horrible spectacle du sang versé par ordre du gouvernement éveille en eux un instinct de cruauté assoupi (5) : la vue

(1) Déclarations importantes des aumôniers et des employés de prisons dans le second *Report on criminal law*, 1836.

(2) *Phillips*, p. 7!.

(3) L'exécution de Sachenbacher, à Munich, en 1857, en donne un exemple. Avant son exécution, il disait au barbier qui lui coupait sa longue barbe : Rasez-moi bien, pour que je trouve une jolie femme dans le ciel. En montant les degrés de l'échafaud, il faisait entendre les propos les plus inconvenants.

(4) Berner rapporte, à la page 23, des faits confirmés par des ecclésiastiques anglais.

(5) Le procureur général de Naples, Tartaglia, racontait, en 1845, à l'auteur de ce livre qu'il avait toujours décidé le roi à ne pas laisser exécuter les condamnations à mort. Une fois seulement, à son insu, un ordre d'exécution demandé par un parti avait été donné par le roi. Tartaglia prescrivit à un grand nombre de personnes dignes de confiance d'aller se mêler à la foule pour recueillir ses propos. Les rapports déclarèrent tous que l'exécution n'avait produit aucun sentiment de terreur, mais qu'elle avait provoqué une explosion de sentiments barbares. Le procureur général affirmait que le nombre des grands assassinats s'était accru depuis cette époque à Naples.

du sang agit de même sur le lion. Arrive-t-il qu'on exécute un homme éloigné du repentir et sourd à toute exhortation religieuse, l'exécution étant, d'après les théologiens (1), un sacrifice expiatoire auquel se soumet le coupable repentant, comment justifier l'exécution de celui qui n'a aucun répentir (2) ? La plus détestable impression est celle qui résulte d'une exécution mal faite, quand l'exécuteur aggrave par sa faute, en apparence au moins, les souffrances du condamné (3). C'est ce qui peut arriver dans toute espèce d'exécution, même par la guillotine (4). On s'irrite alors contre l'Etat; le peuple ne lui reconnaît pas le droit de martyriser si cruellement un malheureux, et le sentiment de la pitié pour l'homme qu'on exécute devient si puissant qu'il domine tout sentiment de respect pour la loi. Une impression bien triste encore est celle que produit une exécution où le condamné engage une lutte désespérée avec l'exécuteur pour échapper à la mort, et rend l'exécution difficile par sa résistance (5). Que dire aussi du spec-

______

(1) *Voir* la revue publiée à Rome, *Civilta cattolica, Roma.* 1853, ɪ, p. 63; 1860, p. 589.

(2) L'auteur était à Rome, quand une exécution devait avoir lieu un jour, à 7 heures du matin. La foule errait dans les rues, le cortége ne venait pas; on entendait seulement dire : *Non e penitente;* il ne manifeste aucun repentir. Ces mots furent répétés toute la matinée. A onze heures, on vit arriver le cortége funèbre; le criminel n'était pas repentant; il fut exécuté sans avoir manifesté aucun repentir.

(3) On trouve une description exacte de la terrible exécution de Missezndoerfer, à Munich, répétée six fois, dans la *Revue de médecine légale,* publiée par Behrend, 1855, xxxv, p. 369. Ces cas sont fréquents. On en rapporte un tout récent; il s'est produit à Berne.

(4) Le fait est arrivé tout récemment, le 26 mai 1861, à Genève, pendant l'exécution de Bary. La guillotine opère mal, soit que la tête ne soit pas, à cause de la disposition du corps, placée sous le tranchant du couteau, soit que les contractions de la tête émoussent la puissance du fer.

(5) La plus terrible exécution de ce genre eut lieu le 10 mai 1861, à Châlons : ce fut celle de Montcharmont, racontée dans le *Salut public,* journal de Lyon, du 12 mai. Le malheureux, traîné à la guillotine, engagea avec le bourreau et ses aides une lutte qui dura près d'une heure; il les blessa de manière à les rendre incapables de procéder à l'exécution; il fallut faire venir un autre bourreau de Dijon, ôter au condamné tout moyen de résistance, et l'exécution eut lieu le soir. Une scène analogue, moins terrible cependant, est rapportée par le docteur Diez, dans son livre sur le *Régime pénitentiaire,* p. 89.

tacle d'un homme qui s'est évanoui au milieu des angoisses
de la mort, et n'a plus conscience de lui-même au moment où
on l'exécute (1)? La légitimité de la peine de mort est encore
contestée chaque fois qu'on voit le criminel bien malade et
soigné attentivement aux frais de l'État, pour être exécuté après
son rétablissement (2). Il ne faut pas oublier enfin le cas où le
condamné affirme énergiquement son innocence au moment de
son exécution et avec des détails qui rendent son affirmation vraisemblable. La masse prend parti pour l'homme qu'on va exécuter (3).

Une femme condamnée pour empoisonnement, à Bruchsal, dans
les angoisses de la mort, fit la résistance la plus violente,
poussant des cris affreux et se laissant traîner avec violence
à la guillotine. Une exécution plus effroyable encore eut lieu le 3
décembre 1849 à Appenzell; ce fut celle d'une femme condamnée
pour assassinat. Il fallut le secours de plusieurs hommes pour la
traîner de la prison au marché, et l'exécution n'eut lieu qu'après
une heure et demie de lutte, quand on eut attaché la tête de la malheureuse par les cheveux à une longue perche, et maintenu la partie inférieure du corps.

(1) Plusieurs faits de ce genre sont rapportés par le *Droit* du 13 février 1859, n° 37. Trois soldats de garde tombèrent anéantis à la vue
de ce terrible spectacle.

(2) Il arrive aussi que le meurtrier ait été gravement blessé en
commettant son crime, ou qu'il ait tenté de se donner la mort après
la consommation du crime, et qu'il ne soit pas mort de sa blessure.
Un des cas indiqués en premier lieu s'est présenté à Londres. Réflexions graves contre une exécution de ce genre, dans la *Belgique
judiciaire*, 1861, n° 88 : elles sont extraites d'un article du journal
français *le Temps* contre la peine de mort.

(3) L'auteur était à Gênes quand on exécutait un nommé Abo. Sur
l'échafaud, dans ses derniers moments, il protestait de son innocence,
et l'aumônier déclara publiquement qu'il tenait Abo pour innocent. L'auteur recueillit des faits qui attestaient l'erreur.

XI.

De l'effet des exécutions, et principalement de la condamnation de personnes innocentes.

L'ensemble des observations sur les effets des exécutions se ramène à deux questions essentielles : 1° à quel point le législateur assure-t-il par la peine de mort la force de la répression destinée à prévenir de nouveaux crimes? 2° arrive-t-il plus ou moins fréquemment qu'un homme innocent soit condamné à mort et exécuté ?

I. Il est malheureusement de plus en plus certain que l'exécution de la peine de mort ne produit pas l'intimidation qu'on attend d'elle. En effet, 1° immédiatement après une exécution, et à une petite distance du lieu où elle s'est accomplie, il se commet d'autres grands crimes; c'est un fait prouvé par des enquêtes officielles (1). 2° Des aumôniers de prisons rapportent aussi que la plupart des hommes condamnés à mort pour de grands crimes avaient assisté à des exécutions (2). 3° Enfin on voit souvent, en Angleterre et en France, des familles où le grand-père, le père, le frère d'un assassin ont été exécutés pour de grands crimes (3). Il

(1) *Voir* des faits importants dans le *Report on capital punishment* du *Massachussett*, de 1846. On avait fait exécuter à Boston un incendiaire; c'était la première exécution depuis une époque très-éloignée. Dès ce moment, les incendies se multiplièrent dans cette ville et dans les environs, et une enquête, ordonnée par le gouvernement, révéla que tous les incendiaires avaient assisté à la dernière exécution.

(2) Roberts, aumônier à Bristol, rapporte que 161 condamnés sur 167, qu'il avait assistés dans leurs derniers moments, disaient avoir été présents à des exécutions. *V.* d'autres déclarations dans *Philipps*, p. 168, et *Bérenger*, p. 468.

(3) Renseignements donnés par Laget Valdeson, *Théorie du code pénal espagnol*; Paris, 1860, p. 152.

est donc vrai que de terribles exemples, si rapprochés qu'ils
soient, ne font aucune impression.

II. L'objection la plus grave contre la peine de mort, c'est le
nombre toujours croissant des condamnations prononcées contre des hommes innocents, et trop souvent leur innocence (1)
n'apparaît qu'après leur exécution. Quand même le condamné
échappe à la mort par la grâce et reste enfermé en prison, l'injustice dont il a été la victime demeure bien des fois irréparable (2).
La faculté donnée, dans certains pays, par la loi à la famille de
prouver l'innocence d'un parent injustement frappé et de poursuivre la réhabilitation de sa mémoire, est subordonnée, dans son
exercice, à toutes les formes d'une instruction nouvelle qui la rendent bien difficile (3).

Le grand nombre des condamnations qui frappent des accusés
innocents s'explique par les causes suivantes : 1° de faux témoignages trompent les juges et les jurés (4) ; 2° un témoin honnête

(1) De tels exemples sont donnés par tous les pays : on en trouve
de nombreux dans *Phillips*, p. 99-141 ; dans le *Report on Abolition* ;
New-York, 1857, p. 14. Des exemples d'exécutions, ou tout au moins
de condamnations d'accusés innocents, se sont produits en Italie ; ils
ont été rapportés au parlement de Turin. *Eco dei tribunali*, 1860,
n° 1038. En Irlande, il s'est présenté un cas cité par le *Times* du
19 janvier 1857 ; on en trouve d'autres racontés dans le *Dublin review*,
1861, p. 477-85. Ceux qui sont connus en France sont cités par Ortolan, *Éléments du droit criminel*, p. 607, à la note ; par le *Droit* du
26 février 1860, n°ˢ 50, 59 ; par la *Belgique judiciaire*, 1855, p. 360. *Voir*
enfin d'autres exemples pour l'Angleterre dans le *Times* des 9 et 10
janvier 1857.

(2) Dans le Hanovre, en 1854, on a prononcé une condamnation
grave entre toutes contre deux accusés innocents. L'un d'eux se
suicida dans sa prison. Ce fait est bien rapporté par Goetting dans le
Nouveau Pitaval, xxvii, p. 43, 182.

(3) L'innocence de Lesurques, condamné et exécuté, est reconnue
par tout le monde en France ; mais le gouvernement et les chambres
refusent de la proclamer. Voir *Philipps vacation thoughts*, p. 115.

(4) C'est ainsi que fut amenée la condamnation des deux accusés
innocents dans le Hanovre. On s'en prend à tort au jury. Ces erreurs
sont bien plus la faute des magistrats qui poursuivent, comme le
ministère public, la condamnation avec acharnement, ou des juges
d'assises qui ne font pas usage du droit que leur donne la loi, toutes
les fois que le verdict du jury leur paraît amener une condamnation
injuste.

a mal vu, dans un moment de trouble, ou s'est trompé sur l'identité du criminel (1), et son témoignage est erroné ; 3° ou le juge décide les jurés, sans autre preuve que des indices, à une condamnation injuste (2) ; 4° ou des experts, donnant un avis nécessaire à la démonstration d'un fait, se trompent ; 5° c'est enfin le cas où l'on décide à tort que l'accusé peut être responsable de son crime.

Les condamnations injustes se produisent surtout dans les deux derniers cas ; ainsi, l'insuffisance de la preuve fournie par les experts, l'indifférence pour les résultats dus aux progrès immenses des sciences naturelles, l'ignorance de ces progrès chez les jurisconsultes prenant part aux débats criminels, amènent des condamnations fondées sur des preuves erronées (3).

L'expérience nous montre que la multiplicité des assassinats juridiques commis par la condamnation d'accusés qui ne pouvaient être responsables de leurs crimes (4) est reprochable aux médecins, qui n'ont ni un esprit d'observation exacte, ni la connaissance ni la pratique de la médecine mentale, et souvent aux jurisconsultes, qu'une semblable ignorance empêche d'établir un système de preuves exactes, et de juger les opinions produites devant la justice (5).

Il est souvent difficile, en jugeant un homme accusé d'assassinat, de trouver la limite exacte qui sépare du crime l'aliénation mentale (6) ; l'expérience montre que, parmi les personnes accu-

---

(1) *Voir* un exemple édifiant du succès obtenu par un aumônier de prison, pour la preuve de l'innocence d'un condamné, dans le *The prison Chaplain Clay*, p. 467.

(2) C'est un fait reconnu : la faute est souvent imputable au président, qui induit le jury en erreur par son résumé, comme il est arrivé dans l'affaire de Smethurst.

(3) L'exemple de Smethurst a fait en Angleterre une profonde impression. Sa condamnation à mort avait été prononcée sur la foi de preuves techniques insuffisantes. Il fut affranchi par la grâce de toute pénalité. *Voir* la *Gerichtsaal*, 1861, p. 346.

(4) J'ai rapporté un nouvel exemple recueilli en Angleterre, dans le *Journal d'anthropologie de Friedreich*, vii⁰ vol., ii⁰ livre.

(5) *Voir* les détails dans le *Gerichtsaal*, 1861, p. 173.

(6) Le médecin de la prison de Philadelphie a une grande expérience en cette matière. *V.* le *Report of the inspectors of the state penitentiary*

sées de grands crimes, le nombre de celles dont les facultés sont troublées va toujours en croissant (1), et dans toutes les prisons on trouve des prisonniers qu'il eût suffi de mieux examiner pour ne pas les condamner (2). La grande incertitude des avis donnés sur l'imputabilité des crimes a fait proposer tout récemment de remplacer la peine de mort par celle de la prison (3), toutes les fois qu'il se produit un seul avis en faveur de l'irresponsabilité d'un accusé.

of Pennsy, Irania 1846, p. 57. Dans le même sens, nous trouvons l'opinion d'un médecin d'aliénés fondée sur l'expérience, et consignée dans l'*Ami des aliénés*, 1862, p. 12.

(1) Détails donnés par *Winslow medical critic and psychol. journal*, 1861, octobre, p. 1; 1862, janvier, p. 1, etc.

(2) Renseignements dans mon livre sur l'*État présent du régime pénitentiaire*, p. 99, et importantes observations de médecins des prisons, dans le *Winslow journal of psychological medecine*, 1859, p. 65.

(3) Lœwenhardt, *Études sur la psychologie médicale;* Berlin, 1861, p. 105.

XII.

De l'amélioration des criminels qui, condamnés à mort, ont obtenu leur grâce.

On comprend facilement qu'autrefois, avec la mauvaise organisation du régime pénitentiaire, l'on ait cru généralement, même dans le monde le plus éclairé, à l'impossibilité d'améliorer les condamnés, et si d'ordinaire on ne leur faisait pas grâce de la peine de mort, c'est qu'on regardait leur amélioration comme impossible. On cherchait encore dans la nature du crime et dans le caractère du criminel, tel qu'il se révélait pendant l'instruction et de toute autre manière, la règle la plus sûre pour décider si l'on pouvait espérer l'amélioration du coupable dans sa prison. L'expérience montre que ces idées étaient fausses ; elles ne pouvaient longtemps résister aux essais d'amélioration du régime pénitentiaire, et aux succès obtenus par de bons employés, et surtout par d'intelligents aumôniers de prisons qu'un bon régime pénitentiaire avait secondés, l'isolement, par exemple (1). L'esprit du christianisme, bien compris, est de ne jamais désespérer de l'amélioration d'un criminel (2), malgré la gravité de son crime ; souvent il reste dans l'âme du plus grand criminel une force morale qu'on peut faire servir à son amélioration. Il est important de prouver que les plus grands criminels, des assassins par exemple, échappant à la mort soit par la grâce, soit par l'abolition de cette peine, s'améliorent en prison à un

(1) *Voir* à ce sujet d'importantes observations dans l'ouvrage de *Clay the prison Chaplain*, p. 316.

(2) L'auteur de ce livre a eu en 1829 plusieurs entretiens avec M. Renaud, directeur du bagne de Toulon, et l'a entendu dire qu'après une longue expérience, il lui paraissait impossible de jamais désespérer de l'amélioration d'un criminel bien dirigé.

tel point, que la société n'a pas à craindre de leur part un retour à de pareils crimes. Nous avons interrogé, depuis une longue suite d'années, les employés des prisons (1); ils nous ont appris que les hommes condamnés pour les crimes les plus graves, commis avec toute espèce de violences, sont ceux dont on peut le mieux espérer l'amélioration. Dès qu'ils commencent à s'amender, l'énergie de leur volonté se manifeste par l'ardeur de leur repentir et par des efforts continuels pour faire le bien et rendre définitive leur transformation morale ; au contraire, les hommes froids, poussés au crime par l'intérêt, des voleurs par exemple, ou des criminels hypocrites, laissent moins d'espérance. L'acte criminel d'un condamné peut être le résultat d'un concours de circonstances fatales au milieu d'une vie jusqu'alors irréprochable, tandis qu'il y a des criminels à qui manque tout principe de morale et dont le crime vient des fatales habitudes de leur existence (2). Ceux-ci s'améliorent plus rarement ; leur hypocrisie doit nous mettre en garde contre leur apparente amélioration. Tous les témoignages des employés de prisons expérimentés (3) sont d'accord pour reconnaître qu'il est impossible d'affirmer à l'avance d'un condamné qu'il est incorrigible. Tel condamné (4) qui a fini par s'amender complétement, a été longtemps rebelle à tous les bons conseils : les administrateurs de la prison, l'aumônier, l'instituteur (5) ont enfin réussi à éveiller

(1) On trouve jusqu'en 1857 bon nombre de faits consignés dans les *Archives du droit criminel*, 1857, p. 482.

(2) L'auteur a tenté de faire une classification des condamnés suivant le degré d'amélioration dont ils sont susceptibles, dans le *Journal de droit criminel* publié par Holzendorf, 1861, p. 1167. *Voir* d'importantes observations sur les différentes classes de condamnés dans *Clay the prison Chaplain*, p. 316, 363, 393.

(3) Hoyer, dans *Vechta*, dans le *Journal de droit criminel* d'Holzendorf, 1861, p. 8 et 265. Diez, *sur la Direction des prisons*, p. 69.

(4) Il faut rappeler ici l'exemple de François H., du canton de St-Gall, et celui d'un individu d'Oldenbourg condamné pour vol et assassinat, rapportés dans les *Archives*, p. 485. François H. est encore en prison, mais il est tombé dans un état de mélancolie et de découragement de plus en plus grave.

(5) L'expérience montre (*Clay in the prison Chaplain*, p. 306) que le ministre de la religion ne peut agir sur le condamné et le transformer qu'en lui donnant une direction conforme à son caractère, qu'il doit bien connaître.

en lui le sentiment de son iniquité, de sa dégradation morale,
et la ferme intention de s'amender.

On a vu les plus grands criminels s'améliorer, quelques-uns
même refuser leur grâce (1), et donner en prison, par leur conduite,
la preuve de leur transformation morale (2)..L'isolement la favorise ; il rend facile, avec les visites familières dans la cellule, l'étude
de l'individu et de la manière dont il faut le traiter. L'amélioration
de ces grands criminels est surtout bien prouvée par leur bonne
conduite après leur mise en liberté (3).

(1) L'individu condamné à Oldenbourg pour vol et assassinat, et
récemment encore, d'après le témoignage de Hoyer, une femme condamnée pour infanticide, complétement transformés, ont refusé leur
grâce.-

(2) Le condamné d'Oldenbourg était un des garde-malades les plus
dévoués. A St-Gall, Charles Th., l'assassin de Rodolphe de St-Galles,
soutient ses parents, et garde une partie de sa ration de pain pour la
donner aux pauvres.

(3) Marianne B., dont il est question dans les *Archives*, p. 484, condamnée pour avoir, de concert avec ses parents, assassiné son mari,
a été graciée en 1861, après 17 ans de prison; elle s'est remariée, et
sa conduite est irréprochable.

XIII.

De l'exercice du droit de grâce à l'égard des condamnés à mort.

La statistique des condamnations à mort prononcées et celle des condamnations exécutées, dans les différents pays, montrent une progression constante dans le nombre des grâces, qui dépassent celui des condamnations exécutées. On répond souvent, pour écarter l'abolition de la peine de mort, que le droit de grâce offre un moyen d'empêcher l'exécution des jugements conformes aux lois, mais mal en rapport avec les circonstances particulières du crime, qu'on ne saurait prévoir à l'avance. On entend, dans les assemblées parlementaires, les commissaires du gouvernement combattre les propositions tendant à l'adoucissement des peines, en assurant qu'on peut s'en rapporter au souverain, qui sait atténuer la rigueur de la loi par l'exercice de son droit de grâce.

L'origine de ce droit invoqué pour le souverain pourrait, sans doute, être discuté, et l'on verrait comment il a cessé d'être, en même temps que l'exercice de la justice, dans la main des échevins, et comment la maxime suivant laquelle le droit de grâce est un attribut du pouvoir judiciaire a disparu pour faire place à la théorie qui en fait un apanage du souverain (1). Mais il est certain que ce droit appartient au pouvoir souverain, aux princes régnants, dans les monarchies (2), et qu'il ne peut être supprimé, car la meilleure

(1) La question est envisagée au point de vue romain dans Rein, *Droit criminel des Romains*, p. 264; Lüder, *le Droit de grâce lié à la souveraineté*, p. 15-55; Abegg, dans la *Revue critique trimestrielle de Poezl*, iii, p. 332. Au point de vue du droit moderne, John, *Droit pénal du nord de l'Allemagne*, p. 344; Obenbrüggen, *Sur le droit pénal*, p. 179; Haelschner, *Système du droit pénal en Prusse*, p. 546.

(2) De Mohl, *Droit de l'État, droit du peuple*, ii, p. 654; Lüder, p. 55; Abegg, *A, O*, p. 346.

législation ne saurait embrasser tous les faits particuliers, ni donner, sans de graves inconvénients, au juge le pouvoir de s'écarter de la loi, toutes les fois qu'elle lui paraît trop rigoureuse pour l'homme et pour le fait qu'il s'agit de punir.

Dans ces cas, l'exécution de la peine portée par la loi blesserait la conscience publique, et produirait de l'irritation contre le gouvernement. A quoi servirait-il de corriger la loi pour l'avenir ? Il vaut mieux empêcher l'exécution d'un jugement contraire à la conscience publique et nuisible à l'autorité de là justice (1). Il faut combattre énergiquement d'autres idées souvent produites : par exemple, le droit de grâce est contraire au but de la peine, en nuisant à l'intimidation qu'elle doit produire (2). Une autre idée fausse et bien répandue, c'est que la grâce est un remède aux imperfections de la loi. Elle est bonne pour un cas isolé ; mais les assemblées législatives se laissent persuader malheureusement qu'elle supplée à un bon système de lois pénales, et certains députés cherchent dans cet expédient une excuse de la faiblesse qui les entraîne à voter, contrairement à leur conscience, des lois pénales d'une grande rigueur.

La législation pénale doit prévoir les cas de culpabilité les moins graves, et le juge leur appliquer la peine qui leur convient (3). L'autorité de la justice serait amoindrie, si le juge devait, même dans un cas isolé, prononcer une peine trop rigoureuse et laisser à la grâce le soin d'en atténuer l'effet : c'est du juge que le peuple attend avec raison l'application d'une juste pénalité (4), et il est triste de voir la justice reléguée dans le secret du cabinet (5). Il est mauvais de ne laisser aux juges à qui la peine légale paraît trop élevée pour un fait entouré de circonstances atténuantes que le recours

(1) De Mohl, p. 639.

(2) Abegg s'élève avec raison contre cette théorie, *A. O.*, p. 351.

(3) Les hommes chargés de la rédaction des lois savent mal combien il y a de degrés de culpabilité dans un même crime. Ils ont toujours en vue quelques grands crimes.

(4) Un habile magistrat français, Nouguier, fait observer avec raison, dans son *Traité des cours d'assises*, vol. I, p. xix, que la peine qui dépasse même d'un atome la gravité du crime est injuste.

(5) Sur l'idée fausse que même de bons jurisconsultes ont du droit de grâce, *voir* mon article publié par le *Journal de Gross*, ii, p. 310.

en grâce auprès du souverain. Cette pratique est contraire à la
nature du pouvoir judiciaire : il n'est pas bon de laisser dire au
tribunal en public qu'il regarde comme excessive et réellement
injuste la peine qu'il a prononcée (1).

Nous allons voir que le droit de grâce, bien des fois utilement
exercé, n'est pas un remède aux inconvénients de la peine de mort,
qu'il ne fait pas disparaître la nécessité de l'abolir, et qu'il est, pour
le souverain qui tient dans ses mains le sort d'un condamné, une
source de graves difficultés.

1° Déterminer quelle doit être la règle du souverain dans l'exercice de cette importante prérogative, c'est déjà bien difficile. Suivant
un écrivain renommé (2), le souverain ne doit même pas rechercher
abstraitement la peine méritée par un criminel comme s'il n'avait pas
encore été jugé ; mais il peut, après la décision des interprètes de la
loi, suivre son opinion personnelle sur la peine qu'ils ont prononcée.
Avant d'apprécier l'idée de cet écrivain, il faut savoir ce qu'il faut
entendre par cette opinion personnelle (3). On veut par là que le
souverain exerce le droit de grâce en toute liberté, avec l'idée de la
justice déterminée par sa conscience (4), et qu'il tienne compte des
circonstances atténuantes que la loi ne permet pas aux juges d'admettre (5), ou qu'il ait égard à la valeur morale du condamné (6).
On va donc jusqu'à décider officiellement (7) que le souverain

(1) Mes observations dans l'édition des *Questions juridiques de Feuerbach*; Francfort, 1849, p. 10.

(2) De Mohl, p. 637.

(3) Le roi Louis-Philippe et le roi de Suède, Oscar, étaient personnellement ennemis de la peine de mort; mais, subordonnant leur opinion
à l'intérêt général, ils autorisaient les exécutions jugées nécessaires
par leurs ministres.

(4) Abegg, dans le *Journal de Gross*, iv, p. 310, et la *Revue critique
trimestrielle de Poezl*, iii, p. 352.

(5) C'est là un vice de la législation, et il se trouve dans la législation autrichienne, qui ne permet jamais aux tribunaux d'admettre
des circonstances atténuantes, si nombreuses qu'elles soient, pour
écarter la peine de mort, tandis qu'ils ont cette faculté pour toutes
les autres pénalités.

(6) Hoelschner, *Système du droit public en Prusse*, i, p. 543.

(7) Nous avons vu plus haut qu'en Autriche le décret royal de 1803
refusait expressément la grâce aux criminels dont l'amélioration
était impossible.

doit surtout considérer si l'amélioration du condamné est impossible. Il doit, pour exercer avec conscience son droit de grâce, tout étudier attentivement, tout connaître, les débats judiciaires aussi bien que les motifs de la condamnation et le caractère du condamné. Dans le doute (1), il prononce la grâce. Il peut s'éclairer soit par l'étude des actes et de la procédure, soit par les avis et les rapports des fonctionnaires compétents. Ce dernier moyen d'information est employé d'ordinaire. On prend en considération les avis des tribunaux (2), ceux des jurés (3), et les pétitions qui demandent la grâce.

On voit par là que l'opinion des hommes interrogés par le souverain, celle du rapporteur fondée moins sur des raisons de droit que sur des raisons d'humanité, ont évidemment une grande importance. L'expérience atteste (4) qu'on rencontre même entre eux une divergence d'idées.

2° L'impossibilité d'améliorer le condamné est bien à tort considérée comme une raison décisive en matière de grâce; l'expérience montre (§ 12) que les plus grands criminels à qui l'on a fait grâce de la peine de mort ont su mériter, par une conduite excellente dans la prison, leur grâce entière; il y en a même dont on avait désespéré pendant de longues années. Après de tels exemples, le souverain peut-il affirmer qu'un condamné est incorrigible ? La gravité du crime n'y fait rien : les plus terribles criminels convaincus d'empoisonnement ou d'assassinat et de vol se sont complétement

(1) Le *Bulletin du ministre de la justice*, 1848, p. 252, nous montre qu'en Prusse on recherche, pour l'exercice du droit de grâce, si le criminel a fait l'aveu de son crime.

(2) Il se présente des cas difficiles : par exemple, le tribunal de première instance demandait à l'unanimité des voix la grâce d'une femme condamnée pour avoir empoisonné son mari; à la simple majorité, celle de l'amant. Le tribunal supérieur estimait qu'aucun d'eux n'en était digne.

(3) *Voir* mes quatre divisions, p. 9, et mon livre *Sur la législation*, p. 585.

(4) On trouve un intéressant rapport de la cour de justice d'Altenbourg sur un cas de grâce, dans l'*Annuaire de Schleter*, xxxii, p. 72; on y voit que les membres de la cour étaient, par les motifs les plus divers, d'accord pour refuser la grâce.

amendés. Nul ne peut dire avec certitude au prince, à l'instant où
il prononce, que le condamné est incorrigible : sa conduite dans
la prison, durant l'instruction et les débats, après le jugement,
ne prouve rien pour l'avenir.

3° On impose au prince, en plaçant dans ses mains le droit de
vie et de mort (1), un devoir bien pénible (2). Toute espèce de réclamations s'agitent autour de lui ; quelquefois l'opinion publique,
sollicitée en différents sens, se manifeste par la presse et par des
pétitions ; plus souvent des personnes approchant le souverain,
émues de pitié pour le condamné, font valoir son caractère recom-
mandable, son passé honorable, son profond repentir, et demandent sa grâce ; d'autres agissent en sens contraire, en parlant des
dangers de l'indulgence excessive du souverain, et de la nécessité
d'une exécution pour inspirer une crainte salutaire. Quelquefois il est difficile de savoir (3) si le crime est un assassinat ou un
meurtre ; dans le dernier cas, il ne faut pas maintenir la peine de
mort. S'agit-il de choisir entre plusieurs condamnés à mort le plus
coupable ou le plus digne de la grâce, on rencontre d'interminables
difficultés, et souvent la décision du prince repose sur des conjec-
tures.

4° Il arrive encore au souverain de mettre en doute (4) la justice
de la condamnation. Plus sa conscience est délicate, plus il sera
touché des aveux ou des dénégations du condamné, et ses dénégations le feront plus facilement incliner en faveur de la grâce (5). Le
souverain hésite également en présence d'une condamnation fon-

(1) Ces renseignements font défaut. Les plus intéressants nous sont
fournis par le *Bulletin du ministère de la justice en Prusse,* 1848, p. 247.

(2) En Angleterre, la reine est dispensée de ce triste soin, laissé
tout entier au secrétaire d'État.

(3) *V.* le *Bulletin du ministère de la justice en Prusse,* 1858, p. 253. On y
voit que les tribunaux ont maintes fois qualifié d'assassinat un crime
qui n'était qu'un meurtre aux yeux du ministre de la justice.

(4) Arnold fait remarquer, dans son travail *Sur l'étendue et sur l'exercice du droit de grâce,* Erlangen, 1860, p. 10, que le souverain qui
aura le moindre doute sur la justice de la condamnation accordera
la grâce.

(5) Le *Bulletin du ministère de la justice,* p. 251, nous apprend qu'en
Prusse, dans la province rhénane, des condamnés avaient obtenu leur
grâce parce qu'ils n'avaient pas fait l'aveu de leur crime.

dée sur des présomptions de culpabilité peut-être erronées. Il doit être bien inquiet aussi dès qu'on présume, ou que des preuves acquises même après la condamnation font croire que l'accusé a été déclaré à tort responsable de son crime (1), ou quand des experts dignes de confiance affirment que la condamnation a pour base des données scientifiques incertaines (2). Le souverain est alors amené, par un sentiment de justice, à faire grâce de la peine de mort (3), quelquefois même à exposer, dans son rescrit de grâce motivé, les raisons qui s'opposaient à toute espèce de condamnation. Des faits de ce genre nuisent beaucoup au respect de la justice.

5° Quelquefois la grâce est refusée et le jugement exécuté, quand le rapport d'un fonctionnaire prévenu contre le condamné ou rigoureux par tempérament, ou la crainte de favoriser le développement de la criminalité, encouragée par des grâces trop fréquentes depuis quelque temps, détermine le souverain à montrer plus de sévérité, sans tenir compte de l'opinion des jurisconsultes qui mettent en doute la justice de la condamnation, ni de celle du peuple qui juge le crime avec moins de sévérité et blâme l'exécution (4). L'opinion publique s'irrite alors contre les hommes qui ont déterminé le refus de la grâce, et s'en prend même au gouvernement.

(1) Gasper cite dans sa *Revue trimestrielle*, xxe vol., n° 1, un accusé dont les experts ont discuté l'état mental pendant onze années; plusieurs pensaient qu'il simulait l'aliénation mentale.

(2) Tel fut le cas de Smethurst. Rien n'est curieux comme la lettre du ministre demandant à un des experts les plus distingués une déclaration de l'insuffisance des preuves techniques pour servir de base à une condamnation. *Gerichtsaal*, 1860, p. 348.

(3) Ainsi le roi de Prusse fit mettre en liberté Fonk, en exposant les motifs qui auraient dû empêcher le jury de prononcer un verdict de culpabilité.

(4) Dans une ville d'Allemagne, on exécuta une femme mariée en secondes noces à un homme très-grossier, qui détestait l'enfant du premier lit, et le maltraitait honteusement. La femme, atteinte de phthisie, sentait la mort prochaine. Elle eut peur qu'après sa mort le pauvre enfant ne fût livré sans défense à la méchanceté de son mari, et résolut de le tuer, pour lui épargner ce triste sort. Elle le jeta dans un puits, et alla immédiatement dénoncer son crime au juge de l'endroit. Il n'y eut pas de grâce pour elle. L'auteur de ce livre fut lui-même témoin de la mauvaise impression produite par cette exécution.

6° Une source nouvelle de difficultés est née, pour l'exercice du droit de grâce, de la procédure publique et orale. On avait, suivant la procédure usitée jusqu'à présent en Allemagne, dans des actes bien complets, les éléments de la conviction des juges, les motifs de leur jugement ; enfin la théorie des preuves donnait le moyen d'apprécier la justice de leur décision. Tout cela manque à présent au souverain et à ses conseillers. On ne sait plus quelles ont été les preuves, les déclarations, les circonstances mises en lumière dans le débat oral, quelle influence a exercée sur la décision l'attitude de l'accusé et des témoins, quels ont été les éléments de conviction des jurés et des juges (1). Le procès-verbal de l'audience est muet (2) tout au moins sur les moyens de défense ; les actes de l'instruction préparatoire sont insuffisants, et le fonctionnaire chargé de présenter au souverain un rapport sur l'affaire n'a, comme le souverain lui-même, pour en étudier les détails, que des documents incomplets où la vérité est dénaturée. Ils sont obligés d'ajouter foi aux rapports des présidents des assises et du ministère public, qui ont, avec la meilleure volonté du monde, l'esprit assiégé de prévention, et peuvent induire en erreur le souverain.

7° La procédure orale et publique fait naître encore d'autres dangers pour l'exercice du droit de grâce. Le peuple, présent aux débats et instruit de tous les détails de la procédure, se fait, par lui-même, une opinion sur le procès, et sait si le verdict du jury ou la décision des juges est bien fondé Souvent il est en désaccord avec le tribunal ; il examine ensuite si la grâce est à bon droit accordée ou refusée. Il compare nécessairement le cas (3) où le con-

---

(1) En Angleterre, le président, n'interrogeant ni les témoins, ni l'accusé, peut suivre les débats avec une complète impartialité. Il recueille très-exactement toutes les dépositions, et communique ses notes au secrétaire d'État.

(2) Aussi Busch demande-t-il, dans la *Gerichtsaal* de 1861, p. 200, que, pour faciliter l'exercice du droit de grâce, on ait une sténographie exacte des débats entiers.

(3) Voici le fait qui souleva la presse et le peuple en Belgique. (*V.* des articles à ce sujet dans la *Belgique judiciaire*, 1847, n°° 13, 15.) Un nommé Remory, qui avait tué sa mère par cupidité, fut gracié en 1847. Un nommé Van Themsche, qui avait odieusement assassiné sa jeune femme, fut gracié. A la même époque, un ouvrier, Van de Weghe, rencontrant, au sortir d'une auberge où il s'était enivré, un

damné a eu sa grâce, à tel autre où il ne l'a pas eue ; s'il est possible de croire que la grâce est due par un condamné à sa condition sociale ou à l'intervention de personnes très-influentes, et qu'elle est refusée à un malheureux moins coupable, suivant l'opinion générale, mais privé de tout appui auprès des ministres ou du souverain, le peuple a une opinion très-mauvaise du gouvernement ; il le blâme, et va jusqu'à le mettre en suspicion (1). Il est trop facile encore de persuader au souverain disposé à gracier un condamné qu'on a exécuté, peu de temps auparavant, un individu pour un crime du même genre, et que la grâce donnée maintenant ferait considérer l'exécution de l'autre comme un assassinat (2).

8° Il est grave encore pour le souverain d'avoir à choisir, entre plusieurs condamnations à mort émanées de tribunaux différents, celles qu'il faut exécuter. Le souverain ne veut pas les laisser toutes exécuter ; il est exposé à faire un choix contraire au sentiment public (3).

9° L'exercice du droit de grâce dans les États non monarchiques doit être étudié à un double point de vue. La constitution du pays donne-t-elle ce droit, comme en Suisse, à une assemblée telle que le grand conseil ou au chef de la république, par exemple au gouverneur en Amérique ?

Dans le premier cas, la grâce est l'objet d'un débat public (4). On trouve sans doute dans cette pratique l'avantage de gagner la confiance du peuple, en lui faisant connaître les faits et les motifs

homme qui avait provoqué une condamnation par sa dénonciation, lui avait cherché querelle et l'avait tué. Van de Weghe fut exécuté.

(1) L'auteur était alors en Belgique ; il sait qu'il y eut un véritable soulèvement contre le ministre de la justice.

(2) On sait que lord Mansfield fit cette observation au roi Georges III, qui voulait gracier un nommé Todd. *Lieber on civil liberty*, p. 443, à la note.

(3) Le souverain eut une fois à statuer sur quatre condamnations à mort. Un des condamnés avait avoué son crime. Son aveu seul prouvait qu'il y avait eu préméditation de sa part ; il fut exécuté. L'opinion publique fut étonnée d'une telle rigueur contre le condamné repentant, tandis qu'un autre condamné plus pervers obtenait sa grâce.

(4) L'auteur a publié dans les *Archives du droit criminel* de 1857, p. 19, un rapport sur un débat de ce genre qui avait eu lieu à Genève.

de la décision souveraine ; mais on y trouve néanmoins de véritables inconvénients. La question se décide à la pluralité des voix :
le peuple est mécontent d'apprendre que la grâce a été repoussée
à une faible majorité, souvent à la majorité d'une seule voix. Une
telle décision ne lui inspire qu'une faible confiance, surtout s'il
trouve parmi les partisans de la grâce les hommes les plus intelligents et les plus considérés. La discussion montre souvent aussi
que la grâce a été refusée par des motifs divers et bien faibles, et la
décision est généralement blâmée.

L'expérience de l'Amérique est défavorable au second système (1). Nous savons qu'on fait dans ce pays un usage du droit
de grâce aussi nuisible au respect de la justice qu'à la force de la
répression ; il est arbitrairement exercé par un gouverneur qui ne
peut rester impartial au milieu de la lutte des partis en Amérique;
les partisans d'un condamné l'assiégent, surtout s'ils savent que
le gouverneur a des motifs pour leur être agréable, et souvent un
assaut de pétitions habilement ménagé emporte la grâce (2).

(1) *Voir* les renseignements très-importants à ce sujet dans *Lieber
on civil liberty*; Philadelphie, 1859, p. 436, et dans la traduction allemande, publiée par mon fils, de l'ouvrage *Sur la liberté civile*; Heidelberg, 1860, p. 372.
(2) La *Statistique des grâces*, publiée par Lieber, p. 381, est instructive.

XIV.

Raisons en faveur du maintien de la peine de mort.

On ne saurait nier sans injustice que, dans tous les pays, des hommes d'État considérables, des jurisconsultes sérieux et des savants demandent le maintien temporaire au moins de la peine de mort. Une opinion si bien défendue mérite évidemment un examen scrupuleux, et l'on arrive à reconnaître qu'elle repose sur une phraséologie qui dérive de la connaissance imparfaite du principe de la justice ; elle répond, pour bien des personnes, à la nécessité de conserver une pratique ancienne, à la crainte d'une innovation, et peut-être au désir de trouver une raison d'être à ce qui existe. Le principe de l'intimidation agit aussi fortement sur les esprits à leur insu. Examinons avec soin toutes les raisons données encore de nos jours en faveur de la peine de mort.

1° Une raison fondamentale, c'est qu'il est juste de mettre la peine en rapport avec la gravité du crime : chez tous les peuples, la tradition nous montre l'assassinat considéré comme le plus grand des crimes et puni par la plus grande des peines, la perte de la vie (1).

2° La conscience publique réclame la peine de mort dans l'intérêt de la justice, dont le sentiment naturel à l'homme serait blessé, si l'égalité entre la peine et le crime n'était pas maintenue, et si chaque homme n'était pas traité suivant ses œuvres. La grâce donnée à un grand criminel mécontente le peuple. C'est ainsi qu'en Allemagne la suppression de la peine de mort, prescrite par la con-

(1) Ce sont les arguments de Rotteck, et surtout ceux de Tissot. *Droit pénal*, not. I, p. 342.

stitution de 1849, fut attaquée par un nombre considérable de personnes, et même par des pétitions adressées aux chambres (1). L'expérience montre souvent aussi le peuple irrité par un sentiment de justice mal satisfait, infligeant lui-même au coupable une expiation sanglante, et achevant l'œuvre de la justice (2).

3° Une autre raison importante, c'est que l'expiation du crime est le but véritable de la peine, et la conscience publique appelle la peine de mort comme la seule qui soit une expiation de l'assassinat. Le peuple assiste à une exécution avec la conscience de la satisfaction donnée à la justice : souvent même le coupable déclare avec une tranquillité d'âme étonnante qu'il accepte sa peine comme la réparation du crime et comme un moyen d'avoir la paix avec lui-même, avec Dieu et avec les hommes (3).

4° La peine de mort est nécessaire à la défense de la société contre certains criminels dangereux qui n'ont aucun respect de la vie humaine : elle assure le repos public mieux qu'aucune autre peine, et souvent elle a été le salut de bien des gens (4).

5° Si l'intimidation n'est pas le but principal, elle est, comme les partisans de la peine de mort l'affirment, un des objets de la peine ; aucune autre n'a au même degré le pouvoir de prévenir les grands crimes : elle ôte à l'homme son bien le plus précieux, l'existence. Tous les criminels ne la redoutent pas également ; mais elle est redoutée par beaucoup d'entre eux. On en trouve qui avouent eux-mêmes qu'ils n'auraient pas commis un crime, s'ils avaient su qu'ils encouraient la peine de mort. On a vu les crimes se multiplier immédiatement dans les pays dont les constitutions ont aboli cette peine en 1849 ; rien ne prouve mieux la nécessité de son maintien.

(1) Cette raison fut énergiquement invoquée par le ministère du Wurtemberg.

(2) De là vient en Amérique la loi du Lynch, et, si blâmable qu'elle puisse être, on prétend qu'elle est l'expression du sentiment populaire.

(3) C'est par cette raison que Krug soutient, dans les *Archives du droit criminel*, 1854, p. 529, la légitimité de la peine de mort.

(4) C'est l'argument de Hepp dans sa publication *Sur l'état présent de la discussion relative à la peine de mort*, p. 32.

6° On prétend encore qu'en attaquant la peine de mort, on atteint le droit pénal tout entier, car on peut faire valoir contre le droit de punir lui-même les raisons produites contre la peine de mort (1).

7° On a souvent répété que la suppression de la peine de mort aurait l'inconvénient d'assimiler les uns aux autres des crimes bien différents; ainsi l'on punirait de la prison perpétuelle l'assassinat comme d'autres crimes, le brigandage, l'incendie accompagné des circonstances aggravantes. Le criminel, sachant que l'assassinat même ne l'expose qu'à la prison perpétuelle, se déciderait facilement à le commettre en même temps qu'un acte de brigandage (2). Un autre danger, c'est d'encourager l'assassin condamné à la prison perpétuelle à commettre, dans sa prison même, un nouvel assassinat qui n'entraînerait pas la peine de mort.

8° Comment refuser à l'Etat le droit d'ôter la vie à un criminel, disent de nombreux partisans de la peine, quand l'Etat a le droit incontestable d'exiger des citoyens tout sacrifice nécessaire à l'existence de la société et à la défense de l'Etat? L'Etat oblige les soldats à exposer leur vie pour le salut de la patrie. Pourquoi n'emploierait-il pas, dans un intérêt du même ordre, la peine de mort (3)?

9° On montre encore à un Etat abolissant isolément la peine de mort le danger d'attirer des Etats voisins, où la peine subsiste, de grands criminels qui voudraient commettre des crimes sans s'exposer à la peine de mort (4).

10° On fait valoir aussi que les constitutions, même en abolissant la peine de mort, en ont reconnu la légitimité dans l'état de

---

(1) Cet argument est invoqué par Krug dans son ouvrage : *Idées sur l'ensemble d'une législation pénale*; Erlangen, 1857, p. 21.

(2) Cet argument a été présenté par le ministre dans la chambre de Turin.

(3) Cet argument a été surtout développé dans l'exposé des motifs du code pénal portugais. *Voir* des extraits dans la *Gerichtsaal*, 1860, p. 212.

(4) Cet argument a été présenté au grand-duc de Toscane, pour le décider au rétablissement de la peine de mort. Le même argument a été développé dans le reichsrath de Bavière, par un de ses membres.

guerre. N'est-ce pas dire qu'elle est légitime dans les cas extraordinaires ?

11° Certains écrivains (*voir* plus haut, § 5, p. 54, note 2) démontrent la légitimité de la peine par la Bible, dont les préceptes obligent tous les législateurs chrétiens (1) : le devoir du législateur est de se conformer à la volonté divine.

(1) L'auteur de ce livre se rappelle un entretien qu'il a eu, en 1850, avec le directeur de la prison d'Edimbourg : l'expérience avait prouvé à ce fonctionnaire que la peine de mort n'avait aucune force d'intimidation : Pourquoi ne pas l'abolir ? dit son interlocuteur. La réponse fut qu'elle était prescrite par la Bible, et qu'il était impossible de l'abolir.

XV.

Examen des raisons produites en faveur de la peine de mort.

L'analyse des raisons produites en faveur de la peine de mort nous ramène involontairement au souvenir du temps où se discutait la suppression de la torture, des peines corporelles et de la peine de mort qualifiée. On opposait aussi à cette réforme les dangers qui menaceraient la société le jour où l'on n'aurait plus les moyens usités jusqu'alors pour le maintien des lois : de nobles souverains jugeaient nécessaire de ne pas publier la loi qui supprimait, à cause de leur iniquité, des pratiques telles que la torture : ils craignaient d'exposer la société à un vrai danger, en faisant connaître aux criminels l'abolition de ces puissants moyens de répression (1).

Dans le duché de Bade et en Prusse, les chambres reçurent, immédiatement après la suppression des peines corporelles, des pétitions qui en demandaient le rétablissement. La voix du bien triompha : la torture, les peines corporelles ne furent pas rétablies, et l'on ne vit pas naître les dangers qu'on redoutait. Cette tentative de réaction fut sévèrement jugée par l'opinion publique. La suppression de la peine de mort aura les mêmes suites. Aux arguments énoncés dans le paragraphe précédent, et surtout à l'argu-

(1) Nous avons plus haut rapporté que l'empereur Joseph avait résolu de ne laisser exécuter aucune condamnation à mort, et qu'il tenait cette résolution cachée. Le roi Maximilien de Bavière, cédant aux instances de Feuerbach, abolit la torture en 1806; mais il défendit de publier cette décision dans le journal officiel; il se borna à la faire connaître aux cours de justice.

ment tiré, au § 1er, de l'idée de justice et du droit de représailles, il suffit d'opposer tout ce qui a été dit, au § 5, sur le principe de la pénalité. Nous avons expliqué comment l'idée de justice est prise, par ses partisans eux-mêmes, dans les sens les plus différents, et comme elle repose fréquemment sur une phraséologie pure et sur des hypothèses.

Un homme animé de l'esprit chrétien, Vogt (1), qui admet la légitimité de la peine de mort, a raison de parler du talion comme d'une idée contraire au christianisme et née, dans un temps barbare, d'un mélange du mosaïsme avec le christianisme. Quand la peine de mort qualifiée disparut des codes, des écrivains prétendirent qu'on portait atteinte au principe d'égalité, puisqu'on allait voir des assassins de la pire espèce, tels que les parricides, ne pas subir un genre de mort plus terrible que celui des assassins ordinaires. Ces idées impies se rattachaient à la théorie du talion. Oublie-t-on que les défenseurs de cette théorie prennent eux-mêmes l'égalité non pas dans le sens littéral, mais dans le sens intellectuel du mot? Elle est pour Kant, par exemple, dans la manière de sentir du criminel, et pour Hégel, dans l'équivalence de la peine. On voit bien vite qu'avec ces théories, le droit pénal repose sur l'arbitraire (2). Comment prétendre que la peine de mort, suivant la théorie du talion, soit pour l'assassinat une peine véritablement égale au crime? Il existe une différence considérable entre le meurtre commis avec préméditation et le meurtre commis sans préméditation, le meurtre provoqué par des violences préméditées et le meurtre commis par méchanceté ou colère, et l'on cherche quels sont les cas où la théorie de l'égalité voit dans la peine de mort une nécessité de justice absolue. Tout est purement arbitraire dans cette théorie ; elle n'autorise jamais la grâce d'un assassin, pour ne pas contrarier l'idée exacte de la justice.

La seconde théorie, qui cherche la légitimité de la peine de mort dans le sentiment populaire, n'est pas moins arbitraire ;

---

(1) Dans son travail sur l'*Existence des pauvres*, IIe vol. p. 128.
(2) *Voir* les bonnes observations de Berner dans son travail sur la *Suppression de la peine de mort*, p. 8.

elle prête au peuple la théorie savante du talion. Est-ce bien juger le sentiment populaire? Ne donne-t-on pas une bien mauvaise idée du peuple en le montrant satisfait, comme le sont quelques indivi - dus grossiers et insouciants, par le terrible spectacle d'une exécu- tion? On paraît oublier complétement que le jour d'une exécution est un jour de grand deuil pour une personne humaine, et l'atti- tude du peuple toscan, dont nous avons parlé à la note 3, § 4, p. 46, au moment d'une exécution, est l'expression d'un sentiment moral. Une partialité déplorable pourrait seule faire voir au législateur , dans les emportements de quelques hommes grossiers et ignorants, une manifestation du sentiment populaire (1). La peine de mort de- meura supprimée plusieurs années de suite dans plusieurs États de l'Allemagne : les hommes éclairés ne demandèrent pas son réta- blissement. Dans les duchés d'Oldenbourg et de Nassau, la peine n'existe plus depuis 1849, et des témoignages officiels prouvent que l'opinion publique n'en réclame pas le rétablissement. Au lieu de résister avec force aux grossiers emportements de la foule, de l'éclairer sur le but véritable de la peine, de recueillir, comme en Angleterre, le résultat des enquêtes dirigées avec le plus grand soin par les hommes les plus compétents, plutôt que le témoignage partial de quelques fonctionnaires, certains législateurs ont tout simplement rétabli la peine de mort (2). Il semble que la vieille idée de la vengeance appelée par le crime règne encore. Plus bas, nous examinerons si les inconvénients de la peine de mort dispa- raissent dès que son exécution n'a pas lieu en public.

La théorie de l'expiation du crime par la peine de mort est réfutée par l'ensemble des raisons exposées au § 5. Veut-on soutenir que la peine de mort est une satisfaction donnée à la société, et qu'elle est, aux yeux du peuple, la juste expiation de l'assassinat, on re- vient à la théorie déguisée du talion, et l'on érige le sentiment de la vengeance en principe. Il est surprenant d'entendre des hommes

(1) On peut lire encore avec fruit Berner sur ce point, p. 10 de sa publication.

(2) La nécessité de la peine de mort aurait dû être prouvée par ceux qui l'affirmaient, d'après une prétendue expérience.

éclairés parler encore de l'expiation par la peine de mort, oubliant qu'ils se prononcent ainsi contre le but véritable de la peine, l'amélioration du condamné. Le meilleur acte de réparation envers la société n'est-il pas dans l'établissement d'un régime pénitentiaire capable de corriger les criminels? Les plus endurcis peuvent s'amender, nous l'avons montré plus haut; la théorie de l'expiation par la peine de mort est donc sans fondement. Veut-on prétendre que le condamné à mort voit dans l'exécution de sa peine un moyen d'expiation, c'est montrer qu'on n'a jamais observé un criminel dans ses derniers moments, ni entendu des aumôniers de prisons expérimentés : on saurait, sans cela, que la plupart des condamnés sont complétement anéantis à la nouvelle d'une exécution prochaine. Dans le désespoir, ils saisissent avec avidité les consolations que leur offre un ecclésiastique, et répètent que la mort est l'expiation de leur crime, mais ils ne savent ce qu'ils disent (1). Que devient la théorie de l'expiation vantant la résignation qui donne au condamné la paix intérieure, quand on exécute un condamné qui, loin de se repentir, éclate en malédictions et engage une lutte avec l'exécuteur? Le coupable n'a qu'une manière d'expier son crime, c'est de s'amender et de se réconcilier avec la société par une conduite exemplaire et par de bonnes actions.

Les raisons énoncées sous les numéros 4 et 5 reposent sur de pures hypothèses. Rien ne prouve qu'aucune peine, même celle de la détention perpétuelle, ne donne à la société autant de sécurité que la peine de mort. Cette peine a-t-elle seule le pouvoir de prévenir les crimes ? c'est une question qui, souvent examinée, revient ici. On ne saurait prétendre qu'il n'y ait pas des hommes que la crainte de la peine de mort éloigne de grands crimes; mais il est prouvé, comme nous l'avons dit au § 5, par le témoignage d'hommes expérimentés, que la peine n'a pas, d'ordinaire, cette puissance d'intimidation. Certains criminels disent, il est vrai,

(1) Ce mot d'expiation n'existe pas dans le langage populaire du sud ou du nord de l'Allemagne. Un examen attentif de son origine ferait voir que cette expression ne se trouve que dans la bouche du ministre de la religion qui assiste et console le condamné dans ses derniers moments.

qu'ils n'auraient pas commis de crime, s'ils avaient su qu'ils encouraient la peine de mort; mais cette déclaration n'est souvent qu'une ruse employée par eux pour obtenir du souverain leur grâce (1). Un fait décisif, c'est que, dans les pays où la peine de mort a été supprimée, on n'a pas vu s'augmenter le nombre des crimes antérieurement punis de mort, et si même il est vrai que la crainte de cette peine ait éloigné quelques individus du crime, ce n'est pas une raison pour la maintenir, pour peu qu'il soit démontré qu'elle a de graves inconvénients, et que les plus grands criminels peuvent s'amender. Quant à ceux qui prétendent qu'on peut faire valoir contre toute espèce de pénalité les arguments dirigés contre la peine de mort, ils oublient que cette peine est mauvaise par ce qui la distingue des autres : elle rend impossible l'amélioration du condamné, et ne laisse aucun moyen de réparer une condamnation injuste (2).

Une autre raison, énoncée au n° 7, c'est qu'en substituant la prison perpétuelle à la peine de mort, on arrive à infliger la même peine aux crimes les plus différents; mais, pour éviter cet inconvénient, il suffit d'appliquer absolument la prison perpétuelle aux crimes punis de mort jusqu'à présent, et d'en faire pour d'autres crimes un maximum de la peine réservé à des criminels convaincus d'un crime aussi grave que l'assassinat (3). Enfin la crainte

(1) L'auteur se rappelle qu'un accusé, plein d'hypocrisie, fit cette déclaration pendant les débats et après sa condamnation, et qu'elle lui valut sa grâce.

(2) Un défenseur de la peine soutenait tout récemment encore que le mal fait par la prison à la santé d'un condamné innocent est également irréparable; mais cet inconvénient n'existe qu'avec un mauvais régime pénitentiaire; on le prévient par une bonne organisation des prisons.

(3) On fait valoir que tel homme qui commet un acte de brigandage irait plus facilement jusqu'à l'assassinat, s'il n'avait à craindre d'autre peine que celle des travaux forcés à perpétuité. Mais on suppose à tort que le criminel examine de sang-froid les avantages et les inconvénients du crime qu'il va commettre. L'expérience prouve qu'il n'en est pas ainsi. Veut-on prétendre encore qu'après l'abolition de la peine de mort, un condamné, sortant de la prison où il devait rester à perpétuité, commettra facilement un assassinat, sachant qu'il encourt seulement la prison perpétuelle? Mais cette crainte s'évanouit avec une bonne organisation du régime pénitentiaire qui rende impossible l'évasion d'un condamné, ou s'il s'agit d'un con-

de voir un individu, déjà condamné pour assassinat, commettre sans scrupule, dans sa prison, un nouvel assassinat qui ne l'expose pas à la peine de mort, ne résiste pas à une discussion sérieuse (1).

C'est à tort qu'on prétend, au n° 8, que l'Etat a le droit de demander aux citoyens le sacrifice de leur vie dans l'intérêt de la justice, comme il le demande aux soldats, pendant la guerre, pour la défense de la patrie ; ces deux cas n'ont aucun rapport entre eux. Pendant la guerre, le salut de la patrie impose à chaque citoyen le sacrifice de sa vie ; mais le criminel ne met pas en péril l'existence de l'État.

Un État abolissant la peine de mort n'a pas à craindre, comme il est dit au n° 9, d'être infesté par les criminels des États voisins. Ils ne vont pas chercher pour théâtre de leurs crimes un État où la peine de mort n'existe plus. Ce genre d'immigration n'est connu ni en Toscane, ni dans le duché d'Oldenbourg, ni dans celui de Nassau, malgré l'abolition de la peine capitale. Un habitant de la Prusse aurait-il jamais l'idée d'attirer sa femme dans le duché d'Oldenbourg, pour l'assassiner dans un pays où il n'ait pas à craindre la peine de mort ?

Il serait temps enfin de ne plus invoquer, comme on le fait sous le n° 9, l'autorité de la Bible en faveur de la peine de mort. Le droit mosaïque n'a rien d'obligatoire dans l'état présent de la législation (2). Pour s'y conformer, il faudrait condamner à mort l'homme qui travaille le dimanche (3). Quand Moïse s'appuie sur

damné qui doit sa liberté à la grâce, on lui inflige la peine qu'il aurait subie s'il avait commis antérieurement un assassinat.

(1) En Amérique, on fit valoir cette raison à la suite d'un assassinat commis par un condamné sur le directeur, et par un autre condamné sur un gardien du pénitencier de Boston. On répondit avec raison que ces crimes étaient dus à un égarement de l'intelligence. (Discussion remarquable à ce sujet dans le *Report of the trial of Abner Rogers*; Boston, 1844.) Rogers avait tué son gardien de prison, mais il était aliéné, et on l'acquitta. Le crime était la faute du médecin, qui surveillait mal ses malades, ou du régime trop rigoureux de la prison, ou de la pratique mauvaise qui faisait d'un condamné un espion.

(2) Turner a victorieusement démontré, dans les *Memoirs of the Manchester literary society*, vol. ii, p. 309, l'impossibilité d'appuyer la loi moderne sur la loi mosaïque.

(3) Dans le ii° livre de Moïse, chapitre xxi, verset 28, on trouve cette prescription. Mais d'habiles exégistes ont montré que le passage bien connu de la Bible sur l'effusion du sang ne touche en rien à la peine de mort.

la volonté divine pour infliger au coupable la peine de mort, il procède comme les législateurs de l'antiquité, toujours disposés à donner pour appui à leur propre autorité l'autorité divine. Il ne faut pas prendre les faits historiques développés dans l'Ancien Testament pour des lois émanées de la Divinité (1). Dans le Nouveau Testament, on parle du glaive ; ce n'est qu'une figure exprimant le droit de punir qui appartient à l'État (2). Que ne fait-on attention aux passages contraires à la peine de mort, par exemple à la parabole de la femme adultère (3) ? L'Église chrétienne répudie cette peine, en s'attachant à l'idée de l'amélioration du coupable (4). Les théologiens les plus éminents (5) combattent la peine de mort ; les ministres de la religion catholique et de la religion protestante se sont prononcés contre elle dans la chambre de Wurtemberg (6). Dira-t-on que la légitimité de la peine de mort, en temps de guerre et sur la mer, a été reconnue par les constitutions allemandes ? Nous répondrons avec nos propres souvenirs qu'il y eut, dans l'assemblée de Francfort, une grande divergence d'opinions sur la nature du droit de la guerre ; la majorité n'avait en vue que la guerre avec l'ennemi du dehors. La nécessité donne droit de condamner à mort le soldat qui passe à l'ennemi avant la bataille, se rend coupable de trahison ou d'espionnage ; d'ailleurs la peine de l'emprisonnement est, dans ce cas, impraticable (7). On peut admettre encore que l'état de guerre, légalement proclamé à l'intérieur d'un pays, donne le droit de tuer

(1) *V.* un bon passage dans les *Phillips vacation thoughts*, p. 47-53 ; *Winslow in the journal of psychological medecine*, 1856, p. LXXXI ; Albini, *Della pena di morte*, p. 39 ; Schlatter, *Illégitimité de la peine de mort*, p. 12.

(2) Trummer, *le Droit pénal envisagé au point de vue chrétien*, p. 17.

(3) Schlatter, p. 74.

(4) *Voir* plus haut, p. 6-8.

(5) *Voir* les *Prédications de Schleiermacher*, IIIe vol., p. 512. Arnold, édition récente de Laemert Diakon, p. 311.

(6) Pahl, Jaumann, Kapf, Kœstlin, Pflauz, surtout Berner, *Abolition de la peine de mort*, p. 6. Nous prions le lecteur de se rappeler une discussion remarquable qui eut lieu à Otohaïti en 1825. *Phillips thoughts*, p. 61. La peine de mort fut abolie ; mais on rechercha d'abord avec beaucoup de soin si elle n'était pas prescrite par la Bible.

(7) Ainsi le code militaire d'Oldenbourg, promulgué le 7 septembre 1861, punit de mort certains crimes commis par les militaires (art. 45, 49 et 58), et pourtant la peine mort est abolie dans ce pays ; mais le plus souvent cette peine n'est pas prescrite d'une manière absolue.

ceux qui s'opposent, les armes à la main, au rétablissement de l'ordre ; mais ce droit ne survit pas à l'état de guerre, et la peine de mort contre les prisonniers est illégitime (1).

(1) Mon article dans les *Archives du droit criminel,* 1849, p. 67.

XVI.

Des recherches et des expériences favorables à la suppression de la peine de mort.

Il y a trente ans, la plupart des législations appliquaient la peine de mort à des crimes qu'aucun législateur ne songe à punir aussi cruellement, et nous rougissons de la barbarie des lois qui conduisaient tant de milliers d'hommes à l'échafaud. N'est-ce pas une forte présomption contre le maintien de la peine de mort (1)?

Il se présente chaque jour de nouveaux sujets de graves réflexions sur cette matière. Nous trouvons parmi les adversaires de la peine de mort, non pas de purs théoriciens jugeant le monde dans leur cabinet avec leurs préjugés, des ennemis de l'ordre social prêts à le renverser, ou cherchant dans l'abolition de la peine de mort un moyen de s'y soustraire eux et leurs partisans, mais les hommes les plus éminents de tous les pays appliqués à l'amélioration de la loi pénale et à celle du régime pénitentiaire, comme en Angleterre (2). Récemment, en Bavière, deux hommes d'une grande autorité et d'une grande expérience (3), en Prusse, un homme aussi distingué par son rang et par son savoir

(1) Bonnes réflexions dans Ambrosoli, *sul Codice penale italiano*, p. 31.
(2) Nous avons cité plus haut, p. 22, parmi les hommes qui ne croient pas à la nécessité de la peine de mort, les praticiens les plus éminents de l'Angleterre, même des magistrats de la Cour suprême. (*Voir* plus haut, p. 22, note 2.)
(3) Le comte Reigersberg, le dernier président de la cour suprême de l'empire germanique, longtemps ministre de la justice en Bavière, et Arnold, longtemps président de la cour d'appel.

que par son expérience (1), se sont prononcés contre la peine de mort, et le lord chancelier d'Irlande a déclaré au congrès que la sainteté de la vie humaine est de mieux en mieux comprise et que le législateur commet un crime én maintenant, sans nécessité, la peine de mort (2). L'histoire enseigne (par. 1er) qu'elle était réputée légitime dans l'antiquité par trois raisons différentes : 1° elle était prescrite par la volonté divine comme un moyen d'expier les crimes qui l'avaient offensée ; 2° elle s'appuyait sur l'idée du talion, puisée dans le droit de la vengeance ; 3° on croyait à la nécessité et à la toute-puissance de l'intimidation pour prévenir les crimes.

L'antiquité a légué ces théories aux peuples germaniques, mais l'histoire enseigne aussi qu'elles ne survivent pas à un état de civilisation où le législateur respecte un être moral dans l'homme. L'histoire témoigne également de la puissante influence du christianisme ; c'est lui qui a répandu l'idée sublime d'un Dieu d'amour ; ce Dieu ne veut pas la mort du pécheur, il recommande au législateur l'amélioration du coupable comme un devoir essentiel. Il est scientifiquement démontré (par. 5) qu'aucune théorie de droit pénal n'a établi la légitimité de la peine de mort ; cette pénalité n'a donc aucun point d'appui dans la science. On l'a défendue dans les assemblées législatives par les raisons les plus futiles et, en désespoir de cause, par le droit de la nécessité. On voit par là comme elle est difficile à défendre ; elle est, au contraire, de plus en plus énergiquement attaquée. Chaque année décroît le nombre des crimes punis de mort, et s'augmente celui des condamnés qui obtiennent leur grâce (parag. 8). L'expérience nous montre aussi d'ordinaire le nombre des grands crimes croissant dans les pays où la peine de mort est prodiguée, et non dans ceux où elle est supprimée ou limitée. On ne peut, il est vrai, admettre un grand nombre des arguments donnés par les écrivains contre elle, et on

(1) Le président du tribunal supérieur, M. Borneman, jurisconsulte aussi remarquable par son savoir que par son expérience, dans le *Bulletin du ministère de la justice,* 1848, p. 253.

(2) Il exprima cette opinion en 1858, au congrès de Glasgow. Voir les *transactions of the national society for promoting social science,* 1858, p. 49.

a raison de les combattre. Soutenir, par exemple, que les hommes entrant dans l'état social ne pouvaient ou ne voulaient donner à l'État aucun droit sur leur existence, c'est admettre l'idée fausse d'un état de nature et d'un contrat social. Il ne suffit pas non plus de montrer que la peine de mort a quelques inconvénients pour en prouver l'illégitimité (1).

Il faut ramener la question à deux points de vue essentiels : 1° la peine est-elle légitime? 2° est-elle utile ? Ces deux ordres d'idées diffèrent, il est vrai, mais ils ont des points de contact. Ainsi la peine cesse d'être légitime dès qu'elle cesse d'être nécessaire, et qu'au lieu de produire l'effet voulu, elle a de nombreux inconvénients.

I. Pour décider si la peine est légitime, il faut rechercher : 1° si elle est conforme à la nature et au but de la loi pénale; 2° si elle remplit les conditions qui rendent une pénalité admissible.

1° Nous posons en principe l'illégitimité de l'action pénale qui, dépassant les limites de ce monde, envahit le domaine de la Providence, et prétend accomplir la volonté divine. Le législateur qui a recours à la peine de mort, usurpe le pouvoir de Dieu, seul maître de la vie humaine; il ôte à l'homme la faculté de s'améliorer et de se rendre, par un repentir sincère, digne de la vie céleste ; il confisque des droits qui appartiennent non pas au citoyen, mais à l'homme. Veut-on dire que l'État, protecteur du droit des citoyens, peut, en définitive, priver de la protection légale tout citoyen qui commet par un grand crime un attentat contre l'ordre social? Il y a loin de là au pouvoir de tuer un homme (2). Le législateur aurait peut-être, comme dans l'antiquité, le droit de mettre le criminel hors la loi, de le chasser du milieu social, ou, comme dans la loi germanique, le droit de traiter le criminel en proscrit privé de la protection légale; mais on n'arrive pas même de cette manière à prouver la légitimité de la peine de mort. Un tel

(1) Ces erreurs sont réfutées dans Albini, *Della pena di morte*, p. 18; Bœresco, p. 348; Ortolan, *Éléments*, p. 605; Best, dans les *Papers of the juridical society*, p. 401; Gabelli, dans le *Monitore dei tribunali*, 1861, p. 227.

(2) *Voir* une bonne démonstration de ce point dans Poletti, *Diritto di punire e la tutela penale*, p. 336.

système est bon tout au plus pour un peuple encore peu civilisé, mais antipathique à l'état présent de la société. Cette peine est surtout contraire au but véritable de la pénalité, à l'égard d'un criminel qui donne, non pas dans ses dernières heures de désespoir après la condamnation, mais immédiatement après son crime, des preuves incontestables de son repentir et de son amélioration. L'heure du crime est assez fréquemment le point de départ d'un changement dans l'état moral du criminel : le crime lui montre à découvert l'abîme où ses mauvaises habitudes l'ont entraîné (1). Quoi de plus contraire encore au but de la peine que son application faite à des jeunes gens qui ont à peine dépassé l'âge où la responsabilité légale est complète ? Un mineur est relevé de l'obligation commerciale qu'il vient de contracter, mais s'il commet un crime, on le renvoie au bon Dieu comme une lettre de charge protestée (2).

2° La légitimité de la peine de mort a contre elle aussi le christianisme (3). Nos États, qui se vantent si souvent d'être des États chrétiens, pourraient difficilement concilier l'usage de cette peine avec les nobles enseignements des Pères de l'Église, avec les prédications du Christ lui-même et avec la doctrine de l'Église, suivant laquelle Dieu, loin de vouloir la mort du pécheur, ordonne au législateur de travailler à l'amélioration du criminel.

3° Une peine doit, pour être légitime, répondre exactement à l'idée de justice ; il faut surtout qu'elle soit nécessaire. Des peines sévères, qui peuvent être remplacées par des peines moins sévères

(1) Une femme, maltraitée par son mari adonné à l'ivrognerie, était dans un état d'irritation qui l'avait rendue malade ; elle se décida à l'assassiner ; mais, le crime une fois consommé, elle en eut un profond repentir. Les efforts d'un honorable ecclésiastique eurent sur elle, pendant l'instruction, qui dura deux ans, une influence décisive ; elle s'amenda complétement ; elle fut néanmoins, au bout de deux années, condamnée à mort et exécutée.

(2) Les législations qui fixent, comme celles de la France, de la Prusse, à 16 ans l'âge du discernement où la responsablité pénale devient complète, permettent de condamner à mort un jeune homme qui a quelques jours de plus que 16 ans. En Bavière, de 1850-51 à 1853-54, cinq personnes âgées de moins de 20 ans furent condamnées à mort, et trois d'entre elles exécutées.

(3) *Voir* plus haut, par. 1, p. 7 et 8.

également efficaces, cessent d'être légitimes. Il en est ainsi de la peine de mort. On a cité plus haut beaucoup de grands criminels si bien transformés dans leur prison qu'on a pu leur accorder leur grâce entière sans aucun danger pour la société, et leur conduite après leur mise en liberté n'a pas cessé d'être pleinement satisfaisante. Quelques-uns, se dévouant dans la prison au soin des malades, ont su se rendre utiles à l'humanité (1). Il est encore certain qu'on ne doit pas même désespérer de l'amélioration du criminel dont le retour heureux vers le bien se fait longtemps attendre. Dès lors, comment soutenir la nécessité de la peine de mort? Ne vaut-il mieux travailler à l'amélioration du criminel dans sa prison , et le rendre capable de se réconcilier avec la société par le bien qu'il peut faire?

4° Une autre considération contre la nécessité de la peine de mort, c'est que la condamnation du criminel à la prison est plus conforme à l'intérêt social. Une peine est surtout efficace quand elle est certaine : la crainte de la subir certainement fait reculer devant le crime un homme disposé à le commettre. L'expérience démontre que le criminel a toujours l'espoir d'échapper à la peine de mort plutôt qu'à toute autre peine, soit devant le tribunal, soit par la grâce accordée à un nombre toujours croissant de condamnés. Au contraire, le criminel qui encourt la prison perpétuelle n'a pas l'espoir d'échapper à cette peine; la découverte de son crime et sa condamnation sont certaines, et il n'y a pas de grâce pour lui. L'émotion produite souvent par une condamnation à mort n'a plus de raison d'être, et le souverain n'a plus le devoir pénible de statuer sur l'exécution d'une sentence capitale. Aussi des Anglais d'une grande expérience veulent-ils qu'on remplace la peine de

---

(1) Un individu condamné pour vol et assassinat avait mérité sa grâce par une conduite exemplaire pendant une longue suite d'années. Il la refusa, en priant qu'on l'employât dans la prison aux travaux les plus durs. A l'époque du choléra, un grand nombre des gardiens fut emporté par la maladie ou gravement malade ; ce fut lui qui se chargea, avec le plus grand dévoûment, du soin des prisonniers malades, et il en préserva plusieurs de la mort. Niemeyer signale, dans son *Traité de pathologie spéciale*, 1861, II° vol., p. 561, un assassin, condamné à 20 ans de prison, pour le zèle avec lequel il soignait des malades atteints du typhus.

mort par celle de la prison perpétuelle (1), qui vaut mieux pour prévenir les crimes.

5° Une pénalité n'est légitime qu'à la condition de ne pas produire un mal irréparable, en frappant, par la plus déplorable des erreurs, un homme innocent. Nous avons prouvé, au § 11, que souvent des hommes innocents sont condamnés à mort et exécutés ; et puisqu'on ne peut malheureusement rappeler à la vie les victimes de l'erreur, la peine de mort n'est-elle pas injustifiable? La crainte de frapper l'innocent doit préoccuper le juge et fortement inquiéter le souverain qui dispense les grâces. Il n'y a pas longtemps, en Belgique, à Mons, on jugeait des criminels coupables de crimes pour lesquels on avait précédemment exécuté deux autres personnes vraisemblablement innocentes : aussi les jurés, redoutant l'application de la peine de mort même aux nouveaux condamnés, demandèrent-ils qu'aucun d'eux ne fût exécuté. L'émotion produite par cette affaire fit réclamer de tous côtés l'abolition de la peine de mort (2).

II. L'utilité de la peine de mort est aussi bien contestable. Une règle importante pour le législateur, en matière criminelle, c'est de ne faire usage d'aucune pénalité qui n'ait l'approbation de la majorité des hommes élevés par l'esprit et le caractère ; sans cela, les décisions judiciaires n'ont aucune autorité morale, et le gouvernement ne fait que des mécontents. Un de nos premiers criminalistes (3) a dit, avec raison, que le maintien de la peine de mort se comprend seulement dans les pays où l'opinion publique la supporte ou la réclame. Il faut donc interroger l'opinion d'un grand nombre d'hommes éclairés, et ne pas tenir compte des préjugés d'une foule grossière, stupide et amoureuse d'un spectacle terrible. Une autre règle importante, c'est de ne faire usage

(1) C'est l'opinion de magistrats haut placés et pleins d'expérience en Angleterre et en Irlande : ils l'ont exprimée d'une manière bien remarquable. Voir *Phillips thougts*, p. 150. Elle est reproduite dans le rapport présenté le 17 décembre 1860, par Webster, à la *Society for promoting the amendment of the law*.

(2) La cour de cassation n'a pas encore statué sur l'affaire ; aussi le roi n'a-t-il eu à prendre aucune décision relative à la grâce.

(3) Zachariæ, dans les *Archives du droit criminel*, 1856, p. 104.

d'aucune pénalité qui ait de sérieux inconvénients, de peur qu'il n'en résulte un mal supérieur au bien cherché dans l'établissement de la peine. Ainsi, relativement à la peine de mort, on reconnaît : 1° que le nombre de ceux qui révoquent en doute sa légitimité ou son utilité va toujours en croissant, et ce doute gagne toutes les classes de la société. A chaque exécution il s'élève un grand nombre de voix pour la réprouver, et l'autorité du gouvernement s'affaiblit par là même. Le législateur doit se préoccuper de l'émotion populaire qu'excite chaque nouvelle condamnation à mort, et qui a de graves inconvénients. Le législateur a donné satisfaction à l'opinion publique en abolissant des peines telles que la mutilation, les châtiments corporels et la peine de mort qualifiée ; il doit aussi tenir compte du nombre croissant des adversaires de la peine de mort.

2° L'expérience prouve (§ 9) que dans tous les pays la peine de mort a l'inconvénient d'affaiblir la répression ; souvent les témoins, les juges et les jurés rivalisent d'efforts pour écarter la peine de mort si le verdict de culpabilité doit l'entraîner. Ainsi, plus d'un coupable a échappé à la peine de son crime, parce qu'il n'y en avait pas d'autre que la peine de mort, et les malfaiteurs, cessant de craindre cette peine, se décident facilement à commettre un crime. Les banquiers anglais furent heureusement inspirés en demandant d'un commun accord l'abolition de la peine de mort pour le crime de faux, après l'exécution d'un individu qui avait fabriqué de fausses banknotes : la peine de mort fut abolie, le nombre des crimes diminué, et leur espoir satisfait.

3° Les inconvénients de la peine de mort apparaissent encore dans son exécution. (*Voyez* § 10.) L'exécution peut ne pas réussir ; la peine est appliquée à une personne qui n'a plus conscience de son être, ou dont on a rétabli la santé, gravement atteinte, de manière à rendre l'exécution possible (1) ; l'attitude du criminel et l'ardeur de son repentir éveillent la pitié en sa faveur, ou bien le malheureux affirme son innocence avec une persistance qui fait

______

(1) Qu'une femme enceinte soit condamnée à mort, on retarde son exécution jusqu'à sa délivrance, mais elle reste, durant sa grossesse, dans les angoisses de sa mort : le législateur n'a pas songé au mal qui pouvait en résulter pour l'enfant.

regretter son exécution à bien des gens ; on exécute un homme pour un crime moins grave que ceux d'autres criminels graciés peu de temps auparavant : dans tous ces cas, la peine de mort fait tort à la justice pénale.

4° Les difficultés (§ 13) de l'exercice du droit de grâce (1) font aussi désirer la suppression de la peine : elle épargnerait un grand embarras au souverain, et préviendrait entre lui et le peuple, toujours occupé des précédents judiciaires, une divergence de vues nuisibles au respect du souverain et à la confiance dans sa justice.

5° Il est important de savoir si la peine de mort a un pouvoir d'intimidation, et si l'on n'expose pas, en la supprimant, la société à un grand danger. A cette question se rattache l'étude du mouvement de la criminalité dans les pays où la peine de mort est prononcée et exécutée et dans ceux où elle est partiellement ou totalement abolie. On aurait tort de nier le pouvoir d'intimidation que la peine de mort et son exécution exercent sur certains hommes ; mais ce ne sont là que des exceptions; l'expérience le prouve : la plupart ne craignent pas assez la peine de mort pour reculer devant le crime ; au moment de le commettre, ils ne songent pas à la peine; ils sont absorbés par d'autres sentiments , ou bien ils s'imaginent être assez habiles pour échapper à la peine. Nulle part son rétablissement ou son usage fréquent n'a diminué le nombre des grands crimes. Au contraire , son abolition partielle ou totale les a fait décroître, et il n'est pas vrai que, dans aucun pays, elle ait été suivie d'une recrudescence de la criminalité, ou tout au moins qu'elle l'ait provoquée.

En Toscane, où la peine de mort est supprimée en droit ou en fait depuis un siècle à peu près , une idée qui s'est fortifiée d'année en année, c'est que cette peine est une barbarie inutile et même dangereuse. La grande majorité des habitants est opposée à son rétablissement (2). Dans les États allemands qui l'avaient abolie

(1) On a souvent cité, depuis quelque temps, le beau passage de Shakespeare sur le droit de grâce ; mais pourquoi ne pas citer d'autres passages du grand poëte , où il dit : *Mercy is not itself, that oft looks so, pardon is still the nurse of second wo.*

(2) L'auteur vient de recevoir un travail important de trois hommes

en 1849, son rétablissement eut lieu à la suite de quelques grands crimes commis en 1850 et 1851 ; il est à regretter qu'on ne se soit pas inquiété de savoir si les auteurs de ces crimes avaient entendu parler de l'abolition de la peine de mort (1). Pour apercevoir qu'on ne devait pas à cette cause l'augmentation accidentelle du nombre des crimes, il suffisait aux législateurs de rechercher sincèrement la vérité, au lieu de s'acharner contre les institutions de 1848.

La Statistique de Quetelet établit qu'il se commet régulièrement chez tous les peuples un certain nombre de crimes déterminés, et ce nombre subit à peine quelques variations dans certaines années (2). Les exécutions capitales ne préviennent pas les crimes ; la curiosité, le désir de voir l'attitude du criminel, l'horreur du spectacle attirent la foule (3) ; elle oublie complétement qu'il s'accomplit un acte de justice. Il se commet souvent des vols pendant une exécution, ou même l'exécution est à peine achevée que de grands crimes désolent la contrée, et leurs auteurs avaient assisté à des exécutions : comment concilier ces faits avec l'opinion encore

éminents, Poggi, Marzucchi et d'Andreucci, qui expriment de nouveau cette opinion. Bonaini, un des historiens du droit les plus renommés, avait proposé à l'*Academia dei Georgofili*, de demander que la peine de mort ne fût pas écrite dans le code du royaume d'Italie. La proposition de Bonaini [fut soutenue par le rapport présenté le 6 octobre 1861, et dont il vient d'être parlé.

(1) En Amérique, dans le Rhode-Island, quelques années après l'abolition de la peine de mort, à la suite de plusieurs assassinats, on demanda le rétablissement de cette peine ; mais l'aumônier des prisons déclara que son abolition était ignorée des auteurs de ces crimes. Des hommes expérimentés ont affirmé à l'auteur de ce livre que dans les contrées de l'Allemagne où des assassinats furent commis de 1849-50, la classe de la population à laquelle appartenaient les criminels ignorait l'abolition de la peine de mort écrite dans la Constitution.

(2) Qu'on prenne la peine de comparer, pour le Wurtemberg, la statistique des années 1844-46, publiée dans les *Almanachs* de Memminger en 1846, II, p. I, à la statistique des années 1849-52, publiée par le même auteur en 1854, p. II, on verra que le nombre des accusations d'assassinat, d'infanticide, d'incendie, a peu varié. L'année 1852 est la seule où l'on compte 8 procès pour assassinat ; l'année 1846 n'en compte que 3 ; en 1847 leur nombre est de 5.

(3) Ne voyons-nous pas des personnes fort bien élevées se presser, autour d'un homme tombé d'un toit ou gravement blessé, par pure curiosité.

bien répandue sur l'intimidation qu'exerce une exécution capitale?
Ne voit-on pas (1), après une exécution, à Newgate, les enfants
s'amuser à la représenter? chacun a son rôle : l'un est le condamné, l'autre l'aumônier, le troisième le shériff, et le quatrième
le bourreau : n'y a-t-il pas là un terrible enseignement? Un éminent publiciste , M. Bérenger, cite d'autres faits dignes d'attention (2). Si les exécutions avaient pour effet la diminution de la
criminalité, on la verrait se produire dans les pays et aux époques
où la peine est prodiguée; au contraire, la statistique montre que
le nombre des grands crimes s'est accru dans les pays où les exécutions ont été terriblement multipliées à de certaines époques ;
on l'a vu décroître à d'autres époques où l'on n'exécutait aucune
condamnation à mort pendant plusieurs années de suite. Dans un
travail tout récemment publié en Belgique (3) contre la peine de
mort, on fait pour les différentes provinces de ce pays un rapproche-
ment entre le nombre des exécutions et celui des crimes. Dans deux
provinces, le Limbourg et le Luxembourg, une seule exécution a
eu lieu depuis 1830 ; à Liége il n'y en a pas eu depuis 1825. A
Liège, le nombre des crimes punis de mort est diminué de 13 pour
cent. De 1832 à 1835, on compte encore un accusé sur 66, 475,
personnes, et de 1850 à 1855, un sur 102,972. Dans le ressort de
la cour d'appel de Bruxelles, 25 exécutions ont eu lieu depuis 1832,
et le nombre des accusés s'est augmenté de 22 pour cent en 20
ans. Dans le ressort de Gand, le nombre des exécutions a été de
22, et celui des crimes s'est augmenté de 13 pour cent (4).

On comprendrait mal les explications et les données statistiques
que nous venons de présenter, si l'on voulait nous faire dire que

(1) *Phillips thoughti,* p. 84.

(2) Dans l'ouvrage *sur la Répression pénale,* p. 465-68, il fait remarquer, avec raison, que la vue d'une exécution a souvent excité un
homme à commettre un assassinat. Il dit, avec beaucoup de vérité :
c'est moins l'horreur du crime expié que les incidents du térrible
drame auquel on a assisté, qui deviennent le sujet des conversa-
tions. On oublie le crime, la juste peine qu'il a encourue, pour ne
plus songer qu'à la manière avec laquelle l'échafaud peut être affronté.

(3) Supplément au journal *la Meuse,* 15 février 1862.

(4) On devrait avoir les mêmes éléments de statistique pour les provinces des autres États.

le nombre des grands crimes s'augmente ou s'abaisse avec celui des exécutions. Nous voulons prouver seulement qu'une sévère application de la peine ne diminue pas généralement le nombre des crimes; elle tend plutôt à l'augmenter.

XVII.

Examen des moyens proposés pour écarter les inconvénients de la peine de mort, tout en la maintenant.

Il y a dans tous les pays un grand nombre d'hommes qui désirent ardémment la suppression de la peine de mort, mais ils en redoutent les inconvénients et les dangers pour l'ordre social. Ils cherchent des moyens légaux pour faire disparaître les inconvénients de la peine, tout en la maintenant.

Examinons ceux qu'ils proposent :

I. On a souvent répété que l'abolition de la peine de mort en matière politique est déjà un grand résultat. Nous avons dit plus haut qu'elle est consacrée législativement en France, en Suisse, en Portugal, et qu'elle vient d'être proposée dans le duché de Brême. C'est incontestablement un grand progrès que de restreindre ainsi l'application de la peine ; aucune législation ne peut méconnaître la différence entre les crimes politiques et les crimes ordinaires. En matière politique il est bien difficile de séparer les actes licites des actes punissables, et les hommes les plus honorables, les plus dévoués à leur patrie, peuvent, dans l'exercice de leurs droits politiques, être amenés à des actes punissables aux yeux d'un tyran. Un gouvernement indifférent sur les moyens pour arriver à ses fins fait valoir devant des tribunaux d'exception une prétendue raison d'État, et obtient la condamnation des hommes qui lui déplaisent ; il l'obtient même devant les tribunaux réguliers, par un choix habile de juges complaisants et de jurés tremblants. Qui ne sait qu'en France et en Angleterre, à l'époque de la révolution, des milliers d'hommes innocents périrent sur l'échafaud pour des crimes politiques? Le temps présent nous offre des exemples du même genre, et la postérité les jugera sévèrement. L'histoire nous montre qu'on trouve toujours un prétexte pour une condamnation en matière politique. Dans les temps de grande agitation politique, on rencontre des hommes qui, égarés par des chefs habiles ou cédant au noble désir d'améliorer l'État, peut-être même à l'espoir d'éviter par leur intervention des malheurs publics et de rétablir la légalité, prennent part au mouvement : à peine est-il comprimé, qu'ils tombent sous le coup d'une loi inexorable, dans un temps où les garanties d'une justice impartiale et modérée sont profondément entamées. Une considération importante encore en matière politique, c'est que deux partis plus ou moins ardents sont en présence. L'un d'eux, injustement hostile à toute innovation, est prêt à condamner tout homme qui travaille à un changement politique, et à tout mettre en œuvre pour obtenir la condamnation de ses adversaires : devant la justice, les témoins, appartenant à ce parti, sont dangereux par leur partialité et la violence de leurs passions. L'autre parti regarde au contraire tout effort dirigé vers un changement comme un devoir ; il a des idées fausses sur l'étendue des droits politiques. Cette rivalité des partis fait qu'il ne faut pas attendre une justice pénale régulière du parti appelé à juger l'autre ; les condamnés sont des martyrs pour l'un d'eux, et le gouvernement peut voir que les condamnations, surtout les condamnations à mort, irritent contre lui une grande partie du peuple, et rendent les peines odieuses. A ces temps d'agitation succède peu à peu le calme, et le gouvernement devient plus juste et plus doux ; il voit qu'on est allé trop loin et qu'on a prononcé des condamnations injustes ou trop rigoureuses.

On voudrait alors réparer les erreurs du passé et réconcilier les partis : on peut faire à ceux qui sont en prison la remise de leur peine, mais il est impossible de réparer, après une exécution capitale, les effets d'une injuste condamnation. On reconnaît ici que l'abolition de la peine de mort en matière politique est un grand progrès dont il faut se féliciter. Le gouvernement belge a montré, dans sa note du 20 janvier 1858, combien elle est légitime, en disant que les crimes politiques sont des actes dont la nature change suivant les temps et les gouvernements : un gouvernement les regarde comme des crimes, le suivant les récompense. On voit heureusement aussi en Allemagne s'augmenter le nombre des criminalistes importants (1) qui considèrent la peine de mort en matière politique comme injuste, inutile et mauvaise. Mais on aurait tort de croire que l'abolition de la peine de mort en matière politique ôte son importance à l'abolition complète de cette peine. D'abord, on distingue difficilement, dans bien des cas, les crimes politiques des crimes ordinaires (2) ; souvent un grand crime commis dans un intérêt privé prend les dehors d'un crime politique ; les motifs secrets du crime sont insaisissables. En France, depuis l'abolition de la peine de mort, prononcée en 1848, pour les crimes politiques, les tribunaux et les jurisconsultes ont été bien embarrassés, dans des cas graves, pour distinguer un crime politique d'un crime ordinaire, et, comme on l'a vu plus haut, la peine de mort a été appliquée en 1853 à certains crimes politiques. Dans tous les cas, n'a-t-on pas le droit d'invoquer contre un gouvernement défendant devant les chambres d'un pays la peine de mort comme une nécessité et une application du principe d'intimidation, toutes les raisons qui la font abolir en matière politique comme injuste et inutile (3) ?

II. Une opinion bien répandue de nos jours, c'est que le législateur satisfait à toutes les exigences de la justice en restreignant à l'assassinat l'application de la peine de mort. Nous avons vu qu'elle est ainsi limitée par la législation de la plupart des États de l'Amé-

(1) Zachariæ, dans les *Archives du droit criminel*, 1845, p. 277. Berner, *Abolition de la peine de mort*, p. 33.

(2) On trouve d'importantes considérations à ce sujet dans la publication de Guizot, citée plus haut, et dans un discours du duc Decazes à la chambre des pairs en 1832. *V.* Hélie, *Théorie du code pénal*, n° 964-84, avec les bons suppléments de Nypel dans sa nouvelle édition de l'ouvrage d'Hélie, vol. I, p. 361 ; et Bérenger, *De la répression pénale*, p. 9-11.

(3) Zachariæ soutient, dans l'article cité plus haut, l'illégitimité de la peine de mort en matière politique. La justice ne permet pas, suivant lui, d'ôter la vie à l'homme qui n'a fait que manquer à ses devoirs de citoyen. Cette considération nous paraît puissante contre la peine de mort.

rique du !Nord et par la législation proposée au duché de Brême. C'est là, certes, un grand progrès. Il est encore vrai que la peine de mort n'est exécutée que pour l'assassinat en règle générale, et même absolument dans certains pays, par exemple en Angleterre. L'abolition de la peine reste néanmoins une question importante, et, pour en douter, il faut ignorer l'histoire de la législation allemande, la vraie nature du crime d'assassinat, enfin l'effet des dispositions nouvelles de la loi pénale sur ce crime. L'histoire montre que dans les anciennes idées populaires, traduites par les langues germaniques, le mot *mord* exprimait un événement ou un acte extraordinaire ; de là viennent les mots (mordbrand, incendie, ou mordlàrm, bruit terrible), et l'on désignait encore ainsi un genre de meurtre déshonorant, infâme (1), inexcusable selon les idées populaires. Le législateur de la Caroline s'est rapporté au droit coutumier de son temps pour la distinction du meurtre et de l'assassinat, et n'a pas eu l'idée d'en donner une définition dans le texte de la loi. Plus tard, les législateurs ont indiqué certains *signes* distinctifs de l'assassinat pour désigner le genre de meurtre toujours punissable de mort. L'expérience prouve (2) que les définitions légales ne sont jamais assez précises pour ne pas induire en erreur le jury ; aussi voit-on souvent des condamnations à mort pour assassinats qui soulèvent la conscience publique. Le législateur prussien a, par le signe distinctif auquel il s'est arrêté, la préméditation, fait rendre des jugements injustes (3). La conscience publique devait être profondément blessée quand le législateur mettait les jurés dans la terrible nécessité de condamner à la peine de mort le survivant de deux individus qui avaient consenti à se donner la mort l'un à l'autre, et la sentence prononcée par le président (4) faisait éclater le mécontentement général contre la

---

(1) Osenbruggen, *Supplément à l'histoire du droit pénal en Suisse*, 1859, p. 12. Osenbruggen, *Droit pénal allemand*, p. 208, 216. Zœpfl, *Histoire du droit allemand*, p. 919. *Archives du droit pénal en Prusse*, II, p. 145.

(2) *Archives du droit pénal en Prusse*, V, p. 668 ; VIII, p. 194. Schwarze, dans la *Gerichtsaal*, 1859, p. 322.

(3) *Voir* les *Archives du droit pénal en Prusse*, VII, p. 303.

(4) *Archives du droit pénal en Prusse*, IX, p. 441.

législation et contre l'administration de la justice. Un meurtre se présente avec les circonstances les plus diverses, et souvent elles sont telles qu'elles amoindrissent fortement la culpabilité d'un individu poursuivi dans les termes de la loi pour assassinat. Aucun jurisconsulte ne saura trouver des termes exacts pour distinguer le meurtre de l'assassinat.

On s'est jadis imaginé de prendre pour signe caractéristique du meurtre le sentiment qui l'a provoqué : on peut distinguer théoriquement le sentiment de la passion ; mais cette distinction n'est guère facile dans la pratique. La diversité des mouvements de l'âme est presque imperceptible, et le législateur se rapproche de la vérité en ne donnant dans la loi que les caractères négatifs du meurtre. Un mari mécontent de la conduite équivoque de sa femme commence par l'avertir d'un ton affectueux : elle le brave, il s'emporte et la frappe ; elle lui répond par des actes de violence, il prend la résolution de la tuer : peut-on dire avec certitude quand l'âme a été envahie par la passion et quand est né l'assassinat (1)? Une femme est maltraitée par son mari pendant une série d'années; elle a des preuves certaines de son infidélité, et finit par vouloir se débarrasser de sa personne ; il continue à la persé-cuter ; elle prend enfin la résolution de le tuer, et l'exécute au moment où elle est en butte à de nouvelles violences : peut-on assimiler l'état moral de cette femme à celui d'un bandit payé pour attendre sa victime et l'assassiner? Aussi voit-on les cours de justice discuter longtemps si le crime est un meurtre ou un assassinat, et souvent elles décident à la majorité d'une voix que c'est un assassinat : en première instance on prononce fréquemment la peine de l'assassinat, et en seconde instance celle du meurtre (2). On est arrivé à reconnaître que le meurtre comporte des degrés de

(1) Ce fait est rapporté par les *Archives du droit pénal en Prusse*, II, p. 305.

(2) *Voir* les exemples remarquables rapportés par le *Bulletin du ministère de la justice en Prusse*, 1848, p. 251; par les *Archives du droit pénal en Prusse*, II, p. 301; v, p. 668; VII, p. 638; VIII, p. 65; par Schwarz, dans la *Gerichtsaal*, 1859, p. 323; les *Archives du droit criminel*, 1855, p. 36; le *Journal judiciaire d'Autriche*, 1854, p. 536; le *Journal judiciaire de la Saxe*, 1860, p. 241; Gross, *Revue de droit pénal*, IV, p. 482.

culpabilité infiniment nombreux, et qu'il serait très-souvent injuste de punir l'assassinat même de mort. Dans la pratique, la justice admet bien des degrés dans la perversité de l'intention ; on distingue deux classes d'assassinat, et la peine de mort n'existe que pour la première : la prison perpétuelle et la peine de mort sont alternativement applicables aux crimes les plus graves, selon l'appréciation des juges ; le législateur admet enfin les circonstances atténuantes en général, ou seulement en cas d'assassinat (1), pour écarter l'application de la peine de mort.

Nous venons de voir que la peine de mort, restreinte même à l'assassinat, a de très-graves inconvénients. Ce crime a des aspects infiniment variés, et s'il faut punir de mort tous les cas de meurtres que la classification légale réunit sous la dénomination d'assassinats, bien des condamnations à mort seront hors de proportion avec la gravité du crime. La mort d'un homme est-elle le résultat d'un meurtre ou d'un assassinat ? les juges et les jurés rendent là-dessus des jugements erronés et souvent arbitraires, ne pouvant discerner l'état de l'âme du coupable : un tiers peut-il facilement pénétrer dans l'intimité de ses pensées, de ses sentiments et de ses résolutions ? La nature particulière des faits non moins que le caractère et l'expérience des juges ont une grande influence sur leurs décisions.

Les erreurs judiciaires sont également à craindre : quand la justice interroge des médecins, dont l'avis est souvent décisif, il arrive, malgré les progrès incessants de la science, qu'en se prononçant même sur un assassinat, ils se trompent sans le vouloir, et induisent en erreur les jurés et les juges. Aussi des hommes innocents sont-ils souvent condamnés à mort pour assassinat, et ces condamnations causent une grave anxiété au prince appelé à exercer le droit de grâce. Il faut donc, avec un juge très-éminent de la Prusse, M. Bornemann (2), demander même pour l'assassinat la suppression de la peine de mort. Il faut également

____

(1) Par exemple, dans le code toscan, dans le nouveau code de la Suède.

(2) *Bulletin du ministère de la justice en Prusse*, 1848, p. 253.

reconnaître avec Berner (1) qu'en abolissant cette peine , on fait disparaître toutes les subtilités inventées par les législateurs en matière d'assassinat, et la législation tout entière sur le meurtre et sur l'assassinat devient plus facile à régler.

III. Une opinion qui s'est beaucoup répandue depuis quelque temps, c'est qu'en supprimant la publicité des exécutions, on fait disparaître la plus grande partie des objections dirigées contre la peine de mort ; on évite ainsi les scènes révoltantes auxquelles les exécutions publiques donnent souvent lieu, et on n'a plus à craindre qu'elles provoquent de nouveaux crimes. Elles ont lieu, suivant la législation de plusieurs États américains, dans l'intérieur des prisons ; il en est de même dans plusieurs États allemands. Le code pénal de la Bavière, promulgué le 10 novembre 1861, ordonne, dans son article 6, que la peine de mort soit exécutée, en présence d'une commission judiciaire et d'un fonctionnaire du ministère public, dans un lieu fermé. Il est certain qu'on évite ainsi quelques inconvénients ; mais on fait naître des difficultés ignorées des législateurs allemands. On sent encore ici l'insuffisance de nos travaux législatifs. En Angleterre, il y a longtemps déjà, le ministère chargea des hommes d'une grande expérience d'examiner cette question. Après des débats animés, le parlement maintint la publicité des exécutions. En 1856, une commission nommée par la chambre haute entendit un grand nombre d'hommes expérimentés, des shériffs, des directeurs , des aumôniers de prisons, des employés de la police , sur les inconvénients des exécutions publiques (2). Le rapport présenté par la commission contient des observations bien intéressantes: la majorité se prononça contre les exécutions publiques. Clay, aumônier de prison pendant 34 ans, déclara (3) à la commission que la publicité des exécutions est mauvaise, et qu'accomplies dans l'intérieur d'une prison, elles agissent bien plus fortement sur l'imagination de ceux qui n'y assistent pas, et même qu'elles les effrayent. Récemment, la société des juriscon-

(1) Berner, *Sur l'abolition de la peine de mort*, p. 40.
(2) Au sujet du rapport de la commission présenté le 17 juillet 1856, voir. les *Archives du droit criminel*, 1857, p. 18.
(3) Son opinion a été publiée dans le *Prison Chaplain*, p. 350.

sultes de Londres a demandé un rapport sur le mode d'exécution de la peine de mort, en même temps que sur le maintien de cette peine (1). On examine dans ce rapport les conclusions de la commission de 1856, et le rapporteur établit la nécessité de faire assister à des exécutions non publiques des témoins revêtus d'un caractère officiel et jouissant d'une grande confiance. C'est chose difficile. Tout bien considéré, le rapport arrive à reconnaître que la peine de l'emprisonnement à perpétuité, rigoureusement appliquée, a une action plus sûre et plus forte que la peine de mort. En Angleterre, l'opinion générale est, d'après le témoignage d'hommes bien informés, celui des inspecteurs de police, par exemple, conraire aux exécutions secrètes ; elles inspirent une certaine défiance au peuple. Pourquoi faut-il accomplir en secret le dernier et le plus grave des actes de la justice, quand tous les autres sont publics, et renoncer légèrement à l'intimidation produite par la publicité de l'exécution (2)? En Amérique, les exécutions sont publiques dans la plupart des États; elles le sont toujours pour les individus condamnés à mort par les tribunaux de l'Union, et même, dans les États où elles doivent être secrètes, elles ont plusieurs centaines de témoins (3). En Belgique et en Piémont, la publicité des exécutions a été l'objet de discussions étendues dans les chambres ; elle est prescrite dans les nouveaux codes de ces deux pays.

En France, des hommes éminents se sont prononcés contre cette publicité (4). En Bavière, elle a donné lieu récemment encore à des débats remarquables. Dans le projet de code soumis aux chambres

(1) *Society for promoting the amendment of the law.* Rapport de Webster du 17 décembre 1860.

(2) Parmi les témoins entendus par la commission de 1856, se trouvait un monsieur de Katte, employé à l'ambassade de Prusse. Il répondit à la commission qui lui demandait si, depuis la nouvelle organisation, le nombre des assassins était moindre : Oui, je le crois. Les jurisconsultes anglais blâmèrent avec raison une réponse aussi prompte, qui n'était appuyée d'aucune raison, d'aucun fait.

(3) Le *Journal of prison discipline*, Philadelphie, 1859, Juli, p. 11 , cite de terribles exécutions accomplies dans certains États.

(4) Surtout Bérenger, *De la répression pénale*, p. 466-471. Le gouvernement cherche à éviter les inconvénients de la publicité, en prescrivant qu'elles aient lieu le matin de très-bonne heure, et à l'insu du public.

en 1856, le gouvernement proposait de faire assister aux exécutions douze personnes désignées ; la commission de la seconde chambre se prononça pour la publicité, avec une restriction : c'était de n'y laisser assister que des hommes faits. Dans la chambre haute (1), les opinions furent bien divisées ; la publicité fut soutenue par certains de ses membres comme un moyen d'intimidation ; on vota à une faible majorité la publicité restreinte. Dans la discussion du projet de loi présenté en 1859, la commission de la chambre des députés accueillit favorablement la suppression complète de la publicité ; mais les commissions des deux chambres jugèrent bien difficile d'assurer par la présence de personnes désignées la régularité des exécutions ; elles furent d'avis qu'il serait trop dur d'en faire une obligation aux représentants de la municipalité, et l'art. 15 (2) de la loi décida que les personnes convoquées à une exécution ne seraient pas tenues d'y assister.

Nous arrivons, sur ce sujet, aux conclusions suivantes : 1° il n'est pas nécessaire d'assister à une exécution, mais il suffit de penser qu'elle a lieu pour éprouver une pénible émotion. Nous demandons à tout homme d'un caractère généreux, humain sans affectation de sensibilité, s'il n'est pas douloureusement ému quand il sait qu'une exécution a lieu dans la ville où il habite. 2° N'est-il pas également vrai que la peine de mort passait, depuis des siècles et d'après l'ancienne formule des jugements qui la prononçaient, pour être légitime parce qu'elle produisait l'intimidation ; mais, en renonçant à la publicité de l'exécution, le légis-

____

(1) *Discussions de la commission législative dans la chambre haute,* 1 vol., p. 96-106.

(2) Voici le texte de l'art. 15 : « La peine de mort sera exécutée au moyen de la décapitation, en présence d'une commission judiciaire et d'un fonctionnaire du ministère public. L'exécution a lieu dans un lieu fermé. L'autorité municipale de l'endroit convoque en outre vingt-quatre représentants de la commune ou d'autres citoyens honorables. Le commission judiciaire nomme des remplaçants pour les absents. Mais ni les personnes convoquées par l'autorité municipale, ni celles qui les remplacent, ne sont obligées de venir. Leur absence n'empêche pas l'exécution d'avoir lieu. Enfin un ou deux ministres du culte auquel appartient le condamné, et son défenseur, ont le droit d'assister à l'exécution. Le même droit peut être accordé à d'autres personnes pour des raisons particulières.

lateur avoue que la peine de mort n'a plus à ses yeux cette raison d'être, et qu'elle doit disparaître (1). 3° Une exécution secrète éveille plus ou moins de défiance dans l'esprit du peuple ; il ne comprend pas que l'acte le plus grave de la justice soit le seul accompli sans publicité (2). La défiance est plus grande encore quand l'exécution a lieu pour un crime politique. Un mal énorme pour le gouvernement, c'est une exécution secrète avec ces terribles péripéties que nous avons signalées plus haut, page 100, note 3. Comment empêcher absolument des actes d'un désespoir terrible, la lutte du condamné contre ses exécuteurs, ou des accidents qui font échouer une exécution? Le bruit de pareils événements se répand inévitablement; on les exagère et on en fait une arme contre le gouvernement. 4° La plus grande difficulté des exécutions faites sans publicité, c'est d'en garantir la régularité au peuple. En Amérique comme en Allemagne, on fait assister des témoins officiels à l'exécution (3). Faut-il y contraindre les personnes désignées par l'autorité municipale? Il serait bien injuste d'imposer ce singulier devoir aux citoyens, surtout à ceux dont cet abominable spectacle pourrait compromettre gravement la santé (4). Si nul n'est tenu , comme en Bavière, d'assister à l'exécution , nul n'y viendra ; plus un tel spectacle inspire d'horreur avec les progrès de la civilisation, plus il arrivera souvent qu'une exécution ait lieu sans témoins qui représentent le peuple; c'est évidemment un mal pour le gouvernement. On verra en Allemagne ce qu'on a vu à Florence (5), où le peuple manifesta son dégoût pour la peine de

(1) Cette idée est bien développée dans l'article de Winslow, publié par le *Journal of psychological medecine London*, 1858, p. LXXXI.

(2) Zachariæ fait observer, avec raison, dans les *Archives du droit criminel*, 1856, p. 103, que les témoins officiels inspirent au peuple de la défiance. La même opinion est exprimée par Berner, dans sa publication *Sur la peine de mort*, p. 13.

(3) En Angleterre, on proposa d'obliger les jurés qui avaient prononcé la condamnation d'assister à son exécution. Webster fait remarquer avec raison, dans son rapport cité plus haut, p. 148, que les jurés acquitteraient bien souvent l'accusé, pour échapper à la triste nécessité d'assister à un drame terrible.

(4) Berner, *Sur l'abolition de la peine de mort*, p. 13.

(5) Intéressantes réflexions de Bérenger à ce sujet, dans son livre de la *Répression pénale*, p. 41.

mort, en s'éloignant de toutes les rues traversées par le triste cortége du supplice. 5° L'exécution accomplie dans un lieu fermé a des inconvénients que n'a pas l'exécution publique ; néanmoins la suppression de la publicité fait disparaître quelques inconvénients de la peine de mort, mais elle laisse subsister les plus graves. C'est la peine elle-même qu'il faut abolir.

IV. On a encore proposé, pour empêcher la condamnation à mort d'un homme innocent, deux innovations. A. La première, c'est d'exiger l'unanimité des voix pour une condamnation à mort ; B, la seconde, c'est de prononcer la peine de l'emprisonnement perpétuel, au lieu de la peine de mort, toutes les fois que la preuve du crime ne repose que sur des indices. Nous ne pouvons accepter aucune de ces propositions.

A. La première fut adoptée pendant quelque temps par le grand-duc de Toscane, pour empêcher qu'il n'y eût des condamnations à mort, et la loi pénale (1) établie par le gouvernement anglais dans l'île de Malte prescrit aux juges de prononcer, quand le jury n'est pas unanime, au lieu de la peine de mort, celle de l'emprisonnement perpétuel ou temporaire, pourvu qu'il ne soit pas inférieur à douze années. Il est vrai que de telles prescriptions diminuent le nombre des condamnations à mort et rendent bien plus difficile l'exécution d'un homme innocent ; mais, sans compter que la pluralité ou l'unanimité des voix est subordonnée à des circonstances imprévues, l'expérience de l'Angleterre et de l'Amérique nous montre des innocents condamnés à l'unanimité des voix. Le législateur, en prescrivant cette unanimité pour l'application d'une peine déterminée, déclare qu'il cherche une garantie pour la certitude de la culpabilité, et il excite la défiance contre la justice des condamnations prononcées à une simple majorité.

B. La seconde règle indiquée plus haut fut récemment introduite dans toutes les législations de l'Allemagne, qui permettaient de prononcer une condamnation sur de simples indices , et maintenant encore elle existe dans le code dè procédure criminelle de l'Autriche. Mais la science reconnut bientôt que cette règle n'a-

______

(1) **Code du 10 mars 1854, art. 434.**

vait aucune valeur : elle était le fruit d'une ancienne théorie qui distinguait la preuve naturelle de la preuve par indices, et qui trouvait la seconde moins sûre que la première. La fausseté de cette théorie est généralement reconnue ; néanmoins la réflexion montre qu'il faut, pour obtenir une preuve par des indices et en juger la valeur, une opération de l'esprit particulière, et le ministère public, les défenseurs et les présidents doivent être bien prudents, s'ils veulent, én adoptant ce genre de preuves, éviter d'injustes condamnations. Nous avons reconnu plus haut combien est grande, dans des cas pareils, la responsabilité du souverain, auquel est dévolu le droit de grâce, et l'incertitude des jugements humains nous a fait voir là une nouvelle raison de supprimer la peine de mort. N'oublions pas que des innocents ont été condamnés d'après les fausses déclarations de témoins réputés irréprochables (1). Le législateur qui n'admet pas, comme en Autriche, une condamnation à mort sur de simples indices, montre que ce genre de preuves est bien trompeur et excite dans l'esprit du peuple de la défiance contre toutes les condamnations qui reposent sur cette base.

Les recherches que nous venons de faire nous montrent la science, la législation et l'expérience d'accord pour amener l'abolition prochaine de la peine de mort, un reste des vieux temps. Quand viendra-t-elle ? Il appartient à Dieu de le décider ; mais, dès qu'il est reconnu que cette peine n'est ni nécessaire ni utile, que son maintien a des inconvénients, elle doit disparaître, comme les feuilles tombent à l'automne. Il suffit d'amener la majorité des citoyens éclairés à penser que la peine de mort peut être remplacée par un système pénitentiaire bien ordonné et capable d'améliorer les plus grands criminels. Nous finissons en citant les paroles d'un homme d'État américain (2) dont le caractère et

(1) Dans le Hanovre, Ziegenmaier et Puze, dont il a été question plus haut, accusés d'un assassinat qu'ils n'avaient pas commis, furent déclarés coupables sur la foi d'un témoin irréprochable.

(2) *Adress of his excellency J. Andrew to the two branches of the legislature of Massachussetts. January,* 1862. Boston, 1862, p. 45.

l'expérience ont une égale autorité , le gouverneur de Massachussett (1) : il dit, au sujet de la peine de mort, dans son message officiel : Je déplore que la peine de mort soit encore écrite
dans le code du Massachussett, tandis qu'elle disparaît peu à peu
de toutes les législations civilisées ; elles reconnaissent son inutilité, ses dangers, la mauvaise influence qu'elle a sur les uns, et la
violente émotion qu'elle donne aux autres. Des années d'étude et
de méditation confirment la nécessité de la croyance à la nécessité
de retrancher cette peine du code des Etats civilisés. Elle peut
convenir à la procédure d'un état social encore barbare, où la justice est sauvage ; une violente nécessité, amenée quelquefois par les
lois de la guerre, l'introduit dans la loi; mais, dans un Etat comme
le nôtre, l'échafaud n'est qu'un terrible spectacle, qui soulève
l'imagination, poursuit dans ses rêves l'homme doué de sensibilité,
et n'est qu'un reste des temps barbares. Quant au criminel endurci,
il considère la peine de mort comme une sorte de maladie lointaine, par laquelle il paye à la nature un tribut inévitable (2).

(1) Nous avons rapporté plus haut, p. 31, l'opinion exprimée, dans
le message de l'année 1861, sur la peine de mort.

(2) D'après un projet de code pénal récent pour le Portugal, présenté en 1862, art. 165, 103, une femme ne peut pas être condamnée
à mort. Cette proposition s'explique par la statistique de toutes les
exécutions qui ont eu lieu depuis plusieurs siècles. On voit qu'il
faut remonter à l'année 1777 pour y trouver l'exécution d'une
femme. Un des criminalistes les plus distingués de la France, Bonneville de Marsangy, a traité cette question dans un livre ayant pour
titre : *Moralité comparée de la femme et de l'homme au double point de
vue de l'amélioration des lois pénales et des progrès de la civilisation.*
Lisbonne, 1861.

SUPPLÉMENTS. (1)

I.

Dernier état de la question, et le congrès des jurisconsultes.

Le maintien de la peine de mort est une des questions les plus graves de la législation pénale. On rattache le droit pénal à des principes différents, selon qu'on admet ou qu'on repousse la peine de mort. On a récemment entendu avec bonheur un ministre allemand, M. de Schmerling, à Vienne, déclarer qu'il avait rompu avec le principe de l'intimidation. Logiquement, cet homme d'État devait être un adversaire de la peine de mort.

De nos jours, une idée de plus en plus acceptée, c'est que l'amélioration du coupable est le principe de la pénalité ; malheureusement cette idée est encore bien obscure, et ses adversaires lui opposent la prétendue nécessité de la peine de mort. Avec l'abolition de cette peine disparaît le principe de l'intimidation, et la peine, en conservant le pouvoir de contrainte qui lui est inhérent, et l'assujettissement à la prison avec ses mille privations, doit tendre à l'amélioration du condamné. Tel est le vrai principe du droit pénal ; son application embrasse toutes les institutions pénales : l'organisation des établissements pénitentiaires, le choix des peines, l'abolition de celles qui s'opposent à l'amélioration du condamné ; et l'on voit ainsi disparaître cette malheureuse absence de principes qui règne même dans nos législations nouvelles, et qui, laissant subsister de vieilles institutions, prétend donner satisfaction à l'esprit nouveau par des demi-mesures.

L'abolition de la peine de mort amène avec elle la consécration d'une des règles fondamentales du droit pénal, la suppression des peines irrémissibles. L'emprisonnement perpétuel est encore inva-

(1) Publiés dans le *Journal du droit criminel d'Holzendorf*, 29 novembre et 6 décembre 1862.

riablement prescrit dans les législations pénales les plus récentes, au lieu de l'être comme un maximum ; s'il faut le maintenir (1), qu'on le réserve pour les cas de culpabilité les plus graves, en laissant aux condamnés, comme en Angleterre, l'espoir de la remise d'une partie de leur peine par une conduite exemplaire. Aussi longtemps que la peine de mort est écrite dans la loi, il est à moitié vrai seulement que les peines ne sont pas irrémissibles, car les législateurs rendent la peine de mort obligatoire pour certains crimes.

La peine de mort une fois supprimée, toute la gradation des peines d'emprisonnement est complétement changée. Tant que la peine de mort subsiste, le législateur est obligé de maintenir un système de pénalité sévère; il applique la peine de la prison perpétuelle, comme la plus voisine de la peine de mort, à des crimes graves sans être punissables de mort, et la gradation des peines va de 16 à 20 ans, et enfin de 10 à 5 ans de prison.

La peine de mort a été pour l'auteur, pendant cinquante années, un sujet de recherches et d'observations dont il a publié le résultat dans ce livre. L'auteur a toujours voulu la suppression de la peine de mort ; mais, il y a vingt ans, encore sous l'influence d'une théorie fausse de la justice, il n'osait attaquer la légitimité de cette peine ; il se bornait à rechercher si elle était nécessaire à tel ou tel État, et surtout à demander que l'application en fût bien restreinte. A l'âge où la présomption, la vanité et le désir de tout ramener à certaines formules s'évanouissent, où le but de l'existence est la poursuite de la vérité, l'auteur n'a songé qu'à donner à son œuvre un but pratique. Il n'a jamais voulu arriver à l'abolition de la peine de mort, en excitant contre elle les âmes sensibles. Un écrivain a parfaitement démontré, il y a quelque temps, dans un travail remarquable dont il sera

.

(1) L'auteur de cet article s'est élevé déjà en 1836, dans la *Revue de législation*, vol. VI, p. 31, 96, 270, contre la peine de la prison perpétuelle. Dans le Wurtemberg, on proposa l'abolition de cette peine. (*V. Hepp comm.*, I, p. 147.) Dans les États généraux des Pays-Bas, on discuta si cette peine était compatible avec le système pénitentiaire. *Revue de législation de Harlem*, vol. XIX, p. 240, 459.

question plus bas (1), que, tout en tenant compte du sentiment populaire, il ne faut pas, dans l'examen approfondi et scientifique d'une telle question, se contenter de raisons purement sentimentales. L'auteur a recherché scrupuleusement s'il est permis de tuer un homme en dehors des cas de légitime défense, et si le gouvernement en a le droit. Il importait, avant tout, de suivre, à travers l'histoire, l'origine et le développement des théories sur la peine de mort. L'histoire nous a montré l'idée de cette peine se développant dans l'antiquité avec la croyance en une divinité irritée, que le crime avait offensée, et qu'il fallait apaiser, et à la faveur des opinions dominantes sur le devoir de la vengeance. Le triomphe du christianisme, le plus grand élément de civilisation pour l'humanité, renversa l'idée barbare de la colère divine : on vit aussitôt les hommes les plus éminents et le mieux initiés à l'esprit de cette religion attaquer la légitimité de la peine de mort, et la théorie qui fait dériver cette peine du droit divin fut condamnée. Carpsow, poussé par un sentiment élevé (2) à dire, malgré sa sévérité, que les juges devaient prononcer très-rarement la peine de mort, donnait une seule raison en faveur de cette peine : c'est qu'elle est écrite dans le droit divin.

Il faut tenir compte aussi du témoignage de l'histoire, qui montre, chez tous les peuples, un rapport exact entre le degré de leur civilisation et l'état de leur législation sur la peine de mort. Quand ils sont éclairés, sensibles à l'honneur et attachés au devoir social, la peine de mort disparaît de leurs lois, ou son application est bien restreinte.

Un autre point de vue important, c'est la valeur des divers principes du droit pénal sur lesquels on fait reposer cette peine. Mais, avant tout, il importe de recueillir un ensemble d'observations sur tout ce qui touche à son existence et à son usage. Peut-on croire à sa nécessité, s'il est bien prouvé que son abolition pour certains crimes n'en a pas augmenté le nombre, que la partie intelligente du peuple croit de moins en moins à sa légitimité et à

_____

(1) Chauffour, dans la *Revue germanique*, le 16 août 1862, p. 467.
(2) *Praxis rerum criminalium*, part. III, quæst. 128, n° 14.

sa nécessité, et que le nombre de ses adversaires s'augmente d'année en année ? Un bon moyen de servir leur cause, c'est de montrer qu'on a augmenté le nombre des grands crimes en prodiguant la peine de mort et en la rétablissant dans les pays où elle était supprimée, et que la croyance à son action préventive est une pure erreur.

Si la statistique nous fait voir les jurés allant jusqu'à déclarer des coupables innocents, ou prenant n'importe quel prétexte pour empêcher les juges de prononcer cette peine, il faut reconnaître qu'on arrive, en la maintenant, à énerver la répression pénale.

Il importe plus encore de savoir si les jugements qui prononcent cette peine sont rarement exécutés ; si le sentiment de la justice, de plus en plus développé dans l'âme des souverains, les dispose à faire grâce ; s'ils ne savent discerner quand elle est ou non méritée, et si l'opinion publique tend à croire que le hasard ou l'arbitraire en décident. Une raison décisive pour l'abolition de la peine de mort, c'est un changement complet du système pénitentiaire rendant possible la transformation même des hommes coupables des crimes punis de mort. On a vu s'amender des hommes pour qui la peine de mort a été changée, par la faveur du souverain, en celle de la prison perpétuelle. L'auteur a, dans son travail sur la peine de mort, recueilli tous les faits qui se rapportent à ces différents points.

Depuis la publication de ce travail, il s'est produit, tant au point de vue législatif qu'au point de vue judiciaire, de grands changements dans les idées sur le maintien, l'application et l'efficacité de la peine de mort, et on a recueilli de nouvelles observations importantes sur l'état présent de la question.

I. Voici le dernier état de la législation :

A. Dans un pays où elle était prodiguée, en Angleterre, la peine de mort est abolie pour tous les crimes, excepté pour l'assassinat et les cas les plus graves de haute trahison. Cette innovation est consacrée dans les lois pénales revisées du 6 août 1861 (1). Elle est bien importante pour qui sait qu'en 1817 on prononçait, en

(1) *Voir* mon article dans la *Gerichtsaal*, 1862, p. 430.

Angleterre, 1,302 condamnations à mort, que, de 1810 à 1832, on exécutait 759 condamnations, et qu'en 1861 on comptait encore 5 condamnations à mort pour tentative d'assassinat, 10 pour sodomie, 5 pour vol grave, 3 pour violation de domicile avec violence contre les personnes, 1 pour incendie.

De telles condamnations sont désormais impossibles, et c'est un résultat bien important, surtout si l'on considère que c'est le ministre Lewis qui, chargé de faire les propositions de grâces, demanda avec énergie au parlement de restreindre à l'assassinat l'application de la peine de mort.

B. La comparaison du dernier état des diverses législations pénales avec celles qui les ont précédées nous montre une grande diminution dans le nombre des cas d'application de la peine de mort. On l'applique, dans le code du Piémont de 1859, à neuf crimes ; on l'appliquait, en 1839, à quarante-un crimes. En Bavière, le code du 10 novembre 1861 l'a restreinte à deux cas de haute trahison, à trois cas de trahison nationale, au cas le plus grave de lèse-majesté, à l'assassinat, au vol suivi de la mort de la victime, à l'abus de pouvoir entraînant l'exécution d'une condamnation à mort illégale ; tandis qu'en 1813 la peine capitale existait encore pour 26 crimes. Qui peut soutenir encore la nécessité de la peine de mort ?

C. Les législations nouvelles donnent la faculté d'écarter la peine de mort par l'admission des circonstances atténuantes, que les unes étendent à tous les crimes : il en est ainsi pour la France, le Piémont, les cantons d'Appenzell et de Lucerne, la Serbie. Les autres admettent les circonstances atténuantes au moins pour l'assassinat : tels sont le code de la Toscane publié en 1853 (1) et le nouveau code pénal de la Suède.

D. D'autres législations n'imposent pas au juge l'application de la peine de mort ; elles lui laissent le pouvoir de la remplacer par une autre peine : telle est la loi écrite dans le nouveau projet de code pénal de 1862 pour Hambourg, où elles établissent deux degrés dans l'assassinat : l'assassinat du premier degré est

(1) Art. 123.

puni de mort, celui du second n'entraîne que la peine de l'emprisonnement (1).

II. L'action de la justice est également instructive. Dans son travail sur la peine de mort, l'auteur a montré (2) les jurés employant toute espèce de moyens légaux pour écarter la peine de mort. En France, par exemple, dans l'année 1860, les jurés, prononçant, pour les crimes punis de mort, des verdicts de culpabilité, prenaient soin d'écarter toutes les charges dont l'admission entraînait la peine de mort, telles que la préméditation au cas d'assassinat, et le *dolus* au cas d'infanticide (3). En Toscane, le même éloignement pour la peine de mort s'est manifesté chez les juges.

III. Un point d'une grande importance, c'est le nombre croissant des grâces accordées aux condamnés à mort.

Voici quelques détails nouveaux (4) de statistique pour plusieurs grands États. En Autriche, 44 condamnés à mort sur 123 furent graciés en 1857 ; le nombre des condamnations à mort fut de 3 pour haute trahison, de 63 pour assassinat, de 1 pour incendie, de 58 pour brigandage. En 1858, il y eut 48 grâces sur 122 condamnations à mort. Un grand nombre de ces condamnations furent prononcées par les tribunaux militaires de la Hongrie. En faisant abstraction de ces condamnations, on trouve un nombre de grâces encore plus important. En 1857, on compte 27 grâces sur 34 condamnations, et 26 sur 30 en 1858 (5). Nous avons fait voir (6) qu'en Prusse le nombre des grâces était bien diminué depuis une suite d'années ; elles étaient très-rares de 1849 à 1856 ; il n'en est plus heureusement ainsi depuis 1857. De 1858 à 1860, on a exécuté 11 condamnations sur 105 ; on comptait donc 3 exécutions par an ; on en comptait 26 par an de 1855 à 1857. Les 88 con-

---

(1) Dans les législations pénales de l'Amérique du Nord.

(2) Page 94.

(3) Par exemple, en France, le jury écarta la peine de mort, pendant l'année 1860, dans 28 accusations d'assassinat et dans 22 accusations d'infanticide, en les modifiant par son verdict. L'admission des circonstances atténuantes sauva 292 accusés de la peine de mort.

(4) Page 109.

(5) *V.* Glaser, dans le *Journal judiciaire d'Autriche*, 1862, n° 15, p. 298.

(6) Page 80.

damnations suivies d'une remise de la peine dans l'intervalle de
1858 à 1860 comprenaient 69 condamnations pour assassinat (15
femmes étaient au nombre des condamnés), 11 pour meurtre,
8 pour incendie (1). Dans les 11 condamnations exécutées de 1858
à 1860, il y avait 10 condamnations pour assassinat, 1 pour meurtre. En Bavière, on compte, dans l'année 1861, 27 condamnations
à mort, 13 pour assassinat, 1 pour brigandage, 6 pour incendie,
1 pour brigandage suivie d'une condamnation pour assassinat.
La grâce fut accordée à tous les condamnés, moins un (2). En
France, on fait un usage du droit de grâce bien moindre qu'en
Allemagne. Dans les dix dernières années, le nombre des condamnations à mort a été de 499 ; il donne une moyenne de 50 par
an ; mais, de 1856 à 1860, il a été de 43 seulement. Sur les 499
condamnés, 278 (soit 56 sur 100) ont été exécutés. 96 sur 100
étaient complétement privés d'instruction ; 49 sur 100 étaient des
récidivistes. De 1856 à 1860, le nombre des accusations d'assassinat varie : il est de 329 dans une année, de 187 dans une autre,
et d'ordinaire il va de 230 à 250. En 1860, 27 condamnés à mort
sur 39 furent exécutés, 12 graciés ; parmi les condamnés, 21
étaient coupables de vol en même temps que de meurtre, 2 avaient
assassiné des gardiens de leur prison. En Belgique, d'après des
renseignements tout récents, 751 condamnations à mort ont été
prononcées et 32 exécutées de 1831 à la fin de 1861, ce qui fait
7 0|0. On comptait dans ce nombre 10 condamnations pour parri-
cide, 23 pour empoisonnement, 129 pour incendie, 179 pour des
assassinats graves. En Angleterre, 50 condamnations à mort furent
prononcées en 1861 (26 pour assassinat, 5 pour tentative d'assassinat) ; 15 furent exécutées : 14 pour assassinat, 1 pour tentative
d'assassinat avec des circonstances aggravantes.

IV. En Allemagne, la science n'a malheureusement rien produit
de nouveau sur la question de la peine de mort. En Italie, au contraire, elle a été vivement débattue depuis quelque temps. Il a

____

(1) Triest, dans le *Journal de droit pénal*, 1862, n° 28.
(2) *Revue de législation et de pratique judiciaire en Bavière*, VIIIe vol.,
p. 589.

paru jusqu'à présent cinq livraisons de l'intéressant journal du professeur Ellero, de Bologne, sous ce titre : *Giornale per l'abolizione della pena di morte* (1). On pourrait désirer que cette publication contînt plus de faits et d'observations (2) qu'elle n'en a donné pour éclairer une si grande question ; néanmoins il faut reconnaitre qu'on y trouve des aperçus très-intéressants « sur la légitimité et sur l'utilité de la peine de mort. » Les écrivains qui attaquent cette peine doivent s'attacher à montrer les législateurs, les juges, le peuple, amenés par le progrès de la civilisation à penser qu'il faut la supprimer , ou, tout au moins, en restreindre l'application. La plupart des articles ont pour but de prouver la vérité des arguments de Beccaria contre la peine de mort. Le journal fait preuve d'impartialité en publiant les travaux d'Ulloa (3), cet éminent écrivain qui, tout en reconnaissant la valeur des raisons données contre la peine de mort, ne veut pas qu'on la supprime prématurément, dans la crainte de voir les grands crimes se multiplier. Les journaux italiens, surtout *la Legge* (4), contiennent d'intéressants travaux sur la peine de mort. Des hommes d'une grande autorité, des présidents s'élèvent, dans ces publications, contre une idée répandue en Italie et défendue surtout par le ministre de la justice à Turin : c'est qu'il suffit de restreindre l'application de la peine à un très-petit nombre des crimes, et de donner aux jurés le pouvoir d'admettre les circonstances atténuantes ; on arrive ainsi véritablement à l'abolition de la peine de mort (5), sans priver la société d'un moyen de défense dont elle a quelquefois besoin. On objecte avec raison que le gouvernement fait, de cette manière, une simple expérience, qu'il laisse place à l'arbitraire et qu'il échappe à la solution des questions les plus graves. Un journal publié à Venise, sous

(1) *V.* le *Journal de droit pénal*, 1862, n° 26, p. 408.

(2) La 3ᵉ livraison, p. 189, donne quelques faits qui sont l'objet d'observations critiques. La 4ᵉ livraison, p. 313, contient aussi des faits.

(3) Ulloa est un des écrivains les plus habiles de Naples : il était procureur général et ministre du dernier roi, et lui resta fidèle après son départ de Naples. *Giornale*, iiiᵉ livraison, p. 158-164.

(4) La *Revue de Turin*, du 12 avril 1862, a publié un article remarquable de M. Venturini, président du tribunal.

(5) *Eco dei tribunali*, 1862, n° 1267.

le titre : *Eco dei tribunali*, s'attache également à démontrer que l'intimidation par la peine n'est pas, comme le prétend la théorie psychologique de la contrainte, un moyen d'empêcher les crimes, et que la loi autrichienne permet à tort d'appliquer la peine de mort aux accusés qui avouent, et non à ceux qui nient un crime (1).

A Naples, Fulvio attaque la peine dans un ouvrage remarquable; elle lui paraît contraire au vrai principe du droit pénal, fondée sur de fausses théories d'intimidation, et faite pour un temps où la société n'avait pas de moyens suffisants pour améliorer les hommes : elle ne prévient pas les crimes et n'améliore personne ; elle n'a que la force de l'intimidation ; elle est un acte de vengeance qui , sous les dehors de la justice, blesse le sentiment véritable du droit. L'auteur ne croit pas à la nécessité de tuer un homme (2) qui a tué son semblable, pourvu qu'il existe un bon régime pénitentiaire. Il voit dans le droit de grâce un expédient commode et injuste pour maintenir des peines très-sévères. Le dernier travail qui ait paru en Italie contre la peine de mort est celui du docteur Livi , professeur de médecine légale à Sienne (3). Il démontre, avec le secours de la physiologie et de la pathologie , que l'homme a un penchant à l'imitation qui se manifeste dans le suicide et l'aliénation mentale ; c'est ainsi que le spectacle d'une exécution excite souvent la soif du sang chez l'homme, et devient la cause de nouveaux crimes. Il faut citer encore les remarquables études de Frank , membre de l'Académie et professeur à Paris (4) , sur les principes du droit pénal ; il fait preuve de sagacité et de profondeur. Il ne s'est pas encore étendu sur la peine de mort jusqu'à présent; mais il a bien réfuté la théorie de l'intimidation, et sur-

---

(1) *Dovere di punire, sua relazione con le pene piu grave e col diritto di grazia.* Napoli, 1862.

(2) L'auteur soutient, p. 29, qu'on outrage le sentiment du droit en exécutant, après sa délivrance, une femme enceinte au moment de sa condamnation.

(3) *Contro la pena di morte razione fisiologiche e patologiche di Livi.* Siena, 1862.

(4) Il a paru jusqu'à présent trois articles sous le titre : *Des principes philosophiques du droit pénal,* dans la *Revue contemporaine,* tome xxviii, 31 août, p. 633 ; tome xxix, p. 193, et livraison du 30 septembre, p. 193.

toute celle de l'expiation, en adversaire de la peine de mort ; il a
dit (1) qu'elle disparaîtrait bientôt peut-être, comme ont disparu
l'exposition publique, la marque et la mort civile.

En Espagne, il a paru tout récemment une publication (2) contre
la peine de mort.

Un fonctionnaire public vient de publier à Bruxelles (3) une
défense de la peine de mort. L'auteur de cet écrit veut montrer,
suivant la théorie imaginée par Damhouder en 1564, que la peine
de mort est, *non pas une peine, mais une médecine de correction pour faire peur aux autres*, et qu'elle donne des résultats
qu'on n'obtiendrait d'aucune autre manière. Son application est
si rare en Belgique, qu'elle existe seulement à l'état de menace ;
depuis 1830, elle a donné lieu à une seule erreur judiciaire,
et il serait facile d'en rendre le retour impossible ; on n'aurait donc
rien à dire contre la peine de mort. Quant à l'assassinat judiciaire
de Couillet, une enquête a prouvé qu'il était complétement imagi-
naire. L'auteur cherche, pour la défense de ses idées, à réfuter quelques détails de statistique donnés par les adversaires de la peine de
mort en Belgique ; il rappelle, pour montrer comme la peine de mort
est un puissant obstacle au crime, qu'en Belgique les incendies et
les assassinats, après avoir pris, de 1836 à 1843, par les vengeances
des habitants de la campagne, un terrible développement, cessè-
rent immédiatement après quelques exécutions qui causèrent une
terreur salutaire et firent sentir la puissance de la justice criminelle. L'auteur cite à ce sujet des faits très-intéressants, p. 17-23.
Dans la lettre, p. 30, il rappelle qu'un grand criminel disait avoir
commis son crime parce qu'il croyait la peine de mort abolie.
Nous reviendrons plus bas sur tous ces points ; il suffit de répondre
à l'auteur par une simple considération : c'est qu'en plaçant l'utilité de la peine de mort dans la crainte qu'elle inspire à d'autres,

---

(1) Vol. xxix du 15 septembre, p. 92. Il dit : Nulle rigueur ne devra
être considérée comme éternelle, comme immuable !

(2) *La sociedad el patibolo y la pena di morte considerados por Manuel Perez y Cutina*; Madrid, 1854.

(3) La peine de mort, au point de vue pratique et historique. Discours de rentrée, par Bavay, procureur général, 18 octobre 1862.
Bruxelles.

il retombe dans la théorie de l'intimidation, généralement condamnée. Il affirme arbitrairement que la peine de mort ne peut être remplacée par aucune autre ; il est contredit par l'expérience, et fait voir qu'il ne sait pas apprécier la valeur d'un système pénitentiaire bien réglé et tendant à l'amélioration des condamnés.

V. Le maintien de la peine de mort a été récemment discuté dans de grandes assemblées, dans la diète de Weimar, dans l'assemblée législative du canton de Bâle-Campagne, enfin dans le congrès des jurisconsultes allemands à Vienne. Nous donnerons plus bas, en détail, l'analyse des débats de cette dernière assemblée.

Dans notre livre sur la peine de mort, nous avons dit qu'à Weimar cette peine, abolie en 1849, fut rétablie par la diète de 1856, à une majorité de 16 voix contre 14. Ce vote prouvait que la loi avait beaucoup d'adversaires. En 1862, l'abolition de la peine fut encore une fois proposée à la diète. La majorité de la commission nommée par la chambre fut favorable à la proposition : la peine de mort eut, dans la discussion, quelques défenseurs invoquant des raisons bien faibles ; ses adversaires soutinrent qu'on avait tort de chercher sa raison d'être dans la Bible, et que son rétablissement en 1856 n'avait, l'expérience le prouvait, nullement servi à la société. Le député Fries dit qu'on avait commis, de 1850 à 1857, époque où la peine était abolie, deux assassinats dans le duché de Weimar, et qu'au contraire, depuis son rétablissement en 1857, le nombre des crimes s'était décuplé. On faisait valoir que le droit de grâce était exercé arbitrairement (1). Le ministre défendait la peine en disant qu'elle était écrite dans la conscience du peuple, et que son abolition était dangereuse. La chambre fut d'avis qu'elle n'était ni nécessaire ni utile ; elle vota son abolition à une majorité de 19 voix contre 10. A la fin de la session, le grand-duc réserva la sanction de ce vote (2).

(1) Fries dit qu'on fut surpris de voir gracier un individu qui avait tué son conjoint à Iéna, tandis qu'un autre individu, condamné pour un simple meurtre, était exécuté à Lengsfeld.

(2) Comptes rendus des débats de Weimar. *Voir* les débats de la diète, p. 435, 577, 591. Procès-verbaux, p. 684-690.

Dans le canton de Bâle-Campag e, on s'occupa de la question à l'époque où la constitution fut rédi e. Dans le projet de 1862, la commission du grand conseil avait i séré au § 7 les mots suivants : la peine de mort est abolie. La co mission supérieure de révision fut d'avis qu'il était impos.ih de renoncer immédiatement, sans danger, à cette peine pou les crimes d'une gravité extraordinaire. Elle adopta le système des circonstances atténuantes, et ne rendit plus la peine de mort obligatoire même pour l'assassinat. L'assemblée populaire du 2 novembre de cette année rejeta le projet de révision tout entier; la question de la peine de mort est par là même ajournée.

La publication de l'auteur sur la peine de mort a été, dans diverses feuilles publiques, le sujet d'articles où ses vues sont favorablement accueillies. Nous devons en citer trois particulièrement, à cause de leur importance : 1° le travail de Chauffour-Kestner, le courageux membre de l'assemblée nationale réunie à Paris jusqu'en 1851 : il a paru dans la *Revue germanique et française*, tome XXII, 16 août 1862, p. 465, et tome XXIII, 1er octobre, p. 267. Le mérite particulier de son travail, c'est de contenir, indépendamment d'une étude approfondie de l'œuvre, des raisons que le critique tire de son propre fonds en faveur de l'abolition de la peine de mort, et de donner beaucoup de renseignements sur le mouvement de la législation et sur la pratique judiciaire en France ; 2° l'article du savant professeur de Liége Nypels , dans le journal *la Belgique judiciaire*, 1862, n° 70, p. 1111 : c'est un article intéressant, parce que l'auteur y montre parfaitement le développement des idées, et met en lumière les points les plus utiles à la solution de cette question ; 3° l'article d'un criminaliste éminent, le professeur Glaser, de Vienne, dans le *Journal des tribunaux autrichiens*, 1852, n°s 75, 76. M. Glaser a parlé du travail de Berner et de Mittermaier. Cet article est remarquable ; l'auteur commence par bien dégager le point de vue essentiel de cette question, et finit par exprimer l'opinion qu'il a déduite de ses savantes recherches. Voici un passage de ce travail, bien digne d'être cité :

« Il s'agit, en dernier lieu, de savoir si le temps est venu de

supprimer la peine de mort, même pour l'assassinat (pris dans le sens le plus rigoureux du mot). Les adversaires de cette peine ont-ils un assez ferme appui dans l'opinion publique, pour n'avoir pas à craindre de perdre soit par un changement de gouvernement, soit par un concours de circonstances particulières, la position prise au milieu de la tempête ? Ce danger existe encore. Si l'horreur de la peine de mort, ou même la conviction de son inutilité était profondément entrée dans les esprits et partout répandue, comme certaines manifestations paraissent le prouver, verrait-on cette peine subsister dans des pays où la législation ne résiste pas à un puissant mouvement de l'opinion publique, et où le droit de grâce appartient à des fonctionnaires issus de l'élection? Dans d'autres pays, la juridiction compétente n'a, pour assurer la grâce, qu'à la demander : en Angleterre, on fait appel à la clémence du souverain ; en France, il suffit d'admettre des circonstances atténuantes pour rendre impossible l'application de la peine de mort. On peut dire qu'elle n'est plus imposée par la puissance abstraite de la loi, mais qu'elle est prononcée, dans les cas où elle paraît légitime, par les personnes investies du pouvoir judiciaire. »

L'auteur a des lettres d'un grand nombre de personnes haut placées, ou puissantes par leur expérience, déclarant qu'elles ne croient ni à la légitimité ni à l'utilité de la peine de mort. D'autres sont dans le doute ; l'abolition immédiate de cette peine leur paraît dangereuse ; elle pourrait blesser le sentiment populaire ; enfin, pour d'autres, la peine est l'expiation légitime des assassinats les plus graves. Il ne serait pas convenable de publier ces lettres sans l'assentiment de leurs auteurs ; mais il est bon d'en faire connaître les détails les plus importants.

I. Nous devons à M. Braunwald, président du consistoire de Strasbourg, à qui la présidence de la commission des prisons a donné l'occasion de connaître le caractère des criminels et les besoins de la société, une déclaration précieuse : c'est que la peine de mort est contraire à la doctrine chrétienne ; il affirme que la Bible, étudiée dans son ensemble et dans son esprit, loin d'être favorable à cette pénalité, la condamne bien souvent. Le chris-

tianisme veut, dit-il, que les coupables soient punis, qu'on les place
dans l'impossibilité de faire du mal, et qu'on leur ouvre le chemin
du repentir et du bien. Tout autre genre de peine est contraire à
l'esprit du christianisme. Le but de la peine doit être l'amélioration
du coupable, et non la vengeance, le talion ou l'intimidation. La
peine de mort, rendant l'amélioration du coupable impossible, est
déraisonnable, antichrétienne, inutile. Il ne s'agit pas de prolonger
la vie matérielle, elle a peu de valeur par elle-même; mais il
s'agit de notre âme immortelle; elle a une valeur inestimable.
M. Braunwald dit, dans une lettre du 25 mai, qu'on aurait tort d'invoquer la législation mosaïque, qui n'est faite ni pour tous les
peuples, ni pour tous les siècles. Le christianisme a rompu avec la
théocratie juive; la religion nouvelle a supprimé les lois civiles,
politiques et cérémonielles des Juifs; les lois pénales, destinées à les
protéger, n'ont plus leur raison d'être. Qui pourrait croire sérieusement, dit M. Braunwald, que les lois sanguinaires (1) consacrées
par la législation mosaïque soient encore obligatoires, quand elles
sont contraires à l'esprit du christianisme? L'Ancien Testament
même a des passages (2) qui attestent que Dieu veut non pas la
mort, mais la conversion et le salut du pécheur. M. Braunwald
fait ensuite une analyse lumineuse des passages du Nouveau Testament où le Christ, venu pour sauver l'homme et amener le pécheur au repentir, condamne la peine de mort. Les passages qui
la justifient (3) n'ont qu'un sens figuré; M. Braunwald leur
oppose les épîtres des apôtres et les nombreux passages des Pères
de l'Église qui, dès les premiers âges, défendaient de verser le
sang humain, même pour obéir à une prétendue nécessité, et
prescrivaient aux juges de ne jamais condamner à mort même les
hérétiques.

II. On nous a communiqué des faits bien importants pour montrer que le droit de grâce ne sert pas à rendre la peine de mort
légitime, et que son exercice est pour le souverain un sujet de

---

(1) Par exemple, *Moïse*, v, 7, 10.
(2) T. Samuel, 12, 13.
(3) *Épîtres aux Romains*, 13, 4; *Évangile de Luc*, 22, 36, 38.

grave inquiétude. Glaser fait dans le *Journal judiciaire de l'Autriche*, 1862, p. 298, une excellente observation en disant : Le souverain est souvent obligé de prendre une décision grave, d'après des rapports dont l'exactitude est douteuse; il ne voit rien par lui-même, et n'a pas le moyen d'appréciation qui rend la détermination de la peine d'ordinaire si facile.

Le droit de grâce ne fait pas disparaître les inconvénients de la peine de mort (1). Voici quelques exemples des difficultés de son exercice : un ministre, chargé de présenter au souverain un rapport et de donner son avis sur un jugement de condamnation à mort, demandait à un ecclésiastique si le condamné qu'il devait préparer à la mort avait des remords, s'il manifestait de bons sentiments. L'ecclésiastique répondit, au bout de deux jours, que le condamné était vraiment repentant et pénétré de la gravité de sa faute, et que sa transformation morale était certaine; mais qu'il ne fallait pas lui faire grâce, de peur d'affaiblir ses heureuses dispositions, dont il fallait profiter pour son exécution. Le souverain avait l'âme trop droite pour céder au vœu de l'ecclésiastique : il fit grâce, pensant que les employés de la prison, faisant bien leur devoir, affermiraient les bons sentiments du condamné.

Une femme était, avec son amant, convaincue d'avoir assassiné son mari, et tous deux étaient condamnés à mort; c'était dans un pays où n'existait pas l'institution des jurés : les juges discutaient s'il fallait proposer la grâce des condamnés; ils étaient partagés. La femme avait, au moment du crime, 19 ans, son amant 20 ans moins un mois. Le jeune homme avait-il poussé la femme au crime, ou la femme avait-elle sollicité du jeune homme le poison destiné à son mari ? C'était une question que les débats n'avaient pas éclaircie. La majorité des juges en première instance ne voulait que la grâce de la femme; une forte minorité voulait aussi celle de l'amant. Les juges de la seconde instance furent de

(1) Chauffour dit dans la *Revue germanique* du 1ᵉʳ octobre 1862, p. 277 : La grâce ne remédie pas au mal produit par une peine excessive. Une condamnation exorbitante ou jugée telle par l'opinion publique blesse la conscience des citoyens, et ne se répare pas par un adoucissement accordé en secret.

nouveau divisés; la majorité ne voulait la grâce d'aucun d'eux; une minorité, composée des juges les plus expérimentés et les plus éminents, la voulait pour tous les deux. En présence d'opinions si contradictoires, le souverain devait être dans un grand embarras. Il eut égard à la jeunesse des condamnés, et leur fit grâce à tous deux.

Il arrive aussi qu'une condamnation à mort excite dans le peuple une forte émotion, qui se traduit par de nombreuses pétitions et des articles de journaux demandant la grâce du condamné. L'Écosse nous en donne un exemple bien remarquable. A Glasgow, au mois de septembre 1862, une femme avait été condamnée à mort pour assassinat. L'opinion publique réclamait sa grâce avec un ensemble et une énergie dont on se fait à peine une idée : sa culpabilité était mise en doute ; elle ne reposait que sur des indices. Un pareil mouvement s'est produit souvent en Angleterre après une condamnation appuyée sur des indices ou sur une expertise insuffisante aux yeux des hommes les plus compétents (tel fut le cas de Smethurst) (1), ou surtout après un verdict du jury imputant à l'accusé des actes dont les hommes les plus autorisés affirment qu'il n'avait pas conscience : le cas le plus grave se présente quand des personnes dignes de considération affirment l'innocence de l'accusé et demandent un nouvel examen. L'opinion générale est que la grâce dépend, en définitive, de considérations particulières (2) et de l'influence des personnes qui approchent le prince. Le respect pour sa personne et la con

(1) Les juges risquent surtout de se tromper en prononçant une condamnation sur de simples indices, quand le coupable est un hypocrite assez habile pour faire tomber les soupçons sur autrui : il se sert, par exemple, du couteau d'un autre, ou il cache en secret des objets volés dans une autre maison. L'homme ainsi poursuivi par d'injustes soupçons a-t-il fait entendre quelques menaces, ou a-t-il quelque intérêt supposé à commettre le crime, il est perdu.

(2) Un ecclésiastique généralement estimé avait, dans ses entretiens avec un condamné, acquis la conviction de son innocence. Il en fit part directement au souverain et à des personnes influentes à la cour. Le ministre, irrité d'avoir été laissé de côté, provoqua une enquête, probablement superficielle, et fit, par son rapport au souverain, refuser la grâce.

fiance dans la justice sont par là même affaiblis. Des circonstances passagères, la longueur du temps écoulé depuis la dernière exécution d'une sentence capitale, une suite de grands crimes commis récemment, l'opinion publique, souvent celle d'un parti rigoureux, attribuant une augmentation passagère du nombre des crimes à un excès de clémence, entraînent souvent malgré lui le prince à confirmer une condamnation à mort.

III. Nous avons reçu d'importantes communications sur le point le plus grave : les expériences faites pour améliorer de grands criminels condamnés à mort, dont la peine a été changée en celle des travaux forcés à perpétuité. Des employés de prisons, pleins d'expérience, attestent qu'ils ont réussi à transformer complétement des condamnés en gagnant leur confiance, en leur faisant voir clairement la gravité de leur faute et ses causes, en éveillant le sentiment du bien qui sommeillait dans leur âme, et qui n'est jamais éteint dans l'homme, en leur persuadant qu'ils pourraient réparer un grand crime par de bonnes actions, par une vie sans taches. On a vu fréquemment des filles mères, condamnées pour infanticide, se distinguer par un soin extraordinaire pour les enfants, dans les maisons où elles étaient entrées au sortir de la prison. En voici un exemple curieux : il y avait, dans une prison de la Suisse, une femme à qui l'on avait fait grâce de la peine de mort, encourue par elle pour avoir assassiné son enfant légitime. Distinguée par la pureté de ses mœurs, par sa beauté, par la fortune, elle était fiancée à un jeune homme qu'elle aimait ; elle devait l'épouser au bout de deux mois ; mais, s'étant un jour oubliée auprès de lui, elle devint enceinte. Le mariage eut lieu ; mais l'enfant devait naître deux mois avant le terme de la grossesse indiqué par l'époque du mariage. On allait savoir qu'elle s'était oubliée, elle qui avait une si haute réputation de vertu. Cette pensée la tourmentait sans cesse. Laissant ignorer à son mari lui-même sa grossesse, elle résolut de donner la mort à son nouveau-né. En prison, elle reconnut sa faute et s'amenda, s'appliquant même à instruire et à réformer les autres condamnées, si bien qu'elle devint un modèle pour les employés eux-mêmes (1). On nous a objecté dans bien des lettres que les exemples de grands criminels corrigés étaient trop extraordinaires et trop rares pour rien prouver contre la peine de mort. Nous répondons que la rareté de ces exemples est la faute des gouvernements indifférents à la bonne organisation du régime pénitentiaire, et celle des employés de prisons, incapables de travailler à l'amélioration des condamnés. On ne fera rien pour les améliorer, si l'on désespère d'eux et si l'on ne songe qu'à les tenir sûrement et sévèrement enfermés.

IV. Un autre argument bien grave contre la peine de mort, c'est, après son exécution, l'impossibilité de réparer une erreur judiciaire, et nous avons de nouveaux exemples d'erreurs de ce genre. A propos de ceux que nous avons cités dans notre travail sur la peine de mort (2), on nous a dit qu'ils ne prouvent rien : ils sont isolés, et il ne s'en produira plus, grâce à la vigilance sans cesse croissante des législateurs et des juges. On se trompe, si l'on croit sauver la peine de mort par de telles assurances, et ôter toute portée à la condamnation ou même à l'exécution d'un innocent par son ancienneté. Un tel malheur ébranle pour longtemps la confiance dans la justice, atteint l'autorité des décisions judiciaires, et inspire la défiance contre toute espèce de condamnations à mort. On aurait tort aussi de prétendre que la procédure orale et l'institution du jury rendent impossibles les erreurs judiciaires. L'expérience prouve que les condamnations d'accusés innocents ne sont pas bien rares.

Nous ne voulons emprunter ni à l'Italie ni à l'Allemagne des exemples d'erreurs judiciaires ; ils ne sont pas assez certains ; mais citons la phrase suivante, extraite d'un journal français (3) prudent et réservé dans ses accusations : « Trop d'exemples sont » venus, dans ces derniers temps, révéler la déplorable réalité.» Il y en a de tout récents en France (4). Les causes de ces erreurs sont

(1) Elle obtint sa grâce au bout de six ans, et partit avec son mari pour l'Amérique.

(2) Mon livre, p. 102-105.

(3) *Le Droit*, 1862, n° 240.

(4) Fait rapporté dans le *Droit* du 7 avril 1853, n° 83, et fait com-

diverses : on s'est trompé sur l'identité d'une personne ; des témoins l'ont confondue avec une autre, à cause de leur ressemblance ; des experts ont donné un avis erroné sur un point encore obscur des sciences naturelles (1), ou ils se sont trompés sur l'état mental de l'accusé au moment du crime (2) ; et, dans l'incertitude des moyens d'appréciation, les préjugés d'un grand nombre de magistrats, mal disposés à admettre l'irresponsabilité morale, induisent le jury en erreur (3). Un verdict de culpabilité qui repose sur des indices sera souvent mis en doute et surtout erroné (4), quand le jury prononce, comme en France, avec une entière liberté, suivant les inspirations de la conscience, et que la procédure en vigueur exclut fréquemment un examen exact des faits.

Il s'est produit récemment, dans le Hanovre, un cas dont il est question dans notre travail sur la peine de mort (5). Des savants en ont parlé, et un homme haut placé dans la pratique du droit, M. Wiarda (6), le cite dans un écrit dirigé contre l'institution du jury, pour montrer que les jurés sont capables de commettre des assassinats judiciaires qu'on n'aurait jamais à redouter d'un collége de juges. Les jurisconsultes du Hanovre (7) ont soutenu avec raison que les juges auraient, aussi bien que le jury, prononcé la condamnation à mort sur la foi de ce faux témoin à charge. D'ailleurs les fonctions du ministère public étaient rem-

menté dans le *Droit* de 1862, n° 144, et surtout d'une manière remarquable dans le *Droit* du 31 octobre 1862, n° 259.

(1) L'exemple de Smethurst, rapporté dans notre publication *Sur la peine de mort*, p. 114, note 2, a pour longtemps détruit en Angleterre la foi dans les avis des experts.

(2) *Voir* l'exemple cité dans la note 4, p. 171, et rapporté par le *Droit* de 1862, n° 259.

(3) L'expérience souvent prouve qu'on s'aperçoit de l'état d'aliénation mentale d'un condamné seulement après son entrée dans la prison.

(4) Dans des cas analogues à celui qui est rapporté à la note 1, p. 169, la condamnation d'un accusé innocent est presque inévitable.

(5) Livre *Sur la peine de mort*, p. 103, note 2.

(6) Dans le *Nouveau magasin de droit hanovrien*, ii, 1862, iii° livraison, p. 426.

(7) Schwartz, *Sur le Jury* ; Celle, 1862, p. 17. Article dans le *Tagespost du Hanovre*, 1862, 22 janvier, n° 21. Article dans le *Journal du nord de l'Allemagne*, 1862, 7 janvier, art. 369.

plies par un jurisconsulte éminent ; il soutint l'accusation avec toute son énergie, et les membres distingués de la cour d'assises n'eurent aucun doute sur la justice du verdict ; sans cela ils auraient usé du droit que la loi leur donnait de renvoyer l'affaire à une autre session.

Telle est aussi l'opinion du procureur général Bavay (1). Il ne croit pas qu'il soit facile d'empêcher le retour d'une erreur judiciaire. Ni les juges ni les jurés ne sont sûrs de l'éviter, même avec l'attention la plus scrupuleuse.

V. Nous trouvons dans des revues périodiques de précieux renseignements sur les effets de la peine de mort et de son exécution ; on y discute si la suppression de cette peine n'est pas un danger pour la sûreté publique, et un outrage au sentiment de la justice, qui persuade au peuple qu'il faut infliger à l'assassin la peine de mort. Il suffit d'interroger l'expérience pour savoir que, d'après une statistique exacte, le nombre des grands crimes ne s'est pas augmenté dans les pays où la peine de mort est abolie. Des juges expérimentés, circonspects et vigilants, ne croient pas à la nécessité de son rétablissement, et le peuple est de plus en plus persuadé qu'elle est inutile avec un bon régime pénitentiaire. On ne croit plus à sa nécessité pour l'expiation des grands crimes, dès qu'on sait que les idées d'expiation reposent sur un principe obscur du mysticisme et sur les idées surannées et fausses du talion et de la vengeance. Comment prétendre que la suppression de la peine de mort blesse le sentiment de la justice dans le peuple ? A-t-on suffisamment étudié l'opinion du peuple, ou ne s'est-on pas laissé aller à l'opinion de personnes importantes qui vivent loin du peuple, et qui sont trop souvent égarées par le mysticisme, par l'attachement à des idées surannées, par la foi dans la toute-puissance de l'intimidation, et voient une manifestation du sentiment populaire dans la curiosité barbare de la foule pour un spectacle sanguinaire ? Il faut bien se garder de prendre l'irritation produite, même dans la partie intelligente du peuple, par la nouvelle d'un crime affreux et l'attente certaine d'une condamnation à

____

(1) Dans sa publication *Sur la peine de mort,* p. 56.

mort prescrite par la loi contre le coupable, pour l'expression du sentiment réfléchi des hommes éclairés.

La peine de mort a-t-elle pour effet de prévenir les grands crimes ? Des hommes d'une grande autorité, analysant les causes des assassinats, pensent que la peine de mort n'a aucune force d'intimidation : le mobile de l'assassinat est un esprit de spéculation effréné, l'amour du gain, la haine, la jalousie, un ressentiment exalté peu à peu et arrivé aux dernières limites de la violence, comme il arrive quand un conjoint assassine l'autre.

Quelquefois l'assassin est un individu grossier et violent, qui n'a jamais eu ni moralité, ni sentiment d'équité, ni respect pour un droit positif; qui n'écoute que ses passions sauvages et ses appétits, qu'il faut satisfaire immédiatement (1). C'est encore un individu que la colère a bouleversé au point de lui faire perdre la raison (2). Les assassins de la première espèce ne s'inquiètent pas de la peine de mort; ils ne songent qu'aux précautions à prendre pour commettre leur crime sans être découverts. Ceux de la seconde espèce sont dans une disposition d'âme semblable à celle du meurtrier, qui arrive insensiblement, à force d'excitation, à commettre un assassinat sans en avoir conscience (3). Les assassins de la troisième espèce sont des barbares dont le sens moral est complétement oblitéré; ils n'ont aucune notion du droit et de la loi ; ils ne songent pas à la peine de mort, ou du moins ils ne la craignent pas. Quant aux criminels de la quatrième espèce, il est évident qu'ils ne sont pas des assassins.

Nous avons dit plus haut que le procureur général, M. de Bavay, invoquait, pour montrer l'action préventive de la peine de mort, le témoignage des assassins eux-mêmes, disant qu'ils n'auraient

(1) Dumollard est un criminel de ce genre; son état mental a été l'objet d'une excellente étude de psychologie, dans le *Journal de médecine mentale*, par Delasiauve, 1862, mars, p. 85.

(2) Importantes réflexions sur les cas où l'aliénation mentale a été méconnue par inattention. V. *Winslow the medical critic and psychological journal*, 1862, juillet, p. xix.

(3) Souvent, dans les ministères, à propos d'une demande de grâce, on s'aperçoit que le juge a vu peut-être, à cause de l'économie de la loi, un assassinat dans un crime qui n'était qu'un meurtre.

pas commis de crime s'ils avaient su qu'ils encouraient cette peine. M. de Bavay attache trop de prix à de pareilles déclarations, et il oublie qu'elles peuvent être inspirées par la ruse à des hommes qui veulent se soustraire à la peine (1). Il a tort de vouloir prouver la légitimité de cette peine, en rappelant qu'en Belgique deux exécutions ont suffi pour arrêter un mouvement effrayant de criminalité ; il fait une erreur de raisonnement : *Post hoc, ergo propter hoc*. Comment prouver que les exécutions ont fait cesser les crimes? Nous prions M. le procureur général de se rappeler qu'en Irlande il y eut, malgré des exécutions multipliées, une longue suite d'incendies terribles. On les voit cesser tout d'un coup, grâce à certains hommes assez influents pour détourner le peuple de ces actes sauvages de vengeance : la vigilance de la police et le remède à la misère apporté par d'heureuses moissons ne furent pas étrangères à ce résultat. Comment expliquer, avec le système de M. de Bavay, qu'il se commette souvent des crimes terribles, immédiatement après une exécution, et qu'on les ait vus se multiplier dans le canton de Berne après cinq exécutions dans une même année, et qu'enfin tant d'assassins aient vu exécuter d'autres assassins ?

A ceux qui pensent qu'on peut rendre la peine de mort légitime en supprimant la publicité de son exécution, nous répondons par ces mots de Chauffour (2) : « Si la peine de mort est juste, osez donc, comme le faisaient nos pères, l'exercer au grand jour. Si elle doit moraliser les masses, donnez-leur en plein soleil ce terrible enseignement ; mais si vous doutez vous-même de votre œuvre, si vous ne croyez à l'efficacité de l'appareil du supplice, pourquoi n'accordez-vous pas à l'humanité une satisfaction entière? »

Arrivons enfin à la discussion engagée sur la peine de mort à Vienne, dans la troisième session du congrès des jurisconsultes allemands (3). On devait espérer que l'assemblée ferait du maintien

---

(1) En Bavière, un avocat avait une fois conseillé à un grand criminel de déclarer au tribunal qu'il ignorait la peine, et qu'il n'aurait pas commis le crime dont il était accusé, s'il avait su qu'il encourait la peine de mort.

(2) *Revue germanique*, 61, p. 276.

(3) Malheureusement, nous n'avons, au lieu des procès-verbaux complets de ses séances, que les comptes rendus des débats, publiés dans les journaux judiciaires de l'Allemagne, 1862, n°⁵ 51 et 52.

de la peine de mort l'objet d'une délibération digne d'une question si grave dans l'ensemble de la législation pénale; malheureusement cette espérance a été vaine. Le conseiller d'une cour d'appel, M. de Kræwel, proposa au congrès de déclarer qu'on pouvait mettre toutes les législations de l'Allemagne d'accord, sinon pour la suppression de la peine de mort, au moins pour l'établissement d'un même code pénal. M. l'avocat Fries, qui venait de soutenir à la diète de Weimar l'abolition de la peine de mort, proposa de la déclarer inconciliable avec les principes d'une bonne législation pénale; mais sa proposition, présentée le 20 juillet, fut écartée comme tardive. Des amendements vinrent modifier la proposition de M. Kræwel (1); voici celui de M. Gœtting d'Hildesheim, l'auteur d'un travail remarquable sur la peine de mort : La suppression complète de cette peine est une des règles fondamentales d'une législation uniforme pour l'Allemagne. Voici l'amendement de M. Holzendorff : Le désaccord des législations pénales de l'Allemagne sur la peine de mort n'est pas un obstacle à l'établissement de la législation pénale réclamée par le congrès. Un membre soutint la proposition de M. Gœtting, d'autres la combattirent. Elle fut rejetée, par une forte majorité, comme inopportune. La proposition de M. Holzendorff, admise par M. de Kræwel, obtint la majorité.

Beaucoup de membres du congrès des jurisconsultes désiraient ne pas être obligés de voter sur la suppression de la peine de mort, et ce désir était peut-être inspiré par la prudence. La suppression de la peine de mort n'aurait probablement pas réuni la majorité des voix. On doit croire que les nombreux jurisconsultes autrichiens qui, voulant protéger l'État, croyaient le maintien de cette peine nécessaire en Hongrie et en Italie, auraient voté contre son abolition. En décidant que la diversité des législations sur la peine de mort n'est pas un obstacle à l'établissement d'une législation pénale uniforme pour l'Allemagne, le congrès a décidé que l'unité législative exclut le maintien de la peine de mort.

(1) D'après le *Journal judiciaire*, le professeur Wahlberg aurait dit que la proposition de Kræwel était prématurée. Les motifs de cette opinion ne sont pas donnés.

Comment parler d'unité, dès qu'on est en désaccord sur la question la plus grave de la législation pénale, la peine de mort ? Que dira le peuple en voyant exécuter un assassin dans le Hanovre, tandis qu'au delà de la frontière, dans l'Oldenbourg, un autre assassin est condamné, le même jour, à la prison perpétuelle ? Nous avons montré, au début de cet article, que le maintien ou la suppression de la peine de mort change l'économie de la loi et la gradation des peines. Il est bien à désirer que le prochain congrès de jurisconsultes regarde comme un de ses devoirs les plus importants l'examen approfondi de cette question ; mais il doit prendre soin de recueillir les observations et d'examiner les faits qu'elle comporte ; les voici : 1º Le nombre des grands crimes s'est-il augmenté ou abaissé dans les pays où la peine de mort a été supprimée ? quel est le sentiment populaire à cet égard ? 2º Il faut interroger l'expérience des États où la peine de mort est abolie ou régulièrement remplacée, pour certains crimes, par la grâce. 3º Quel est le rapport du nombre des individus graciés avec celui des condamnés à mort, et quelle est l'opinion du peuple sur les décisions qui accordent ou refusent la grâce ? 4º A-t-on condamné à mort des accusés innocents ? 5º Il faut surtout s'enquérir de la conduite des individus pour qui la peine de mort a été changée en celle des travaux forcés, soit par l'effet de la grâce, soit par l'abolition de la peine de mort, et chercher jusqu'où va l'amélioration morale de ces condamnés.

La commission chargée du rapport sur la proposition, et chaque membre du congrès devraient recueillir et communiquer leurs renseignements sur tous ces points. Rien ne serait plus utile à l'examen approfondi d'une telle question. Si les gouvernements veulent sérieusement faire une enquête de ce genre et organiser un système pénitentiaire utile à l'amélioration des condamnés, et reconnu comme tel dans l'Europe, encore bien divisée là-dessus ; enfin, si la foi dans l'amélioration des condamnés se répand dans le peuple, on sera bientôt d'accord sur le maintien ou l'abolition de la peine de mort.

IIe PARTIE.

—

Le maintien de la peine de mort dans notre droit pénal est une question si grave, qu'il faut, pour la résoudre, réunir et examiner avec soin tous les faits qui s'y rapportent. Il est surtout important de recueillir avec impartialité les opinions des savants, des jurisconsultes voués à la pratique du droit, et des hommes éclairés de toutes les classes dans différents pays. La statistique est d'une grande utilité, en nous donnant le nombre des condamnations à mort prononcées dans chaque pays et effacées par la grâce. Il est important de connaître le nombre des crimes dans les pays où la peine est prodiguée, et de constater s'il s'est augmenté dans ceux où elle est rarement prononcée ou même abolie? L'expérience a-t-elle montré que l'exécution de cette peine a des inconvénients? Son abolition ne fait-elle aucun tort à la sûreté publique? C'est le point le plus grave de la question. Est-on enfin dans une situation qui rende légitime la suppression de cette peine? Ces diverses questions vont faire dans ce journal l'objet d'une suite de publications se rattachant à notre livre sur la peine de mort, et à des articles publiés en 1862 dans les numéros 48 et 49 du *Journal de Droit criminel*.

I. Nous avons maintenant sous les yeux la discussion du comité de constitution, dans le canton de Bâle-Campagne, sur cette grave question. Elle est remarquable, parce qu'elle a été soutenue principalement par des orateurs qui n'étaient pas jurisconsultes, et elle nous donne ainsi l'expression du sentiment populaire. Le maintien de la peine a été soutenu par M. Frei, jurisconsulte appartenant au parti libéral : il est persuadé qu'avec le progrès de la civilisation l'abolition de la peine de mort est certaine ; mais le peuple ne la veut pas encore, parce qu'il regarde la peine comme une garantie pour la sûreté publique. D'autres orateurs disent que nul ne serait en sûreté si la peine était abolie. Le canton n'a

(1) Mars 1863.

pas d'établissement où les criminels soient dans l'impossibilité de faire du mal : ils peuvent s'évader de la prison. Un autre orateur racontait qu'un homme, coupable d'un acte de barbarie, avait fait entendre, pendant qu'on le menait dans la maison de force, des menaces de mort, disant qu'il n'avait rien à craindre pour sa vie, depuis la nouvelle constitution qui abolissait la peine de mort. Un jeune théologien, M. Pirmann, proposa, tout en défendant la peine, d'en restreindre l'application à l'assassinat prémédité. Le but de la peine, dit-il, c'est l'intimidation pour tous, en même temps que l'expiation du crime pour le coupable. Récemment un condamné, à qui l'on demandait s'il avait à faire valoir quelque bonne raison pour obtenir sa grâce, répondait : Il n'est pas possible de supporter une telle existence. L'orateur ajoutait que la vie doit être prise dans sa totalité, et qu'elle commence dans ce monde pour s'achever dans l'autre. Si l'on prétend que l'État ne peut ôter la vie parce qu'il ne l'a donnée à personne, ne pourrait-on pas demander pourquoi il envoie les citoyens à la guerre ?

L'abolition de la peine fut le mieux soutenue par le directeur de la justice, M. Nippenbach, qui déclara qu'il reconnaissait l'impossibilité de la faire adopter à présent. Nul, disait-il, n'a démontré que l'État ait le droit de vie ou de mort. Peut-on produire l'intimidation par la peine? Il ne faut pas oublier que, l'année précédente, à Berne, on a commis de nombreux assassinats, malgré de nombreuses exécutions capitales. Le but de la peine est-il de réparer le mal causé par le crime? La peine de mort ne donne pas. le moyen de l'atteindre. Il faut instituer de bons établissements pénitentiaires, où l'on travaille à l'amélioration des condamnés ; c'est la meilleure garantie pour la sûreté publique.

L'abolition de la peine de mort fut rejetée par 46 voix : 16 la votèrent.

Une discussion remarquable fut provoquée, dans une assemblée législative du canton de Fribourg, par une pétition que des habitants adressaient au grand conseil. La peine de mort est législativement supprimée dans ce canton depuis 1848. Un assassinat, accompagné de circonstances épouvantables, avait été commis à Oberried, en 1862, sur une jeune personne : un grand nombre d'habitants demandaient au grand conseil la peine de mort contre l'assassin de la demoiselle Grau, et le rétablissement de cette peine dans le canton. Les signataires de la pétition, en réclamant, contrairement à la loi, la peine de mort contre un individu, montraient qu'ils n'avaient aucune idée du respect dû à la loi existante, et détruisaient la portée de la pétition tout entière.

Néanmoins le rétablissement de la peine devait être l'objet d'une délibération dans le conseil d'État. Le professeur Fracheboud, président du grand conseil, présenta, au nom d'une commission, un rapport qui concluait au rétablissement de la peine. Dans un autre rapport, M. de Werro, député au grand conseil, homme d'État très-distingué, exposait les dangers du rétablissement prématuré de la peine (1). Les deux rapports sont remarquables. La délibération s'ouvrit, dans le grand conseil, en novembre 1862.

Antérieurement on avait décidé la révision du code pénal ; il n'y avait donc pas lieu de résoudre définitivement la question.

La commission posait ce principe, le rétablissement de la peine. Une proposition subsidiaire demandait le renvoi au conseil d'État pour l'examen de la question, avec le soin de faire d'autres propositions. Dans la discussion, plusieurs membres firent voir le danger d'un vote irréfléchi, et soutinrent que la pétition était née sous l'impression d'une colère violente. La proposition subsidiaire fut votée à une grande majorité. C'était l'ajournement de la question.

La commission commence par dire que la peine de mort n'est pas nécessaire à un État organisé suivant les données exactes de la science ; mais telle n'est pas l'organisation du canton de Fribourg. Le régime des prisons est loin d'être bien ordonné pour l'amélioration des condamnés et pour la sûreté publique. N'est-il pas imprudent de sacrifier légèrement la sûreté publique et le repos des citoyens à des théories, à des idées abstraites ? Le rap-

____

(1) La publication de M. Werro a pour titre : *Une Opinion sur la peine de mort.* Fribourg, 1863.

porteur ajoute que la peine de mort existe dans tous les pays civilisés, et que les États qui l'avaient supprimée l'ont rétablie.
Substituer l'emprisonnement perpétuel à cette peine, c'est créer
un grand danger. Qu'un grand criminel s'échappe de la prison
où il doit rester enfermé toute sa vie (et certes une évasion n'est
pas difficile dans l'état où sont les prisons de Fribourg), il profi-
tera de la liberté pour commettre de nouveaux crimes épouvantables.

Les tribunaux de Fribourg ont eu un plus grand nombre de
crimes à punir depuis l'abolition de la peine de mort ; elle a donc
favorisé leur développement (1). Cette peine est une garantie précieuse pour la société ; elle inspire à tous une crainte salutaire en
agissant sur l'instinct de la conservation, si puissant chez l'homme. Des criminels n'ont-ils pas eux-mêmes déclaré qu'ils n'auraient pas commis leurs crimes si la peine de mort était encore
en vigueur (2)?

Quelques petits États seulement ont tenté de supprimer cette
peine, dit le rapport ; à Fribourg, elle a été abolie en 1848, dans
un temps de grande agitation politique. Pour la légitimité de cette
peine, le rapport invoque des passages de l'Ancien et du Nouveau
Testament et les Pères de l'Église (3). Il est vrai que cette peine
est irréparable quand elle frappe l'homme innocent ; de telles
erreurs sont possibles ; faut-il pour cela priver la société d'un si
grand moyen de défense? Les autres peines ont aussi d'irréparables effets ; on ne peut réparer les souffrances et les tourments
causés par un long emprisonnement à un homme innocent.

Le travail de M. de Werro, cité plus haut, est court, mais substantiel et remarquable dans son ensemble. L'auteur réfute avec

(1) Le rapporteur aurait dû dresser une statistique exacte des
crimes commis avant et depuis l'abolition de la peine de mort.

(2) Nous avons donné, en réfutant le procureur général de la Belgique, notre appréciation sur la valeur de cette déclaration, dans le
Journal de droit pénal, 1862.

(3) Le rapporteur n'aurait certes pas eu cette opinion-là, s'il avait
su (*Journal du droit criminel*, 1862) comment l'honorable président
du consistoire de Strasbourg, M. Braunwald, prouve avec force que la
peine de mort est contraire au christianisme, et s'il avait connu les
passages de saint Augustin qui s'y rapportent.

impartialité les exagérations de la presse de Fribourg, pour arriver au rétablissement de la peine de mort ; il fait remarquer que ses partisans ont tort de parler du petit nombre de ses adversaires et du peu d'importance des États qui ont tenté d'abolir cette peine. Tout progrès important n'est-il pas ainsi longtemps contrarié par la force des préjugés ? M. Werro ne conteste pas la légitimité de la peine ; il l'admet, s'il est prouvé qu'elle est nécessaire. Il déplore, à ce point de vue, l'absence d'une bonne statistique qui fasse connaître, indépendamment des chiffres, les circonstances environnant les crimes et les causes permanentes ou passagères de leur développement. La société est bien protégée, suivant M. Werro, par l'établissement d'un bon régime pénitentiaire qui sert à l'amélioration des condamnés : il faut l'instituer, quelques dépenses qu'il exige. Rien ne prouve que la peine de mort ait en général la puissance d'intimidation qu'elle exerce sur quelques hommes. Elle a des inconvénients certains, l'indivisibilité de ses effets et l'impossibilité de réparer l'erreur causée par la condamnation d'un innocent. M. Werro demande qu'avant de rétablir cette peine on dresse une statistique exacte des quinze années qui ont suivi son abolition dans le canton, et qu'on examine s'il n'est pas possible de la remplacer par un bon système pénitentiaire qui comporte la gradation des peines.

La question de la peine de mort a été de même, en 1861, l'objet d'une discussion dans le grand conseil de Genève, à propos du recours en grâce de Maurice Cley. Le pétitionnaire avait, après deux vols commis à des époques différentes, tué un homme et l'avait dépouillé. Les jurés avaient déclaré qu'il n'y avait ni guet-apens ni préméditation, mais vol de plusieurs objets appartenant à la victime du crime. Ce verdict entraînait la peine de mort, suivant la disposition du code relative au meurtre précédé, accompagné ou suivi de vol. L'accusé avait à peine vingt ans. Peu de temps auparavant, une exécution avait provoqué à Genève diverses manifestations contre la peine de mort ; aussi la grâce de Maurice Cley fut-elle demandée par plusieurs pétitions, mais rejetée par 43 voix contre 34. Cley fut exécuté. On trouve, à cette occasion, des déclarations impor-

tantes, surtout dans la bouche des défenseurs de la peine de mort.
Citons en particulier le discours de Camperio, qui a écrit une
défense très-habile de cette peine; il voulait la grâce du condamné. Il fit valoir que le verdict du jury avait écarté la préméditation, et qu'il s'agissait de faire l'application du malheureux
art. 304 de la loi française, qui prononçait à tort la peine capitale
pour un meurtre accompagné de vol. Il voulait la peine dans la
loi, parce qu'il lui paraissait dangereux de l'abolir dans le canton
de Genève, entouré d'États qui la maintiennent. Le condamné est
sans doute un grand criminel, dit Camperio, mais il faut lui
accorder sa grâce tant à cause de sa grande jeunesse qu'à cause
du verdict écartant la préméditation. Nous trouvons parmi les
orateurs qui insistèrent en faveur de la grâce les hommes les plus
honorables et les plus expérimentés de Genève : ils voulaient le
maintien de la peine dans la loi, et en même temps la grâce du
condamné. Citons Castedi, membre de la cour de cassation : il
parla dans la séance où le recours du condamné fut rejeté. Vuy
soutint avec énergie que la justice, et surtout la justice pénale,
devait, pour être digne de son nom, savoir mesurer la peine au
crime. Chaulmantel fut d'avis qu'il fallait exécuter les condamnations à mort dans les cas les plus graves seulement : tel n'était
pas le cas présent, où le jury avait écarté la préméditation ; le
meurtre ne devait pas être puni aussi sévèrement que l'assassinat.
Les orateurs franchement hostiles à la peine de mort, Cambas-
sedes, Golay, Braillard, le président du jury lui-même était de
ce nombre, bien qu'il eût voté la déclaration de culpabilité, furent
nécessairement favorables à la grâce. La minorité de 34 voix,
composée des hommes les plus éminents, fut pour la grâce;
une majorité de 43 voix la fit repousser par des raisons dont on
ne saisit pas la portée, et l'exécution eut lieu ; mais on a le droit
de dire qu'elle fut désapprouvée par un grand nombre des habitants de Genève (et dans le nombre on compte des hommes pleins
d'intelligence et de jugement).

La question fut encore une fois discutée, en 1862, dans l'Assemblée constituante chargée de reviser la Constitution, et la

suppression de la peine fut rejetée à une majorité de 43 voix contre 6.

M. Bost, pasteur à Genève, avait prié Victor Hugo de faire connaître son opinion, pour agir sur l'esprit public. Dans une lettre du 12 novembre 1862 (1), Hugo faisait valoir contre la peine de mort la précaution prise dans bien des pays de renoncer à la publicité des exécutions ou de la restreindre. La peine de mort, ainsi privée de son pouvoir d'intimidation, n'avait plus sa raison d'être. Il trouvait une preuve de son inutilité dans le droit accordé au jury d'admettre toujours les circonstances atténuantes. Hugo invoquait encore la possibilité d'améliorer les criminels, et combattait les idées fausses sur les exigences de la justice.

L'abolition de la peine de mort a été discutée récemment, au mois de février 1863, en Belgique, dans une assemblée de la Société libre d'émulation (2). M. Bury l'a soutenue dans un discours animé. La plupart de ses arguments ne sont pas nouveaux ; arrêtons-nous à quelques-uns d'entre eux.

L'orateur s'élève surtout contre la nécessité de la peine, et montre qu'on la défend comme on défendait jadis la torture, la marque, universellement condamnées de nos jours. Il rappelle les protestations énergiques de la cour d'appel de Bruxelles contre la suppression de la publicité des exécutions. Il ajoute qu'aucune condamnation n'a été exécutée depuis trente-sept ans dans quatre provinces de la Belgique : Liége, Limbourg, Luxembourg et Namur : cette dernière province a vu une seule exécution en douze ans, et le nombre des grands crimes n'a pourtant pas cessé de décroître (3). Il finit en disant qu'à Liége, où aucune

(1) La lettre a paru dans la revue *la Belgique judiciaire*, 1863, n° 3. Victor Hugo avait déjà, à propos d'une condamnation prononcée à Charleroy, adressé à la Belgique une lettre où il demandait l'abolition de la peine de mort.

(2) *Journal de Liége* du 2 février 1863.

(3) L'orateur réfute les raisons données par le procureur général de Bruxelles en faveur de la peine de mort, et il montre que la fréquence des grands crimes dans le ressort de Tournai, jusqu'à l'exé-

exécution n'a eu lieu depuis trente-sept ans, une condamnation à mort ne pourrait être exécutée sans soulever la ville entière, comme à Florence, dans une occasion semblable. Une explosion d'applaudissements accueillit ces paroles dans l'assemblée, et prouva que les habitants de la ville partageaient, au moins en grande partie, les idées de l'orateur.

Le procureur général de Colmar, au contraire, soutient, comme son collègue de Bruxelles, la nécessité de la peine de mort (1). Ce haut fonctionnaire est un partisan décidé d'un système de répression rigoureux (2). A ses yeux, l'abolition de la peine de mort est une utopie rêvée par des idéologues qui se laissent aller à la compassion pour les plus grands criminels. Il repousse énergiquement l'argument tiré contre cette peine de l'inviolabilité de la vie humaine. Le procureur général oppose à cette idée l'opinion de Pascal qui reconnaît que l'inviolabilité de la vie humaine cesse toutes les fois que Dieu ordonne la mort d'un homme, et, comme il a donné lui-même, pour la conservation de la société et pour la punition des criminels, des lois qui permettent d'ôter la vie aux coupables, sa volonté rend la peine de mort légitime (3). Il cite, après Pascal, un passage du xx1e chapitre de saint Augustin, *de Civitate Dei*. Suivant ce Père de l'Église, la peine de mort est infligée au coupable, non par l'homme, mais par Dieu lui-même, dont l'homme est l'instru-

cution de deux criminels, avait tenu, non pas à l'absence de la peine de mort, mais à l'impunité des criminels.

(1) Dans son discours de rentrée, prononcé à Colmar le 4 décembre 1862, le procureur général de Bigorie de Longchamps, en traitant du jury, réfute les adversaires de la peine de mort.

(2) Il s'élève contre le pouvoir donné au jury d'admettre les circonstances atténuantes, et croit qu'il est temps de faire passer ce pouvoir aux mains de la cour d'assises.

(3) Il est à regretter que M. le procureur général ne se soit pas inquiété de mieux savoir quels sont les adversaires de la peine de mort en Allemagne, en Angleterre, en Italie, en Belgique; il aurait appris qu'il y a parmi eux des fonctionnaires très-élevés, des ministres d'une grande expérience, d'autres hommes d'État et des magistrats; enfin les ecclésiastiques les plus estimables des deux confessions chrétiennes. Peut-on dire d'eux avec mépris que ce sont des idéologues?

ment. M. le procureur général a, sans doute, trop à faire pour approfondir le sujet ; aurait-il sans cela pris dans saint Augustin un passage détaché de l'ensemble de son œuvre, et n'aurait-il pas vu, comme son compatriote, l'honorable M. Braunwald, président du consistoire de Strasbourg (1), que la peine de mort est contraire à l'esprit du christianisme, suivant tous les Pères de l'Église et saint Augustin lui-même? En étudiant le développement complet des idées de saint Augustin (2), M. le procureur général aurait vu que ce Père de l'Église fut d'abord un platonicien décidé ; plus tard, ses luttes contre Pélage, contre la secte chrétienne des donatistes, qui l'attaquèrent violemment, une situation terrible amenée par les entreprises des Goths et des Vandales, le rendirent plus sévère ; mais il ne voulut jamais la peine de mort, même contre ses ennemis les donatistes ; on le voit dans ses lettres au proconsul d'Afrique Donatus (lettre 127), à Marcellus (n° 158), au proconsul Apringius (lettre n° 160) ; il les conjure de repousser cette terrible extrémité (3). M. le procureur général veut-il opposer à ces passages si précis l'art. xxi de l'ouvrage *de Civitate Dei*? Il doit considérer que ce chapitre xxi se rapporte au chapitre xx ; dans le chapitre xx, il condamne énergiquement, comme anti-chrétienne, toute espèce de meurtre ; dans le chapitre xxi, il rappelle, à titre d'exception, les cas où Dieu a ordonné la mort d'un homme. Ainsi Dieu a ordonné à Abraham d'immoler son fils, à Jephté d'immoler sa fille, à Samson de s'enterrer avec ses ennemis sous les ruines d'une maison. Ici saint Augus-

(1) V. le *Journal du droit criminel* de 1862.

(2) M. le procureur général aurait trouvé une étude remarquable sur ce sujet dans l'ouvrage de Baehr, *Histoire de la littérature romaine*, en 2 vol. *Théologie christiano-romaine*, Carlsruhe, 1837, p. 222-267.

(3) Saint Augustin écrit, dans sa lettre à Donatus : « Corrigi eos cupimus, non necari, nec disciplinam circa eos negligi volumus, nec suppliciis quibus digni sunt exerceri. » Plus loin : « Proinde si occidendos in his sceleribus homines putaveritis, deterrebitis nos ne per operam nostram ad vestrum judicium aliquid tale perveniat. » Dans sa lettre à Marcellin : « Pœna illorum quamvis de tantis sceleribus confessorum rogo te, ut præter supplicium mortis sit. » Dans sa lettre à Apringius : « Parce convictis, illi impio ferro sanguinem christianum tuderunt, tu ab eorum sanguine etiam juridicum gladium cohibe propter Christum.

tin choisit, comme il l'a fait ailleurs, dans l'Ancien Testament, pour exemples, des cas où la volonté de Dieu s'est manifestée d'une façon particulière. Il ne parle pas de la loi (*lex*) en général (*generaliter*), quand il admet que l'homme qui met à mort son semblable, condamné en vertu d'une loi juste, ne commet pas de faute.

II. Récemment un savant bien distingué en France, M. Franck, dont nous avons cité les excellents travaux sur le droit criminel dans un précédent numéro, s'est manifestement prononcé contre la peine de mort dans le 4e volume d'un intéressant travail publié par la *Revue contemporaine* du 31 octobre 1862, page 618. Cette peine ne répond nullement, dit-il, au but même de la pénalité ; la prétendue théorie de l'expiation est sans fondement ; enfin la peine de mort n'a aucun pouvoir d'intimidation ; un système d'isolement bien organisé vaut mieux.

Walter, professeur à Munich, jurisconsulte plein de sagacité et de respect pour la vie humaine, dit, dans sa *Revue trimestrielle de critique sur la Législation,* Munich, 1855, 4e vol., page 431, que la peine de mort disparaîtra bientôt par le progrès des idées ; car tout s'améliore tant dans l'ordre intellectuel que dans l'ordre matériel. Les partisans de la peine de mort, dit Walter, sont poursuivis et atteints par la science dans leurs derniers retranchements. Il ne suffit plus qu'elle existe pour être légitime. L'injustice a beau durer mille années, elle n'est jamais un seul instant la justice.

On trouve une théorie tout opposée, la défense de la peine de mort, dans un ouvrage nouveau de Geib, professeur à Tübingue, à qui le droit pénal doit des travaux d'une sagacité et d'une science également remarquables. Dans son livre du droit pénal, publié en 1862, 2e vol., p. 408, Geib dit : Tout se réduit à savoir si certains crimes doivent être punis de mort pour donner une satisfaction nécessaire à la conscience publique ; toute autre pénalité n'est-elle pas insuffisante, sans rapport avec la gravité du crime, et mal faite pour son expiation ? La question, ainsi posée, ne peut faire doute, aux yeux de Geib, dans l'état présent du droit, et la légitimité, l'utilité, et même encore la nécessité de la peine de mort, appliquée au moins à l'assassinat, sont incontestables.

Nous ne pouvons, malgré tout notre respect pour Geib, admettre la justesse de ses idées, ni celle de ses raisons. Est-il vrai que la conscience publique réclame la peine de mort ? A part l'Angleterre, on n'a, dans aucun pays, sérieusement interrogé le sentiment du peuple sur cette question. Il ne faut s'arrêter ni aux manifestations d'une foule brutale, qui se complaît dans les spectacles les plus abominables, ni aux déclarations d'hommes ou de fonctionnaires importants, partisans du principe d'intimidation, ni à celles d'ecclésiastiques appartenant au parti piétiste. L'opinion d'un homme distingué et expérimenté comme Braunwald devrait renverser tous les préjugés. L'avis des savants toujours préoccupés des idées mystiques d'expiation, et vivant en dehors du peuple, n'a aucune portée.

Nous devons citer encore une fois l'infatigable professeur de Bologne, Eller. Il travaille sans cesse, dans son journal, *Giornale per l'abolizione della pena di morte* (Bologne, 1862, 5e vol.), à répandre des idées saines sur la question ; ce journal contient un excellent article de Puccioni, l'honorable président de la commission de législation sous le gouvernement du grand-duc, et l'auteur de l'important commentaire du code pénal toscan. Puccioni montre l'illégitimité et l'inutilité de la peine de mort, tant au point de vue scientifique qu'au point de vue pratique.

Suivant Puccioni, aucun des prétendus principes du droit pénal ne justifie la peine de mort. Une condamnation à mort, pour être juste, doit être fondée sur la vérité ; mais la vérité est si difficile à saisir, que l'on condamne des accusés innocents, et la peine de mort a le grand inconvénient de rendre de telles injustices irréparables. Puccioni réfute très-heureusement les arguments produits par les défenseurs de cette pénalité, et il prouve qu'elle n'est ni nécessaire ni même utile. Le tome cinquième de la publication d'Eller contient deux autres articles, à propos d'un livre du célèbre historien César Cantu, publié à Milan en 1852, sous le titre de : *Beccaria e la scienza criminale.* Ce livre renferme des faits bien importants pour l'histoire du droit pénal en Italie, en même temps que des passages dirigés contre les adversaires de la peine de mort. César Cantu, regardant son abolition comme inopportune, s'attache à détruire l'autorité des travaux de Beccaria et de

Carmignani dans cette matière. Eller a bien réfuté, dans son cinquième volume, pages 103 et 30, les attaques injustes de Cantu contre Beccaria et Carmignani. Il faut sans doute reconnaître que beaucoup des arguments juridiques de Beccaria n'ont aucune valeur et ne résistent pas à un examen sérieux ; mais on ne peut nier qu'il ait rendu un très-grand service à la science du droit criminel ; ses idées sur la théorie de l'utile en matière criminelle sont d'une haute portée, et son influence a-été bien légitime. Voilà ce qui est bien prouvé par M. Eller. Cantu a tort aussi de déclarer Carmignani incompétent en matière de droit pénal. Il n'est pas vrai que Carmignani ait abandonné ses idées sur la peine de mort. L'auteur du présent article a eu lui-même un long entretien, à Pise, avec Carmignani, quelque temps avant sa mort, et, dans cette occasion comme dans ses lettres, Carmignani n'a cessé de se déclarer l'adversaire de la peine. On trouve, à la page 89 d'Eller, une importante communication de Lanchi sur de nouveaux faits relatifs à la question.

III. L'inutilité de la peine est démontrée par des faits. Que peuvent dire ses défenseurs, quand il est prouvé qu'elle ne produit pas l'intimidation ; que les pays qui l'ont abolie n'ont pas vu s'augmenter le nombre des crimes qu'elle punissait ; que l'exercice indispensable du droit de grâce fait souvent tort au pouvoir ; que les grands criminels s'amendent sous l'influence d'un régime pénal bien organisé, et qu'enfin on voit se multiplier les condamnations d'accusés innocents ?

IV. Voici de nouveaux exemples de condamnations iniques. Le nouveau journal de Zurich rapporte (1862, du n° 325 au n° 330) qu'en 1855, une femme Stocker avait été condamnée à quinze ans de travaux forcés pour un crime d'incendie qu'elle n'avait pas commis ; elle était dans la maison de force depuis plus de sept années, quand un honorable ecclésiastique réussit à faire voir, en 1862, que le crime était l'œuvre d'un nommé Hauser. La preuve de la culpabilité d'Hauser fut acquise ; il fut condamné en novembre 1862, et la femme Stocker acquittée. Voilà le quatrième exemple de condamnations prononcées à Zurich, le plus souvent sur la foi de faux témoignages, contre des accusés innocents. Une fois, ce fut le ministère public qui, par malveillance, retenant une partie des preuves de l'innocence d'un accusé, amena la condamnation. Un exemple terrible de condamnation prononcée contre un accusé innocent, en France, est celui que nous donne le journal le *Droit*, dans son numéro du 17 novembre 1862. Une femme Doize fut déclarée par le jury coupable du crime de parricide; grâce à l'admission de circonstances atténuantes, la peine de mort fut remplacée par celle des travaux forcés à perpétuité. Plus tard, les débats d'un procès d'assises, à Amiens, révélèrent que le vrai coupable était un individu qui n'avait aucun rapport avec la fille de la victime. L'accusée avait fait l'aveu de sa culpabilité; mais c'était, suivant sa déclaration devant la cour d'Amiens, un aveu arraché par d'horribles souffrances, par une vraie torture (1) que lui avait fait subir le juge d'instruction dans sa prison. Un exemple plus récent d'une condamnation prononcée contre un accusé innocent s'est présenté en Corse. (Voir le *Droit* du 1er décembre 1862.) Un certain Renosi avait été condamné, pour meurtre, à vingt ans de travaux forcés; plus tard, il fut démontré que le meurtrier était un nommé Simoni. Le nombre croissant de telles condamnations ne rend-il pas nécessaire l'abolition de la peine de mort? Ne lit-on pas à regret, dans les journaux et dans des rapports récents, que ces exemples ne prouvent rien; ils sont rares, ils sont le résultat d'un verdict du jury; un examen attentif des preuves peut en prévenir le retour; enfin les souffrances causées à des innocents par les travaux forcés ne peuvent pas non plus être effacées? Nous prions les partisans de la peine capitale de considérer qu'avec le système inquisitorial de l'instruction secrète, rien ne protége les accusés contre le zèle des juges d'instruction; persuadés de la culpabilité d'un accusé, ils croient nécessaire de vaincre sa résistance. Ajoutons que les déclarations de faux témoins amènent aussi bien les juges que les jurés à condamner des accusés innocents. La malheureuse femme Doize aurait été exécutée, si le jury n'eût heureusement empêché la condamna-

---

(1) Nous avons raconté en détail, dans le n° de février 1863 du *Journal du droit criminel*, les traitements barbares infligés par le juge d'instruction à la femme Doize.

tion à mort par l'admission des circonstances atténuantes. Il faut déplorer que tant de personnes ne tiennent pas compte du nombre toujours croissant des condamnations prononcées contre des accusés innocents ; elles oublient que souvent une condamnation dépend de l'avis d'un médecin dont les progrès de la science manifestent plus tard l'erreur (1); dans d'autres cas, ce sont les témoins qui, par inattention, se trompent sur l'identité de l'accusé (2); et ces témoignages induisent en erreur les experts, qui pouvaient, avec de la prudence, voir la vérité (3). Malheureusement on s'occupe aussi trop peu des difficultés que le code français et plusieurs codes allemands opposent à une instruction nouvelle, et la loi est souvent un obstacle à la preuve de l'innocence d'un condamné (4).

Il est surtout important de recueillir une statistique exacte des condamnations prononcées, exécutées ou atténuées par la grâce. Nous ajoutons de nouveaux renseignements à ceux que nous avons publiés dans notre livre sur la peine de mort et dans le *Journal de droit criminel* (5). Dans l'empire d'Autriche, en dehors de

(1) En Angleterre, un individu a été récemment condamné à mort pour assassinat, sur la foi des experts, qui faisaient remonter la mort de sa victime à un nombre d'heures déterminées, parce que le cadavre était entièrement froid. L'avis des experts donnait une grande force à des indices recueillis contre l'accusé ; mais on reconnut sa fausseté après la condamnation, et la condamnation à mort ne fut pas exécutée. V. *Winslow the medical critic*, journal de 1863, p. 24.

(2) Willis a publié une bonne dissertation sur les erreurs des témoignages en matière d'identité, dans un livre remarquable : *Essay, ou The principles of criminal social evidence*. 4ᵉ édition, 1862, ch. IV, section 1ʳᵉ.

(3) Des témoins déclarent, par exemple, qu'ils ont reconnu le coupable à la lumière produite par l'explosion du fusil. De nouvelles expériences prouvent que cette affirmation était fausse. Willis, p. 116, 316.

(4) Des procureurs généraux ont eux-mêmes donné à l'auteur deux exemples de condamnés avouant sur leur lit de mort, en présence de l'aumônier et du directeur de la prison, qu'ils étaient les auteurs des crimes pour lesquels d'autres personnes innocentes avaient été condamnées : leur mort empêcha de prouver judiciairement l'innocence de ces personnes.

(5) Mon livre sur la peine de mort, pag. 147, 148, et le *Journal du droit criminel*, 1862.

la Hongrie, la Croatie, la Slavonie et la Transylvanie, où la procédure est celle des conseils de guerre, le nombre des condamnations exécutées parmi celles qui ont été prononcées suivant la procédure pénale ordinaire a été de 3 en 1860, de 8 en 1861, de 2 en 1862. L'auteur n'a pu se procurer la statistique des condamnations prononcées dans cette période (1). En Prusse, le directeur de la statistique, M. Engel, a publié (2) des renseignements précieux sur le nombre des condamnations prononcées et des grâces accordées depuis une série d'années. De 1818 à 1854, 988 condamnations à mort ont été prononcées, 286 exécutées, 563 suivies de grâce (3). Dans ce nombre on comptait 404 condamnations pour assassinat, 137 pour meurtre, 130 pour meurtre accompagné de vol, 124 pour infanticide, 96 pour incendie (4). Le nombre des condamnations à mort s'est considérablement augmenté depuis la promulgation du nouveau code pénal. Le principe de l'intimidation trop bien accueilli par la loi nouvelle, une imitation malheureuse du code pénal français, la suppression de la théorie légale des preuves devaient augmenter le nombre des condamnations ; malheureusement aussi l'usage du droit de grâce a été rigoureusement restreint. En 1852, il y eut, sur 39 condamnations, 14 exécutions, 15 grâces ; en 1853, sur 40 condamnations, 7 grâces et 23 exécutions ; en 1854, sur 37 condamnations, 6 grâces et 20 exécutions ; en 1855, sur 54 condamnations, 28 exécutions, 14 grâces ; en 1856, sur 48 condamnations, 8 grâces ; en 1857, sur 56 condamnations, 24 exécutions, 18 grâces. Pour montrer la sévérité de la répression, il suffit de dire qu'il y eut de 1855 à 1857, sur 158 condamnations à mort, 78 exécutions et seulement 37 grâces. 128 condamnations furent prononcées pour assassinat, 23 pour meurtre, 7 pour incendie. 64 condamnés pour as-

---

(1) Il n'a pas été possible de savoir pourquoi le nombre des exécutions s'est tellement augmenté en 1861.

(2) *Revue du bureau de statistique en Prusse*, [rédigée par son directeur, le docteur Engel. 2ᵉ année, p. 282, Berlin.

(3) 14 des condamnés sont morts ou se sont évadés. On en comptait 125 dont les condamnations n'avaient pas été exécutées ; on attendait encore la décision royale.

(4) Ces crimes avaient été commis par 754 hommes et 234 femmes.

sassinat et 14 pour meurtre furent exécutés. Sur 115 criminels, 4 étaient âgés de 16 à 20 ans ; sur les 78 exécutés, 47 avouaient leur crime, 31 le niaient (1). Avec l'année 1858 commence pour la Prusse une ère nouvelle dans l'histoire de la peine de mort : les exécutions deviennent des exceptions, et les grâces sont la règle. De 1858 à 1860 il y eut 104 condamnations à mort ; sur 88 criminels(2), 77 furent graciés, 11 exécutés. En moyenne, le nombre des exécutions fut de 31 ; celui des grâces fut de 25 par an. 10 des criminels exécutés étaient condamnés pour assassinat, 1 pour meurtre ; 8 d'entre eux avouaient leur crime, 3 le niaient. Les accusations de meurtre ne se multiplièrent pas, malgré la rareté des exécutions (3). Monsieur Engel fait une observation juste en disant : Puissent ces résultats de la statistique prouver que la puissance d'intimidation de la peine de mort est une pure illusion !

Nous devons une autre table de statistique importante pour les condamnations à mort de 1858 à 1860 aux archives de Goltdammer (4). Les chiffres sont les mêmes que les précédents ; mais ils fournissent quelques particularités remarquables, parce que la table suit la division par provinces. Ainsi, dans la province de Brandebourg, le nombre des grâces s'éleva à 10, celui des exécutions à 3 ; dans les provinces de Poméranie, de Saxe, de Westphalie, il n'y eut pas d'exécution ; tous les condamnés furent graciés. Le nombre des condamnations prononcées en Silésie est considérable ; il arrive à 25 : il n'y eut qu'une seule exécution. En Westphalie, le nombre des condamnations fut de 7 ; dans la province rhénane, il fut de 8 seulement.

La cause des assassinats fut, dans 32 cas, la cupidité ; dans 9 cas, la haine ou la vengeance ; dans un cas, la discorde domestique ; dans 20 cas, l'adultère ou l'inceste ; dans 7 cas, le besoin.

---

(1) Il reste à savoir s'il n'y avait pas des condamnés innocents parmi ceux qui n'avaient pas fait d'aveu.

(2) Pour 8, il n'y avait pas encore de décision prise à la fin de 1860 : 4 condamnés étaient morts, 1 s'était évadé.

(3) Le nombre s'est élevé, en 1856-1858, à 466, et en 1859-1861, à 412 seulement.

(4) *Archives du droit pénal en Prusse*, IIe vol., p. 101.

5 criminels étaient, au moment du crime, âgés de 16 à 20 ans. En 1861, le roi eut à prononcer sur 37 condamnations à mort; il en confirma 5: il en commua 30 en condamnations aux travaux forcés à perpétuité. En 1862, une seule condamnation a été confirmée; 18 ont été suivies d'une commutation de peine; il y en a 13 sur lesquelles on n'a pas encore statué.

Dans le royaume de Bavière, 11 personnes ont été condamnées à mort pendant l'année 1862 (année officielle 1861-62) ; dans la haute Bavière, dans la haute et la basse Franconie, il n'y eut pas de condamnation; 4 furent prononcées dans le haut Palatinat, 3 dans le bas Palatinat. Aucune des condamnations prononcées dans les anciennes provinces du royaume ne fut exécutée; une seule le fut dans le bas Palatinat. Parmi ces onze condamnations il y en eut 8 pour assassinat, 2 pour incendie, 1 pour infanticide, dans le bas Palatinat. 6 des coupables étaient des hommes, 5 des femmes : 2 avaient moins de 20 ans. 2 des condamnés virent leur peine commuée en celle de 10 années de travaux forcés.

En Saxe, 9 condamnations à mort pour assassinat furent prononcées en première instance dans les années 1860-1862 ; en seconde instance, une d'elles fut remplacée par une condamnation à 30 ans de travaux forcés ; 6 furent confirmées, une annulée : l'accusé mourut avant les nouveaux débats. Une seule des six condamnations confirmées fut exécutée; la grâce atténua les quatre autres; une seule n'a pas encore été l'objet d'une décision.

Dans le grand-duché de Bade, aucune exécution n'a eu lieu en 1862.

Nous avons des renseignements exacts sur quelques autres pays, et particulièrement sur la Suède et les Pays-Bas. En Suède, sous l'empire des lois anciennes, qui prodiguaient la peine de mort, le nombre des condamnations était extraordinairement grand (1). La moyenne annuelle des exécutions s'élevait à 4, de 1841 à 1844; à 7, de 1845 à 1847; à 7, de 1850 à 1853; à 7, de 1854 à 1859 ; à 6 en 1860. En 1855, on compte 91 condamnations à mort,

____

(1) La nouvelle loi, publiée dans le *Journal du droit criminel* de 1861, doit avoir diminué considérablement le nombre des condamnations à mort.

11 exécutions ; en 1856, 90 condamnations , aucune d'elles ne fut exécutée ; en 1857, 86 condamnations, 7 exécutions ; en 1858, 81 condamnations , 11 exécutions ; en 1859, 87 condamnations, 6 exécutions ; en 1860 , 71 condamnations et 2 exécutions seulement. On compte , chaque année, 2 condamnations à mort pour inceste. Le nombre des infanticides est considérable; on en compte 22 en 1855 , 24 en 1856 , 26 en 1857, 27 en 1858, 28 en 1859 , 30 en 1830. Le nombre des femmes condamnées à mort est aussi considérable. On compte en 1856 35 femmes, 55 hommes; en 1858, 34 femmes , 47 hommes; en 1860, 37 femmes, 34 hommes. Une condamnation a été prononcée pour viol , une autre pour meurtre par imprudence.

Dans le royaume des Pays-Bas , le nombre des condamnations à mort a été de 6, d'après la dernière statistique (1); aucune d'elles n'a été exécutée. En 1856 , on exécutait encore 3 condamnations à mort sur 8 : 4 condamnations avaient été prononcées par la haute cour de justice militaire ; aucune d'elles ne fut exécutée. En 1858 , 2 condamnations furent prononcées par 11 cours de justice provinciale ; aucune d'elles ne fut exécutée. En 1859 , il y eut encore deux condamnations, dont une fut exécutée : il n'y eut plus d'exécution depuis ce temps-là dans les Pays-Bas. En 1862, deux grands crimes furent commis; l'un des criminels tua son père par le poison ; mais il n'y eut pas d'exécution. Le 23 juin 1862, l'honorable M. Vreede, professeur à Utrecht, soutint, devant la section de jurisprudence de la société provinciale d'Utrecht, dans un discours remarquable , la suppression de la peine de mort.

La statistique des grâces montre qu'on arrive à reconnaître, dans les hautes régions où s'exerce le droit de grâce, la nécessité de restreindre l'application de la peine de mort aux crimes les plus graves , et que le sentiment de répulsion pour cette peine, peut-être obscur encore, se propage ; elle fait voir aussi que la douceur du régime pénal et le nombre croissant des grâces ne font pas augmenter le nombre des crimes punissables de mort.

(1) *Gereytelyke statitisk van het koningryk der Nederlande*, p. 10.

Tandis qu'on voit décroître partout, même dans les grands États, le nombre des condamnations à mort, et plus encore celui des exécutions, le nombre des exécutions s'est augmenté prodigieusement en 1861 dans le canton de Berne. On a bien rarement eu dans un petit État 8 condamnations et 7 exécutions en une seule année. Ces condamnations étaient prononcées pour assassinat. Le mobile du crime était, pour la plupart, la cupidité : dans un cas, c'était une femme qui, pour échapper à une poursuite pénale, avait fait mourir son mari. Dans un autre cas (celui de Rosse), le mari, la femme et un troisième s'étaient associés pour le crime ; dans un dernier cas, l'assassinat de Schlatter, 4 personnes (y compris le mari et la femme) avaient pris part à un complot contre la victime. La majorité du grand conseil fut impitoyable : elle rejeta toutes les demandes de grâce (1). Aucune condamnation à mort n'avait été prononcée depuis l'année 1858-1859, et en 1862 il ne s'était pas commis un seul crime punissable de mort. En 1861, ces différents assassinats étaient venus coup sur coup. La Suisse tout entière en fut profondément agitée. L'auteur de cet article, interrogeant en 1861 et en 1862 l'opinion publique dans la Suisse, reconnut qu'elle était bien divisée. Les uns pensaient qu'on ne pouvait, sans injustice, accorder aux derniers leur grâce, quand on l'avait refusée aux premiers. Beaucoup d'autres, des hommes aussi intelligents que modérés, trouvaient étrange qu'on fût d'une égale sévérité dans un cas pour les trois, dans l'autre pour les quatre complices d'un crime, quand le degré de leur culpabilité n'était évidemment pas le même. On recherchait aussi quels étaient les membres du grand conseil qui avaient voté avec la minorité pour la grâce ; s'il y avait dans le nombre beaucoup d'hommes intelligents et scrupuleux, le vote de la majorité n'avait plus la même valeur.

V. En résumant les idées énoncées dans une volumineuse correspondance suivie avec des hommes haut placés, et les renseigne-

____

(1) Dans le cas où les condamnés étaient au nombre de 4, les deux tiers votèrent pour, un tiers vota contre l'exécution. Dans d'autres cas, 18 votants étaient pour, 30 contre la grâce. Dans le procès des époux Gellisat, 72 votèrent pour et 87 contre la grâce.

ments recueillis auprès des personnes de conditions diverses dans différents pays, nous pouvons ramener l'opinion de la majorité des hommes éclairés aux termes suivants : ils reconnaissent à l'État le droit d'user de la peine de mort aussi longtemps qu'elle est nécessaire. Ils admettent qu'elle n'est plus nécessaire, et qu'elle peut être supprimée à deux conditions : la première, c'est que l'État puisse établir un régime pénitentiaire assez énergique pour mettre un frein aux mauvaises passions des criminels, et leur infliger la peine légitime de leur crime, un régime capable d'agir sur les plus grands criminels et de les améliorer. La seconde, c'est que le peuple reconnaisse en général que la peine établie par le régime pénal en vigueur est énergique et faite pour exercer une heureuse influence sur les condamnés. Cette opinion renferme, sans doute, un grand fonds de vérité, et il est permis de dire qu'il existe une corrélation certaine entre l'abolition de la peine de mort et le système pénitentiaire. Aucun homme sage ne voudrait proposer l'abolition de cette peine sans l'établissement d'une législation pénale et d'un régime pénitentiaire qui donnent à la société des garanties suffisantes dans le sens indiqué plus haut, et surtout sans un régime pénitentiaire qui rende possible l'amélioration des plus grands criminels. Nous tenons grand compte du sentiment public, et nous pensons que les gouvernements ont un devoir sacré, celui de ne pas cacher plus longtemps au peuple les effets du régime d'isolement en matière pénitentiaire, de détruire, par la publicité des rapports qui leur sont faits, de vieux préjugés sur l'ancien système pénal, et de montrer toutes les garanties réunies dans la nouvelle organisation pénitentiaire. Nous traiterons plus tard des moyens d'arriver à ce résultat.

Nous finissons par ces mots du terrible Samson, dont la famille compte à Paris sept générations de bourreaux ; familiarisé, durant la révolution, avec les horreurs de la peine de mort, il arrive, dans son curieux ouvrage, à la conclusion suivante : « Puissé-je voir, avant ma mort, disparaître de nos lois une peine que l'adoucissement de nos mœurs rend de plus en plus rare, une peine qui est, au milieu de notre civilisation, le dernier vestige des sacrifices humains empruntés à la barbarie ! puissent, dans un

avenir prochain, les lecteurs, arrivés à la fin de ce livre, se dire :
C'est le testament de la peine de mort laissé par le dernier
bourreau ! »

II.

Le dernier état de la question.

Janvier 1864.

Le maintien de la peine de mort dans la loi et son exécution sont des questions dont les hommes investis du pouvoir législatif ou du droit de grâce voient tous les jours la solution devenir plus pressante. Elles sont également graves pour les membres des assemblées politiques appelés à voter sur le maintien de la peine et pour les fonctionnaires chargés de donner leur avis sur son exécution. Le temps n'est plus où l'on se contentait de débiter quelques mots prétentieux et mystiques sur la prétendue nécessité ou sur le pouvoir d'intimidation de la peine de mort, et d'accuser ses adversaires d'ignorer le monde ou ses nécessités ; où l'on se laissait aller à de pures théories, à la déclamation ou à de véritables excentricités. Depuis un an, l'abolition de la peine de mort a conquis des suffrages importants parmi les hommes d'État, les magistrats, disposés à la rigueur par l'exercice de leurs fonctions, par exemple des procureurs généraux, des présidents, des ecclésiastiques, des écrivains qui connaissent bien le monde. L'exemple des pays qui ont aboli la peine et de ceux où la grâce en a toujours ou presque toujours empêché l'exécution, sans que le nombre des crimes soit plus grand qu'à l'époque où la peine de mort était prodiguée, leur a paru décisif. On constate, en même temps, des condamnations nouvelles prononcées contre des accusés innocents, et d'heureuses transformations dans l'état moral d'un bon nombre d'hommes pour qui l'emprisonnement perpétuel a remplacé la peine de mort. Il faut reconnaître enfin que, cette année, dans les congrès et dans les assemblées politiques, un ensemble imposant

de voix a réclamé l'abolition de la peine. Il faut tenir aussi
grand compte de ce qui se passe dans les pays où des condamnations à mort sont prononcées ou exécutées. Depuis que le peuple
prend part aux affaires publiques, et surtout depuis que la procédure en matière pénale est publique, il s'est fait un grand
changement ; le peuple juge, d'après l'impression que lui ont
laissée les débats publics, l'usage que fait le prince de son droit de
grâce. Une condamnation à mort émeut l'opinion publique, et
souvent le peuple en blâme l'exécution, quand d'autres condamnations toutes récentes ont été effacées par la grâce, et sont
attribuées à des motifs auxquels le souverain n'aurait pas dû
s'arrêter : il déplore le refus de la grâce, et croit que le prince a
cédé aux obsessions de son ministre et au désir de produire
l'intimidation par un exemple qui atteste la force de la loi pénale.

Récemment on a vu le nombre des adversaires de la peine augmenté par des exécutions multiples de condamnations prononcées
pour un même crime. Tel a été, suivant des personnes éclairées
et attentives, le résultat de l'exécution des quatre Italiens de
Rottweil, qui s'accomplissait sous leurs yeux ou tout près de l'endroit où elles étaient. Le souverain avait cru sans doute indisposer
le peuple en faisant grâce à des étrangers coupables de si grands
crimes ; mais cette exécution fut, d'après des partisans de la peine
de mort eux-mêmes, une véritable boucherie. On demanda bien
des fois si les quatre condamnés étaient aussi coupables les uns
que les autres, et si l'on ne devait faire grâce à aucun d'eux, ou
si l'on ne pouvait corriger, par un bon régime pénitentiaire, aucun de ces hommes que l'absence de toute éducation avait conduits
au crime. J'ai vu moi-même, à Strasbourg, l'impression produite
par l'exécution de deux individus convaincus de vol et d'assassinat ; elle tourna contre la peine de mort bien des personnes qui la
défendaient une année plus tôt. On entendit, à Strasbourg, les
mêmes récriminations qu'à Rottweil. Les trois complices du crime
avaient été condamnés à mort : l'un d'eux, Wolf, avait été gracié.
On pensait assez généralement qu'étant catholique, il devait sa
grâce à l'intervention de l'évêque ; les autres étaient protestants,
et nul n'avait intercédé en leur faveur. L'aumônier chargé de les

préparer à la mort (1) rapporte qu'un d'eux lui avait dit : « Je trouve injuste que notre complice Wolf, coupable d'avoir étranglé cette malheureuse personne, obtienne sa grâce parce qu'il est catholique. » Nous laissons à nos lecteurs le soin de juger ces faits et la mauvaise influence qu'ils peuvent avoir sur le peuple, même s'ils n'ont aucun fondemènt.

La discussion sur le maintien de la peine de mort prend tous les jours une nouvelle importance. On a une masse de documents nouveaux pour son étude, et des hommes très-honorables persistent à la défendre.

Commençons, pour l'examen impartial de la question dans son état présent, par les travaux scientifiques, et surtout par ceux qui sont favorables au maintien de la peine. Il faut mettre en première ligne l'ouvrage du professeur Pfotenhauer (2). L'auteur croit nécessaire de se demander, avant tout, quand et comment les hommes sont arrivés à punir de mort un de leurs semblables. Il répond que le sentiment universel du respect de la dignité humaine et de l'égalité juridique des individus, joint à celui de la nécessité d'une expiation, est le principe de la peine de mort, comme celui de toutes les autres peines; que cette peine est née en même temps que l'assassinat, qu'on la rencontre dans les plus vieilles traditions des peuples, qu'elle dure depuis des milliers d'années, parce qu'on a toujours pensé et qu'on pense encore que l'assassinat doit être expié par elle. Quand Pfotenhauer fait valoir, en faveur du maintien de cette peine, son antiquité, il faut déplorer qu'il méconnaisse les enseignements de l'histoire, qui nous montrent, à toutes les époques, le droit pénal en rapport avec les idées religieuses et morales des peuples, et avec leur état intellectuel et politique. L'idée de la vengeance et du talion, et celle d'une divinité irritée qu'il faut apaiser, régnant dans le droit pénal de l'antiquité, aboutissaient

(1) *Voir* le livre intitulé : l'Amour de Jésus-Christ pour les pécheurs, prêché aux deux assassins Gigax et Ruff. Discours de Dinnero, aumônier des prisons civiles. Strasbourg, 1863.

(2) *La Peine de mort.* Rapport académique lu à Berne le 9 janvier 1863. Berne, 1863.

à la peine de mort. Ce fut le christianisme qui, prêchant le culte d'un Dieu d'amour et l'amélioration du coupable par la peine, renversa les idées reçues sur la peine de mort, et le législateur dut obéir aux inspirations du christianisme, c'est-à-dire de l'humanité. Tous les développements de l'auteur sur la conviction répandue chez tous les peuples de la nécessité d'une expiation du mal prouvent seulement que le crime appelle un juste châtiment, mais non que la peine de mort est légitime. L'auteur rappelle que l'assassinat est partout puni de mort depuis des milliers d'années, pour montrer que celui qui a tué doit être tué ; mais il oublie que le principe de l'intimidation par la peine a régné jusqu'à ce jour, qu'une analyse exacte fait découvrir une grande diversité de caractères entre les crimes compris sous le nom d'assassinat, et qu'une peine unique pour l'assassinat est injuste. Pfotenhauer arrive à soutenir qu'au dernier siècle les écrivains qui ont attaqué les premiers la peine de mort obéissaient à un sentiment de répulsion contre des pénalités barbares, d'indignation contre des condamnations qui avaient frappé des accusés innocents, à une fausse théorie de l'utilité ou du contrat social, et ne comprenaient pas la portée morale de la peine. Comment l'auteur ne voit-il pas qu'une grande révolution intellectuelle ne pouvait être l'œuvre de quelques écrivains, mais que la lutte contre la peine de mort, engagée à propos de quelques condamnations d'une iniquité révoltante, est née véritablement du triomphe d'idées meilleures sur le droit pénal? L'auteur a le tort de mettre en doute la sincérité du vote de l'Assemblée nationale de 1849. S'il en avait fait un examen sérieux, il aurait su que la minorité ne s'est jamais plainte d'avoir été opprimée. La peine de mort n'a été, dit-il, abolie que dans un ou deux petits États de l'Allemagne. Mais il faut ne pas oublier que son abolition n'a pas fait augmenter le nombre des crimes dans ces États, et que cette expérience est utile à tous les autres. Est-il mieux fondé à prétendre que les exemples de condamnations d'accusés innocents et d'autres faits empruntés à la France et à l'Angleterre ne prouvent rien pour les autres États où la justice pénale est mieux administrée ? Il ignore donc qu'en Allemagne et en Suisse, de telles condamnations sont moins rares qu'il ne le pense, et qu'elles viennent de l'incertitude des jugements humains? Nous reviendrons plus bas à cet ordre d'idées, à propos du reproche injuste qu'on fait aux adversaires de la peine, de ne faire aucune différence , en parlant d'assassinats judiciaires, entre les condamnations et les exécutions d'accusés innocents. Pfotenhauer dit, en finissant, que la peine de mort est légitime pour l'assassinat seul, auquel on ne saurait comparer aucun autre crime ; l'iniquité de son auteur ne va pas du plus au moins ; la gravité de l'atteinte portée au droit par l'assassin appelle cette peine, et toute autre lui demeure inférieure. L'auteur ne tient malheureusement aucun compte d'un fait établi par la science (1) : c'est que le mot assassinat (*mord*), appliqué au meurtre prémédité, embrasse des crimes bien différents, et qu'aucune définition légale ne peut en restreindre suffisamment la portée. Le meurtre prémédité comporte aussi bien des degrés de culpabilité. Le magistrat, animé de l'esprit de justice, peut-il assimiler, par exemple, à l'assassinat accompagné de vol le crime de l'homme qui tue même de sang-froid et avec préméditation le corrupteur de sa sœur ?

Une nouvelle publication de Wiener contient également une défense de la peine (2). Suivant cet auteur, il faut chercher la mesure du bien et du mal qui résulte de son maintien ou de son abolition. L'exemple des pays qui ont rétabli la peine de mort après l'avoir abolie lui paraît un motif déterminant pour son maintien. A ceux qui prétendent que la peine de mort ne produit pas l'intimidation , il suffit de répondre : La vie de dix assassins vaut-elle celle d'un honnête homme, ou l'exécution de dix assassins est-elle un plus grand malheur que l'assassinat d'un honnête homme ? Au lieu de céder à la compassion, il faut suivre le mouvement de la conscience et le sentiment du droit et du devoir. D'ailleurs, l'abolition de cette peine peut faire, de temps

(1) Geyer a bien démontré l'erreur de Pfotenhauer dans le *Journal du droit pénal*, 1863, p. 258.

(2) Dans son travail : *Fondements de l'ordre social*, Leipzig, 1861, p. 447.

à autre, l'objet de quelque expérience. L'auteur, qui n'est pas un jurisconsulte, s'est évidemment placé à un faux point de vue en cherchant la somme du bien et du mal produite par cette peine ; il s'agit de savoir si la peine est juste ; elle ne l'est pas dès qu'elle cesse d'être nécessaire, et elle n'est plus nécessaire dès qu'on peut arriver au but par une autre peine. S'il faut, avec l'auteur, chercher la mesure du bien et du mal, n'est-il pas vrai que l'exécution d'un condamné innocent est un mal inexprimable, tant à cause de la violation des droits de cette innocente créature qu'à cause de l'atteinte profonde faite à l'autorité de la justice ?

En France, nous avons à citer deux des publications faites en faveur de la peine de mort, et surtout celle d'un écrivain justement renommé, M. Bonneville, conseiller à la cour de Paris (1). L'auteur rend hommage aux travaux des adversaires de la peine ; mais, suivant lui, cette réforme, si grande et si désirable, ne peut être amenée que par le temps et par le progrès des mœurs. Cette peine est encore nécessaire, et son abolition, tentée par quelques petits États, ne prouve rien pour les grands ; en France, en Prusse, en Russie, tous les hommes expérimentés reconnaissent que l'intérêt de la sûreté publique exige le maintien de cette peine, comme le plus puissant moyen d'intimidation. L'auteur admet qu'il y a des hommes qu'une terrible audace rend indifférents à la peine de mort, et que cette peine n'arrête jamais ; mais un nombre considérable d'hommes dépravés reculent devant le crime par crainte de la peine de mort, que les exécutions publiques leur ont fait voir dans toute son horreur. On doit déjà au progrès de la civilisation un grand résultat : c'est qu'en France, par exemple, on exécute un seul individu sur 1,500,000. Ne faut-il pas voir, à vrai dire, l'abolition de la peine de mort tout à la fois dans le droit donné au jury d'admettre les circonstances atténuantes, et dans le droit de grâce dévolu au souverain (2) ? On verra bien-

---

(1) Elle a paru dans le *Giornale per l'abolizione della pena di morte da Pietro Ellero*, 6ᵉ vol., p. 189-194.

(2) Le directeur du journal, Eller, a répondu à M. Bonneville d'une manière éclatante dans la même livraison, p. 195.

tôt que la prétendue nécessité de cette peine ne repose sur aucune donnée de l'expérience, et que sa force d'intimidation n'est pas plus grande que celle des autres peines. On a tort de croire que le criminel a pesé les avantages et les inconvénients de son crime avant de le commettre, et qu'il s'inquiète de la peine à laquelle il s'expose. Le plus souvent, il ne songe à aucune peine ; il y en a beaucoup même dont la pensée ne s'arrête pas au crime qu'ils vont commettre. On veut consoler les adversaires de la peine en leur promettant son abolition à l'époque où l'adoucissement des mœurs la rendra possible. Cette promesse vaut le décret de la Convention, qui ajournait l'abolition de la peine à l'époque de la paix perpétuelle. On ne saurait admettre, enfin, que la faculté donnée au jury d'accorder les circonstances atténuantes, au souverain d'accorder la grâce, autorise le maintien de la peine. Il arrive au jury de refuser les circonstances atténuantes, quand il devrait les accorder (1), et au souverain d'user capricieusement de sa prérogative en matière de grâce.

La peine de mort est encore défendue dans une nouvelle publication française, présentée à l'Académie des sciences de Paris pour le concours de 1862. Un extrait de cette publication a été inséré dans le rapport fait à l'Académie (2). L'auteur invoque, en faveur de la peine, le droit qu'a l'État de demander à ses sujets le sacrifice de leur vie en temps de guerre. Ne doit-il pas l'avoir aussi pour la défense de l'ordre social ? N'a-t-il pas le droit de se défendre dans un cas comme dans l'autre ? Il est facile de montrer qu'on ne saurait tirer aucune induction du droit de la guerre. Dans une guerre juste, où le salut de la patrie est menacé par un ennemi du dehors, les citoyens doivent employer

---

(1) En France, c'est à force d'exagérer le danger qui menace la société, si l'on ne fait l'application de la loi dans toute sa rigueur, que le ministère public empêche souvent le jury d'admettre les circonstances atténuantes.

(2) *Voir* les séances et travaux de l'Académie des sciences morales, 1863, vol. xiv, p. 402. Le sujet du concours était le suivant : Rechercher quelle a été l'influence de la philosophie et de la morale sur la nature des peines et leur exécution, sur les idées, les sentiments, les habitudes des condamnés, et sur la moralité du peuple.

leurs forces à la défendre ; la nécessité leur donne le droit de tuer leurs ennemis pour se sauver eux-mêmes.

Occupons-nous maintenant des écrivains qui défendent en Italie la peine de mort. Le professeur Arcieri a publié sur cette question un article digne d'attention (1). Il expose avec habileté les raisons généralement produites en faveur de la peine de mort, et s'attache à réfuter celles de ses adversaires, Beccaria, Carmignani, etc..., et à démontrer qu'en cherchant dans la peine un moyen d'améliorer le coupable, on oublie de lui faire subir la peine légitime de son crime. Suivant cet écrivain, aucune peine ne remplace, pour le plus grand des crimes, la peine de mort, et la preuve, c'est que les législateurs qui ont tenté son abolition ont été contraints par l'expérience de la rétablir (2). A Naples, Vera a publié une défense fort habile de la peine de mort (3). L'auteur, familiarisé avec la philosophie allemande, est un partisan décidé de Hégel, dont il adopte les idées dans sa publication. La théorie du talion, qui sert de fondement au droit pénal d'Hégel, est reproduite par Vera ; il prouve qu'aucune peine ne répond, comme la peine de mort, à la théorie du talion. Il invoque l'histoire, la raison, le droit public et le sentiment universel de l'humanité bien compris en faveur de cette peine (4). L'ouvrage est rempli de sophismes et d'affirmations étranges. C'est ainsi qu'il rappelle la mort du Christ et de Socrate pour démontrer la légitimité de la peine. Un jurisconsulte sicilien propose, dans un projet de code pénal (5), de restreindre l'application de la peine de mort à ceux qui l'encourent pour un crime

---

(1) Publié dans le journal de Venise l'*Eco dei tribunali*, 1863, nᵒˢ 1327-29.

(2) On trouve un excellente réfutation de cet article dans le même journal l'*Eco*, 1863, nᵒˢ 1341-42. Elle est du savant jurisconsulte milanais Gabelli.

(3) Le titre du livre est : *La pena di morte, per Vera.* Napoli, 1862.

(4) Le livre de Vera a été fort bien réfuté par le professeur Pessina, de Naples, 1862, et discuté dans le journal de Gênes, *Gazetta dei tribunali*, que l'*Eco dei tribunali* a reproduit. 1863, nᵒˢ 1349-1350. L'*Eco dei tribunali* contient encore, 1863, art. 1354, 1368, des critiques fort vives de Salvio et de Salviguiani sur le livre de Vera.

(5) *Saggio d'un progetto del codice penale ital. dal Rapisardi.* Catania, 1862, p. 70.

multiple, ou même pour une récidive. Dans l'exposé des motifs, l'auteur reconnaît la valeur des arguments produits contre la peine, mais il soutient qu'un législateur sage doit tenir compte de l'état de son pays dans le choix des peines, et que l'histoire des transformations politiques de l'Italie montre entre les diverses provinces de ce pays une inégalité de civilisation qui rend impossible l'abolition de la peine de mort. Si l'état prospère de la Toscane la comporte, il n'en est pas de même des autres provinces. Dans beaucoup de contrées italiennes, le régime pénitentiaire est, suivant Rapisardi, si mal organisé, qu'il n'en faut pas attendre l'amélioration des condamnés. Le législateur doit réserver la peine de mort, comme un moyen de rigueur extrême, aux coupables insensibles à toute autre pénalité, et surtout aux criminels incorrigibles. Aussi faut-il prononcer, pour un premier crime, non la peine de mort, mais celle de l'emprisonnement perpétuel, organisé de manière à aider l'amélioration morale du condamné; un second crime, attestant son irrémédiable perversité, doit être puni de mort. La dernière publication sur le droit pénal en Italie est celle de Tolomei, professeur à Padoue (1). Il développe les arguments favorables ou contraires à la peine de mort, et admet sa légitimité, malgré le désir et l'espérance qu'il a de la voir disparaître. Elle est légitime tant qu'elle est nécessaire au maintien de l'ordre social ; une statistique exacte doit nous apprendre si la peine de mort peut être remplacée par une autre peine. Un conseiller à la cour d'appel de Naples, Martinelli (2), est d'avis qu'on ne saurait abolir une peine aussi généralement usitée et aussi ancienne, sans être certain qu'elle n'est plus nécessaire au maintien de l'ordre social. Il faut la laisser subsister encore quelque temps, comme une peine lointaine et redoutée pour la rareté même de son application. Il suffit à présent d'accorder au jury, par l'admission des circonstances atténuantes, la faculté d'écarter la peine de mort, toutes les fois qu'elle blesse le sentiment public. A Turin, en 1863,

(1) *Diritto penale elementi e studi da Tolomei* (professeur à Padoue). Padova, 1863, p. 253, 314.

(2) *Di alcune riforme dei Codice penali italiani, per Martinelli.* Napoli, 1863, p. 104.

Pisanelli, le ministre de la justice, a fait sur la peine de mort une déclaration remarquable. Il avait publié à Naples un excellent travail contre la peine de mort, et, déjà ministre, s'était exprimé, l'année passée, de manière à faire croire qu'il allait demander son abolition. Dans la discussion du budget, au sein du parlement, il a déclaré qu'il fallait l'abolir graduellement, en restreindre de plus en plus l'application, et préparer dans un avenir prochain, quoiqu'il fût impossible d'en fixer le terme, son abolition complète.

Parlons maintenant des travaux publiés contre la peine de mort, et d'abord de ceux qui l'attaquent au point de vue religieux. On a soutenu récemment que le point de vue pratique est seul digne d'attention, et qu'il faut se demander si, dans l'état présent de la société, la peine est encore nécessaire. Le point de vue religieux a cependant un véritable intérêt. On n'a pas besoin de démontrer la nécessité ou l'utilité de cette peine, quand il est certain qu'elle est illégitime. Les idées religieuses d'un peuple ont donc leur importance dans cette question. Si l'histoire montre que l'antiquité cherchait la raison d'être de la peine dans les idées reçues sur une Divinité irritée, que la mort du coupable pouvait seule apaiser, elle nous fait voir le christianisme, ce puissant élément de la civilisation des peuples, enseignant une doctrine morale qui repousse la peine de mort et admet, non pas un Dieu plein de colère, mais un Dieu plein d'amour, aux yeux de qui la peine doit être un moyen d'améliorer le coupable. Il est bon d'étudier les idées du christianisme sur la peine de mort, puisqu'on rencontre des prêtres de l'Église romaine qui soutiennent sa légitimité (1), et d'importants jurisconsultes et même des procureurs généraux qui invoquent, dans des discours publics (2) la Bible et les Pères de l'Église en sa faveur. Il nous suffira de compléter la réfutation que nous avons déjà faite de cette erreur (3).

(1) Par exemple, dans la *Civilta cattolica*, Papanelli est un défenseur très-énergique de la peine.

(2) Par exemple, le procureur général de Colmar. *Voir* le *Journal de droit pénal*, 1863, p. 122.

(3) Mon livre sur la peine de mort. *Journal de droit pénal*.

Rappelons l'opinion de M. Braunwald (1), contenue dans une lettre adressée à l'auteur de cet article le 13 octobre 1863. Il est pasteur, président du consistoire et du comité des prisons, et par là mieux placé que personne pour connaître les hommes et surtout les condamnés ; il a une connaissance approfondie de la théologie et des Pères de l'Église., dans lesquels il a étudié surtout notre question. « Je ne puis comprendre, dit-il, comment des hommes éclairés et religieux croient à la nécessité de la peine de mort, et préfèrent la mort immédiate du criminel aux longues souffrances de la prison. La guillotine est un mauvais moyen d'éducation pour le peuple ; la corde et le glaive ne valent rien pour son instruction morale et religieuse. Il ne faut invoquer ni l'Ancien Testament, ni la loi mosaïque ; ils contiennent des dispositions qui ne conviennent guère à notre siècle. Telle est celle qui permet au père de vendre sa fille comme esclave, ou de répudier sa femme, parce qu'elle lui déplaît, et de la précipiter dans la misère. Un point indiscutable, c'est que, dans le christianisme, rien n'autorise la peine de mort. Le christianisme conserve et ne détruit pas. C'est une religion d'amour ; elle veut sauver le coupable et réparer le mal ; elle est, comme les églises l'étaient autrefois, un asile ouvert au coupable pour le soustraire à la mort. Où l'homme, si porté vers le péché et l'erreur, a-t-il trouvé le droit d'abréger, même d'un instant, le temps laissé au coupable pour se repentir ? Coupe-t-on les têtes pour assurer le repos des citoyens ou même pour épargner les dépenses de prisons ? La peine de mort doit intimider les criminels : l'expérience m'a prouvé le contraire ; la peine de mort doit agir sur la masse : il suffit de voir la barbarie, la dépravation, l'attitude des êtres sauvages qui assistent à des exécutions, pour savoir quelle impression ce spectacle sanglant produit sur la classe élevée comme sur la classe inférieure du peuple. La peine de mort est-elle nécessaire à la conservation de la société ? Pauvre société, celle qui a besoin d'un tel moyen d'intimidation ! Les ministres de la religion raniment souvent les malheureux condamnés en leur disant : Avec la prière

(1) *Journal de droit pénal*, 1862, 1863.

et la bénédiction du ministre de la religion, on va de l'échafaud au ciel dans les bras du Père céleste. La peine de mort, employée depuis des siècles pour guérir cette pauvre humanité malade, ne l'a jamais guérie, et l'on ne peut en attendre aucun bon résultat. Au lieu de l'employer, il vaut mieux instruire, améliorer, éveiller les hommes à la vie morale, et réformer l'état économique de la société, etc... Il vaut infiniment mieux guérir la tête et purifier le cœur que faire tomber la tête et abîmer l'être humain dans le néant. La religion chrétienne fait sans cesse appel à l'humanité. Qui ne se rappelle le langage du Seigneur dans la parabole de la femme adultère? L'institution anti-chrétienne de la peine de mort déshonore un pays, et cette barbarie du moyen âge doit disparaître comme la torture, le supplice de la roue et celui de l'écartellement ont disparu sans nuire à l'humanité. »

Un autre écrivain français, Rubenne, a publié un ouvrage remarquable (1), où il s'exprime sur la peine de mort en ces termes : « S'il est défendu à l'homme de tuer son semblable, comment la société en a-t-elle le droit? Lui est-il permis de détruire l'œuvre du Créateur? Non, mille fois non ! Elle doit veiller à sa conservation et mettre les méchants hors d'état de nuire ; mais elle a mille moyens pour y arriver. Elle peut les enfermer ou les bannir. Un instant de repentir sincère peut, aux yeux de la Providence, réparer le crime. Détruire l'œuvre du Créateur, c'est entreprendre sur son pouvoir. Vous, prêtres du Christ, prêchez cette vérité du haut de la chaire ! Sous le règne de celui qui s'appelle le représentant du Christ sur la terre, on tue encore des hommes en vertu de la loi humaine. La justice que vous appelez sur vos têtes sera terrible : Dieu vous demandera compte de votre mission. »

Il a paru récemment à Naples (2) une publication où la peine de mort est envisagée au point de vue religieux. L'auteur s'attache à montrer que la question peut être résolue, non par le panthéisme ou par le matérialisme, mais seulement par le christianisme. D'après la doctrine chrétienne, l'homme relève de Dieu

(1) *Les Évangélistes,* par Rubenne. Paris, 1862, p. 14.
(2) *La pena di morte, per Felice Barilla.* Napoli, 1863.

seul ; Dieu lui a donné la vie, seul il peut la lui ôter ; il ne veut
pas la mort du plus grand criminel (l'exemple de Caïn en est la
preuve) ; il défend souvent à l'homme de verser le sang humain,
et l'État n'a pas plus que l'individu le droit de faire périr un
homme.

L'auteur ajoute : « Quand l'État prononce une condamnation à
mort, c'est toujours un homme qui l'exécute. On ne peut tirer
aucune induction de quelques passages de l'Ancien Testament.
Partout, dans l'Évangile, le Christ s'élève contre la peine de
mort ; les apôtres, les Pères de l'Église la proscrivent, et le législateur doit se conformer à la doctrine chrétienne, parce qu'il peut
arriver à son but par d'autres voies, et que la peine de mort a de
graves inconvénients. »

Examinons maintenant les publications qui, étudiant, au point
de vue scientifique, la légitimité ou l'utilité de la peine, soutiennent
l'abolition de la peine de mort. Une des publications les plus importantes est celle de Dubois Aimé (1). L'auteur, descendant d'une famille noble très-estimée, a été, dans sa jeunesse, plusieurs années
officier de l'armée française ; il a fait de grands voyages ; plus
tard, il a été directeur des douanes dans les provinces italiennes ;
puis, revenu en France, il s'y est occupé de travaux économiques ;
il a été membre de la chambre des députés, de l'Académie des
sciences, et a fini par rentrer dans la vie privée. Il s'est attaché jusqu'à la fin de sa vie, en 1846, à recueillir des documents sur l'abolition de la peine de mort. Son ouvrage est plein d'intérêt. L'auteur
n'est pas un jurisconsulte de profession, et ne s'arrête pas à des
considérations philosophiques ; mais il aborde la question au point
de vue pratique, et s'appuie sur une expérience acquise, dans une
carrière agitée, par une observation attentive, et que sa position lui
rendait facile, surtout en Italie, où il avait l'occasion de voir des
hommes de classes très-diverses et de connaitre leurs idées. Il
reconnaît pleinement à l'État le droit de se défendre et même
celui de tuer l'agresseur ; mais il lui donne pour limite le droit

____

(1) *De la peine de mort, de la probabilité mathématique des jugements,
de la justice criminelle en Toscane,* par Dubois Aimé. Marseille, 1863.

de la défense. Quand le danger a cessé, il n'est plus permis de tuer l'agresseur. Un criminel arrêté et emprisonné n'est plus dangereux; on n'a pas le droit de le tuer. Le faible avantage que la société croit avoir, dit l'auteur, en se débarrassant à tout jamais du criminel par sa mort, ne compense pas le mal énorme que lui fait le spectacle terrible et démoralisant de l'exécution d'un homme désarmé. L'auteur insiste sur la faillibilité des jugements humains, et cite un nombre effrayant de malheureux accusés que leur innocence n'a sauvés ni de la condamnation, ni de l'exécution; il y en a qui avaient même fait l'aveu des crimes dont ils n'étaient pas les auteurs (p. 20-36). Il rappelle aussi le nombre terrible des condamnations prononcées pour des crimes politiques, et montre qu'elles auraient été impossibles, si la peine de mort n'avait pas été écrite dans la loi (1). La nécessité de cette peine est surtout affirmée par des personnes qui ne se sont pas rendu compte de leur opinion, ou qui prennent sincèrement un sentiment de crainte personnelle pour un motif d'intérêt public. Il donne le résultat curieux des observations qu'il a faites en Italie, et surtout en Toscane, où la peine, abolie d'abord en fait, l'a été plus tard législativement, sans que le nombre des crimes se soit augmenté; tandis que les États voisins, où les exécutions se multipliaient sans cesse, étaient désolés par des crimes terribles. En Toscane, la sécurité était grande pour les voyageurs, par exemple, tandis qu'elle manquait absolument aux États voisins, et les grands criminels n'émigraient pas de ces États, où la peine de mort était prodiguée, en Toscane, où elle ne pouvait les atteindre, pour y commettre des crimes. Il entendait (p. 64) les personnes des classes les plus élevées de la société italienne vanter le régime légal de la Toscane. L'auteur invoque ensuite la statistique de l'Angleterre. La peine de mort a été abolie dans ce pays pour un grand nombre de crimes, et pourtant le nombre de ceux qu'elle n'atteint plus est diminué. Il cite ensuite la France, où, sous le régime si violent

----

(1) L'auteur rappelle, avec leurs détails horribles, les exemples d'exécutions qui ont échoué par la mauvaise disposition de la guillotine.

de la loi pénale antérieure à 1832, la multiplicité des condamnations à mort n'empêchait pas le nombre des crimes de s'accroître.
Au contraire, depuis la loi de 1832, qui permet au jury d'admettre les circonstances atténuantes, le nombre des crimes est
diminué (1). La meilleure législation est, suivant l'auteur, celle
qui s'oppose à l'impunité des crimes ; mais la rigueur des peines,
au lieu d'avoir une action bienfaisante, aboutit à l'impunité. La
peine de mort est-elle le meilleur moyen de prévenir, par l'intimidation, de nouveaux crimes ? Non ; les criminels ont surtout, dans
les pays où cette peine existe, l'espérance de l'impunité, à cause
de la répugnance qui soulève, contre la peine de mort, tous ceux
qui participent à l'action de la justice, et de leur empressement à
saisir toute espèce de moyens pour n'avoir pas à prononcer cette
peine. L'auteur trouve absurde la disposition de l'art. 342 du code
pénal français défendant au jury de s'inquiéter de la peine qui
résultera de son verdict. La statistique prouve elle-même (p. 90)
que, bien souvent, les magistrats des assises abaissent la peine de
deux degrés après le verdict qui admet les circonstances atténuantes, et rendent ainsi un éclatant hommage à la sagesse du
jury. La partie la plus importante de l'ouvage est (p. 103-131)
celle où l'auteur parle des probabilités mathématiques en matière
de jugements, et fait usage des importants travaux de trois grands
mathématiciens, Laplace, Poisson et Cournot. Le résultat de ces
travaux, c'est que les condamnations sont souvent dictées par
l'erreur, et que la difficulté est de fixer le nombre de voix
que la loi doit exiger pour un verdict de culpabilité. Dès qu'on
se contente de la majorité des voix, l'erreur est possible, et
plus cette majorité est petite, plus l'erreur est probable. Les données mathématiques, pour ce calcul de probabilités, sont très-
importantes. Nous conseillons énergiquement à tout jurisconsulte
que notre question occupe, de consulter ces terribles calculs de
l'auteur et ses développements. Il verra combien est contraire
à une bonne justice la loi française sur le scrutin secret, sur

(1) Nous ferons voir plus bas encore, à propos de la statistique criminelle, l'heureuse influence de la loi de 1832, et nous donnerons
nos propres renseignements.

la position des questions, sur la réduction du nombre des juges
d'assises à trois, et combien est facile l'erreur dans un jugement
de condamnation rendu à une majorité de sept voix contre cinq.
L'ouvrage a une troisième partie bonne aussi, celle où l'auteur
parle de la justice criminelle en Toscane; il rapporte des faits peu
connus sur le développement de la législation de ce pays (1) relative à la peine de mort, et sur les raisons qui ont fait tomber la
législation de Léopold. Il donne des détails de statistique importants sur les condamnations à mort et sur la criminalité en
Toscane : on voit par là que le peuple est, comme les juges,
hostile à cette peine, et que le nombre des crimes ne s'est pas
augmenté dans ce pays. La comparaison du nombre des crimes
et des condamnations en France et en Toscane est favorable
à la Toscane. Le partisan le plus décidé de la peine de mort doit
être ébranlé dans sa conviction, en voyant que la Toscane,
après avoir cessé de faire usage de la peine pendant une longue
suite d'années, a beaucoup moins de crimes à déplorer que les
États voisins et d'autres États européens, et surtout la France.

En Allemagne, un travail court mais substantiel a été publié
par M. Geyer, professeur à l'université d'Inspruck (2), un savant
qui unit une profonde connaissance de la philosophie au sens
pratique. Il traite de la peine de mort dans une de ses leçons sur
le droit pénal. Suivant lui, l'idée du talion, sur laquelle on fait
reposer le droit pénal, est contraire à la peine de mort, qu'on
peut considérer tout au plus comme un moyen de défense extrême
pour l'État, dans des cas extraordinaires. Beaucoup d'écrivains,
Hégel entre autres, justifient la peine de mort par le principe du
talion (vie pour vie). C'est qu'à leurs yeux, la vie, embrassant
toute la durée de l'être, n'a pas d'autre équivalent; mais Geyer
fait bien voir que la peine de mort n'est pas l'équivalent cherché;
que la peine doit faire, non pas un mal du même genre que
celui qui a été fait par le criminel à sa victime, mais un mal
aussi grand. Ce mal ne peut être produit que par une peine qui

(1) Il en a été déjà question dans notre livre sur la peine de mort.
(2) Il a paru dans le *Journal de la philosophie exacte*, publié par
Allhin et Ziller. Leipzig, 1862, vol. II, p. 247.

réagisse sur la volonté du criminel, et qui exerce sur elle une véritable contrainte. Comment contraindre la volonté du criminel, si on le prive de la vie, et qu'on supprime sa volonté avec son être ? La théorie d'Hégel aboutit logiquement aussi à l'application de la règle : œil pour œil ; mais, dans le mal physique, il n'y a pas d'équivalent. Une raison suffisante pour écarter la peine de mort, c'est le danger d'un assassinat juridique, inévitable tant que les hommes n'auront pas l'omniscience. Ajoutons qu'un grave inconvénient de cette peine, c'est de ne comporter aucun tempérament : les peines dont la gravité est invariable ne valent rien, car les crimes ne se ressemblent pas les uns aux autres, et le choix laissé par la loi entre la peine de mort et celle des travaux forcés place le juge dans une situation bien pénible. Veut-on que le sentiment populaire rende la peine de mort légitime ? il faut répondre qu'on peut ainsi rendre légitime tout ce qui flatte les caprices et les préjugés de la masse. Geyer demande avec raison si le législateur doit, par un saint respect pour une loi antique, affermir et éterniser les préjugés qui s'en vont, et leur donner la sanction du droit.

En Belgique, la question, vivement débattue, a donné lieu à d'intéressantes publications. M. Thonissen, professeur à l'université de Louvain, a demandé, dans un travail écrit avec une grande clarté (1), l'abolition de la peine de mort. Il montre le nombre de ses adversaires croissant partout avec celui des grâces accordées aux condamnés, son abolition s'accomplissant pour les crimes politiques, et la publicité des exécutions tendant partout à disparaître. L'auteur n'admet pas l'illégitimité absolue de la peine de mort ; il reconnaît à l'État le droit de la maintenir tant qu'elle lui est nécessaire ; mais il faut que sa nécessité soit bien démontrée, car, à l'époque où la peine de mort qualifiée et la torture ont été abolies, bien des gens prétendaient qu'il fallait encore les maintenir. Un fait qui témoigne contre la nécessité de la peine, c'est que, dans une mesure différente, il est vrai, pour tous les pays où

(1) *Quelques réflexions sur la prétendue nécessité de la peine de mort.* Bruxelles, 1863.

elle a été abolie légalement ou en fait, on a constaté que le nombre des crimes ne s'accroissait pas. L'auteur analyse à ce propos la statistique de la Belgique par province, et montre que dans la province de Liége, où la dernière exécution capitale remonte à 1825, le nombre des crimes entraînant la peine de mort ne s'est nullement augmenté. Il déclare très-franchement qu'il serait absurde de refuser absolument à la peine de mort le pouvoir de prévenir les crimes ; mais il y a lieu de rechercher si l'on ne peut arriver au même résultat par une autre peine, tel que l'emprisonnement à perpétuité avec le régime cellulaire. Il en est ainsi, car les peines modérées, mais promptes et certaines, sont plus efficaces que les peines les plus rigoureuses. Le droit de grâce peut sans doute empêcher l'abus de la peine de mort, mais il n'empêche pas l'exécution de condamnés innocents.

Un autre écrivain belge, M. Humblet, avocat, invoque aussi la statistique de son pays (1), et répond à ceux qui veulent prouver par des exemples que des criminels ont été détournés du plus grand des crimes par la crainte de la peine de mort, que leur démonstration est sans fondement, que les criminels sont poussés vers le crime par l'espoir d'échapper à la peine de mort, tandis que la certitude d'une autre peine, telle qu'un rigoureux emprisonnement, par exemple, les aurait éloignés du crime. La peine de mort même a provoqué de très-grands crimes. Prétendre qu'il y a des criminels si pervers, si dangereux, que la peine de mort seule protége la société contre eux, c'est dire qu'on tue un homme pour s'épargner la peine de le garder et de le mettre dans l'impossibilité de faire encore du mal. Ceux qui défendent la peine de mort dans la crainte que la prison n'éloigne pas le danger de nouveaux crimes doivent admettre qu'un criminel mutilé en commettant son crime, ou frappé de cécité, et par conséquent incapable de commettre un nouveau crime, ne doit pas être puni de mort. L'auteur fait une excellente réponse à ceux qui défendent la peine, en parlant du droit de la nécessité dans l'état de guerre.

____

(1) *Quelques mots à propos de l'abolition de la peine de mort*, par Humblet. Liége, 1863.

M. Thier (1) examine, dans une brochure bien faite, la prétendue nécessité de la peine de mort à deux points de vue différents, soit pour prévenir, soit pour réprimer les crimes. Le meilleur moyen de protéger la société est sans doute d'ôter la vie au criminel ; mais il est certain qu'on arrive au même résultat en tenant le malfaiteur enfermé dans une prison bien organisée. L'auteur s'attache à prouver, par l'exemple de la Belgique, que la nécessité de la peine de mort n'apparaît à aucun des points de vue dont il s'est occupé.

Les deux dernières livraisons du Journal de l'infatigable Eller, professeur à Bologne (2), la sixième et la septième, contiennent un article sur la proposition faite dans le canton du Tessin pour l'abolition de la peine de mort. L'auteur de l'article, Censi, raconte que la proposition n'a pas été adoptée par la dernière assemblée législative ; mais il espère la voir mieux accueillie par la prochaine assemblée. Un article de Fulvio, sur le brigandage dans les provinces napolitaines, montre qu'il n'a servi à rien de faire fusiller les prisonniers, et que, loin d'assurer la tranquillité publique, on a par là provoqué de nouveaux crimes. Il a été plus haut question de la lettre de Bonneville en faveur de la peine de mort, et de la réponse qui lui a été faite. La septième livraison contient un article de Carrara où l'on retrouve les arguments connus contre la peine de mort. Orelli n'admet pas, contrairement à notre opinion, dans une publication sur le même objet, qu'il faille avoir recours aux faits et à l'expérience. Tout en reproduisant les arguments connus avec d'ingénieuses réflexions, il craint qu'on ne rejette sur le dernier plan la question principale, la légitimité de la peine : c'est une grave erreur, car son importance est reconnue dans tous les travaux de l'Allemagne. Nous répétons seulement qu'on n'empêchera pas les souverains, les hommes d'État et les citoyens de croire à la nécessité de la peine, aussi longtemps qu'on se contentera de lui opposer des arguments

(1) *La Question de la peine de mort résolue par l'expérience.* Liége, 1862.
(2) *Giornale per l'abolizione della pena di morte diretto da Ellero.* Bologna, 1863 ; VIe, VIIe livraisons.

purement philosophiques ; l'expérience seule peut montrer qu'elle ne produit pas l'intimidation, qu'elle a de graves inconvénients, et qu'elle peut être avantageusement remplacée par d'autres peines : ce sont les arguments les mieux faits pour toucher les personnes qui peuvent contribuer à l'abolition de la peine.

Il est très-important de remarquer que les assemblées législatives et les congrès sont de plus en plus favorables à cette réforme.

A. Parlons d'abord des assemblées législatives.

1° Dans la session de 1863, le gouvernement déclarait lui-même à la chambre du duché de Bade, dans l'exposé des motifs du code d'instruction criminelle, §§ 420-423, que l'opinion qui admet la possibilité d'abolir la peine de mort sans nuire au bien de l'État, en la laissant subsister seulement pour les crimes punis par les conseils de guerre, se répand de plus en plus ; ce n'est qu'une question de temps, et le gouvernement devra sérieusement rechercher s'il faut maintenir cette peine, au moment de la révision du code pénal ; mais le gouvernement ne croit pas bon de s'en occuper isolément. La commission de la seconde chambre dit, dans son rapport, que l'examen de cette question n'était pas nécessairement lié à la révision du code pénal ; qu'à Bade, en 1849, un article de la constitution amena la loi du 16 mars 1849, qui abolit la peine de mort. La commission ajouta qu'en 1851 cette loi fut rapportée, et que, dans l'espace de 11 années, 25 personnes furent condamnées et 13 exécutées ; elle examina les arguments de plus en plus victorieux contre la peine, et proposa son abolition, à une majorité de 8 voix contre 3. Le rapport montre bien qu'on ne saurait attribuer à cette peine un pouvoir d'intimidation qui la rende légitime : le criminel ne songe le plus souvent pas à la peine ; son abolition dans plusieurs pays n'a pas augmenté le nombre des crimes qu'elle ne punit plus ; l'État a, pour les prévenir, des moyens meilleurs que cette peine. Les plus grands criminels peuvent s'amender ; la peine de mort qui frappe un innocent est une injustice irréparable, et le droit de grâce ne fait pas disparaître les inconvénients de cette peine. Il est bon de remarquer que le rapporteur de la commission, Haager, est un homme d'une haute expérience, magistrat du ministère public en même temps qu'un jurisconsulte éminent. La seconde chambre accueillit la proposition, le 29 mars 1863, à l'unanimité moins deux voix. Les défenseurs de la peine de mort soutenaient qu'elle était nécessaire aussi longtemps qu'il se commettait de grands crimes ; ils invoquaient la Bible, où ils montraient l'assassin, qui a prémédité son crime, se plaçant lui-même en dehors des lois de l'humanité, et mettant tous les hommes dans le cas de légitime défense contre lui. Parmi les orateurs qui attaquèrent la peine de mort au sein même de la commission, on compte un des magistrats les plus éminents , Prestinari , président de la cour d'appel.

2° En Suède, la chambre des députés discuta l'abolition de la peine de mort au moment de la révision du code pénal. Les députés des paysans votèrent son abolition pure et simple ; les députés du clergé, son maintien. La Bible tint une place importante dans le débat. On ne paraît pas s'être inquiété des travaux récents sur la question. Les membres de la noblesse et de la bourgeoisie étaient divisés ; mais la majorité inclina vers un moyen intermédiaire, le maintien de la peine, en donnant aux juges le pouvoir d'admettre les circonstances atténuantes, même pour les crimes les plus graves, et de réduire la peine à celle des travaux forcés.

3° En Portugal, l'état de la question a été très-exactement fourni à l'auteur, dans une lettre du 30 juillet 1863, par un homme bien informé : c'est M. Lévy-Maria Jordao, qui a pris une part importante à la discussion du projet de loi ; il est membre du conseil d'État. Le projet de loi appliquait la peine de mort à un seul crime, l'abolissait en matière politique et pour les crimes commis par des femmes. Ce jurisconsulte écrit : « La chambre des représentants presque tout entière veut l'abolition de la peine de mort. On reconnut la nécessité de la discuter dans les chambres avant le code pénal. Un député ouvrit la discussion, et on fit deux propositions, l'une pour l'abolition de la peine, l'autre pour la suppression de l'emploi du bourreau. Ce fut à l'occasion de l'examen du budget (chapitre du ministère de la justice) ; la délibération fut longue ; on n'eut pas le temps de discuter l'abolition de la peine. L'autre proposition fut discutée, et l'emploi du bourreau, cessant d'avoir une allocation inscrite au budget, fut supprimé. » M. Lévy ajoute: « Je puis vous affirmer qu'au mois de janvier les chambres voteront l'abolition de la peine de mort en votant le nouveau code pénal. »

B. Occupons-nous maintenant des congrès, et tout d'abord de celui des jurisconsultes, tenu le 25 août 1863 à Mayence. On se rappelle (1) qu'au congrès des jurisconsultes tenu en 1862 à Vienne, la question avait été soulevée par M. Fries sans être résolue. M. Hye, président d'une section à Vienne, fut chargé du rapport sur la proposition de M. Fries. M. Hye reconnut la gravité des raisons opposables à la peine, mais il indiqua les dangers de son abolition immédiate, en présence des grands crimes qui se commettent encore, et fit les propositions suivantes : 1° les progrès de la civilisation appellent peu à peu l'abolition de la peine de mort; il faut travailler dans ce but à la réforme du système pénal. 2° Il faut limiter la peine, dès à présent, dans la législation pénale commune à toute l'Allemagne, hors des cas de guerre, de juridiction militaire et de révolte maritime, à deux crimes : à l'assassinat d'une personne commis avec préméditation, et au crime de haute trahison résultant d'un attentat contre la personne du souverain. 3° La peine de mort ne doit pas être nécessairement appliquée à ces crimes ; mais les juges doivent avoir la faculté d'y substituer l'emprisonnement perpétuel ou temporaire, toutes les fois que le crime comporte l'admission de circonstances atténuantes. La délibération de la section fit apparaître une grande divergence d'idées (2). Abegg fut d'avis que la peine de mort doit peu à peu disparaître avec les progrès de la civilisation; mais il défendit sa légitimité, et ne trouva rien de décisif dans la crainte des assassinats judiciaires. De Muhfeld, de Vienne, réfutant

(1) Nous nous sommes expliqué, dans le *Journal de droit pénal*, 1862, sur le vote du congrès. *Voir* les explications du professeur Geyer dans le *Journal de droit pénal*, 1863.

(2) Nous regrettons de ne pouvoir donner des développements sur la discussion; elle n'a pas été recueillie avec étendue, et nous n'avons que le résumé contenu dans la *Gerichtszeitung* de l'Allemagne, n° 37.

Hye, demanda l'abolition de la peine, et proposa au congrès de dire que cette peine ne devait avoir aucune place, en dehors des cas de révolte pendant la guerre sur terre et sur mer, dans un code pénal commun à toute l'Allemagne. Le professeur d'Inspruck, Geyer, fidèle à la doctrine exposée dans son livre, se prononça en faveur de l'abolition immédiate de la peine. La proposition de Muhlfeld fut rejetée par quarante voix contre quarante ; on vota la première et la deuxième proposition de Hye. La proposition de Muhlfeld n'avait été rejetée qu'à la majorité d'une voix : une nouvelle discussion eut lieu dans l'assemblée générale du 28 août. Muhlfeld reprit sa proposition ; elle fut accueillie par une imposante majorité.

Quiconque étudie sans prévention les débats du congrès des jurisconsultes reconnaîtra que l'opinion favorable à l'abolition immédiate de la peine de mort, en Allemagne, a fait de grands progrès. Les partisans du maintien temporaire de cette peine ont reconnu eux-mêmes qu'il ne fallait plus rendre son application obligatoire. C'est avouer que la peine est injuste dans bien des cas, même pour les crimes qui paraissaient devoir être jusqu'à présent invariablement punis de mort. Il est important de remarquer qu'une seule voix donna, dans la section, la majorité au maintien de la peine, et que la minorité des quarante membres et la majorité de l'assemblée générale comptaient dans leur sein des jurisconsultes éminents et pleins d'expérience, appartenant aux différents États de l'Allemagne.

Un fait bien important, c'est l'étendue du mouvement que l'abolition de la peine a provoqué dans le royaume de Hollande. Ce pays peut se vanter d'avoir, depuis longtemps, de profonds jurisconsultes ; sa population a un caractère sérieux, et ne se laisse pas aller à des exagérations. Un magistrat, Vos, a traduit en hollandais mon livre (1), et soutenu énergiquement dans la préface l'abolition de la peine de mort. M. Vos a publié une statistique très-importante des condamnations à mort prononcées en

____

(1) *De Doostraf beoordeld naar de Uifkomsten von Wetenschapeligk onderzoek door Mittermaier vertaald door J. Vos, Regten.* Leyden, 1863.

Hollande dans les cinquante dernières années (1) ; nous en ferons usage plus bas, dans notre statistique criminelle. Récemment, l'abolition de la peine a été demandée par des jurisconsultes néerlandais, MM. Gilquin, de Harlem (2), et Modermann, jurisconsulte jeune et plein de talent (3). Proposée dans la section de jurisprudence de la société provinciale d'Utrecht par l'éminent M. Vreede, bien attaché au progrès de la civilisation, elle a donné lieu à d'importants débats. D'après le procès-verbal du 23 juin 1862, il ne s'est pas borné à développer les arguments connus, mais il a donné de curieux détails sur les travaux des jurisconsultes néerlandais du dernier siècle contre la peine de mort. Il a rappelé qu'en 1644, un écrivain profond, Antoine Mathæus (4), demandait comment nous savons qu'un homme exécuté comme incorrigible est réellement tel, et comment nous en venons à désespérer, contrairement à la doctrine du Christ, de l'amélioration d'un de nos semblables. Différents membres de la société se prononcèrent, il est vrai, pour le maintien temporaire de la peine ; plusieurs furent d'avis qu'il fallait au moins l'appliquer aux militaires ; d'autres pensaient qu'il suffisait de donner au juge le pouvoir de prononcer une autre peine, en admettant les circonstances atténuantes. Le 29 juin 1863, s'ouvrit une nouvelle discussion dans la société. Parmi les orateurs, on compte des jurisconsultes éminents et pleins d'expérience, entre autres le procureur général Jolles, si justement renommé. M. Vreede exposa les progrès récents de l'opinion favorable à l'abolition de la peine ; il prouva, par la statistique de la Hollande, que cette peine est inutile. Dans les débats, plusieurs membres la défendirent, comme la seule peine qui pût garantir la société contre certains crimes. Suringar, le défenseur si zélé du système cellulaire, demanda qu'on se gardât bien d'aller trop vite. Le procureur général Jolles soutint d'une manière très-remarquable l'abolition de la

______

(1) *Voir* le journal hollandais *la Themis*, 1863, n° 1.

(2) Le journal *Tijdspiegel (Zeitspiegel)*, juin 1863.

(3) Dans son travail : *De Hervorming onzer Strafwetgeving, Kritische beschouwing.* Leyden. 1863.

(4) Dans son ouvrage : *De criminibus*, 1644, p. 104.

peine, et proposa de la remplacer par l'emprisonnement perpétuel
avec le régime cellulaire. Le droit de grâce ne rend pas, dit-il,
l'abolition de la peine inutile, car l'exercice de ce droit dépend
des vues particulières du ministre de la justice. La discussion fit
apparaître deux propositions principales, l'une tendant à la nomi-
nation d'une commission pour examiner si l'abolition de la peine
est désirable, et quelle peine doit lui être substituée ; une autre, de
Jolles, demandant un vote immédiat contre le maintien de cette
peine et l'établissement du régime cellulaire. La proposition de
Jolles fut acceptée par une majorité de 12 voix contre 5.

En Belgique, le nombre des jurisconsultes hostiles à la peine
de mort va toujours croissant. Le 4 mars 1863, dans une séance
de la chambre, le député Jouret fit un long discours sur l'état de
la question (1). Le sénat doit s'en occuper prochainement, à propos de la révision du code pénal. L'orateur montra l'inutilité de la
peine par l'exemple de la province de Liége : une seule exécution a eu lieu, depuis 1830, dans le ressort de sa cour d'appel, et
le nombre des crimes va en décroissant ; dans le ressort de Gand,
au contraire, 25 exécutions ont eu lieu dans le même espace de
temps, et le nombre des crimes s'est augmenté. Il est vrai qu'aux
yeux du procureur général Bavay, ces faits n'ont rien de décisif.
Il conteste l'exactitude de la statistique ; mais l'orateur montre
que cette objection n'a pas une grande portée (2) ; néanmoins il
demande au ministère une statistique exacte, nécessaire à un
débat si important. Il reconnaît bien que les exécutions préviennent des crimes, mais il demande si une autre peine énergique,
certaine et prompte comme la peine de mort, n'est pas aussi efficace. Le peuple belge s'intéresse à cette question, comme on l'a
vu dans les assemblées tenues le 1er mars 1863 à Liége, et le
14 mars à Mons. A Liége, M. Bury eut le mérite de provoquer une
discussion très-animée dans le sein de la société d'émulation (3). L'as-

(1) Nous en parlons d'après le supplément du *Journal de la Meuse*
des 7 et 8 mars 1863.
(2) Les détails de statistique trouveront mieux leur place dans
notre examen général de la statistique.
(3) La meilleure analyse de la discussion est dans les deux jour-

semblée, très-nombreuse, ne s'en tint pas aux arguments connus et reproduits avec beaucoup de force et de science, mais elle fit valoir l'expérience de la Belgique, et réprouva, à bon droit, les idées récemment exprimées par le procureur général. On vota une pétition au sénat pour l'abolition de la peine. Voici le texte de cette pétition, couverte de nombreuses signatures :

Considérant que tous les criminalistes et tous les hommes d'État souhaitent l'abolition de la peine, et que, pour combattre son abolition complète et immédiate, on se borne à soutenir sa nécessité ;

Considérant que sa nécessité n'est nullement prouvée ; qu'aucune nation n'a été, en effet, obligée de la rétablir, après l'avoir abolie, pour empêcher les grands crimes de se multiplier (1) ;

Considérant que l'histoire et la statistique prouvent invinciblement que l'adoucissement des peines et l'abolition ou la diminution de la peine de mort n'ont pas augmenté le nombre des crimes ;

Considérant que l'expérience de la Belgique, dans la période de 1830 à 1835, et celle du ressort de la cour d'appel de Liége, depuis quarante ans, témoignent contre la peine de mort ;

Considérant que la Belgique a le droit de se croire assez libre et assez civilisée pour n'avoir pas besoin de l'échafaud ;

Considérant que la peine de mort est une peine mauvaise, et, quand elle frappe un homme innocent, comme il est arrivé et comme il peut arriver encore, un malheur et un scandale qui la condamnent irrévocablement ;

Les soussignés demandent au sénat et à la chambre des députés l'abolition de la peine de mort au moment de la révision du code pénal.

naux : *Journal de Liége* du 2 février 1863, et *Journal de la Meuse*, n°ˢ 28 et 52.

(1) La pétition contient ici, malheureusement, un fait inexact, puisqu'en Allemagne la plûpart des Etats qui ont aboli en 1849 la peine de mort, l'ont rétablie en 1852-1853. Il est vrai qu'ils ont obéi à d'autres considérations qu'à l'augmentation du nombre des crimes. Ajoutons que le rétablissement de la peine n'a été voté dans les chambres qu'à une faible majorité.

Les débats de l'assemblée de Mons eurent le même caractère. Quelques membres invoquèrent en faveur de la peine de mort le droit de la guerre, et soutinrent qu'il y a des crimes que cette peine peut seule expier. La plupart des membres prouvèrent avec force son inutilité. Quelques-uns rappelèrent que récemment, en Belgique, les plus grands crimes avaient eu pour auteurs des hommes qui venaient d'assister à des exécutions capitales. L'assemblée résolut aussi de s'adresser aux chambres pour leur demander l'abolition de la peine.

La question fut aussi discutée dans le congrès international pour le progrès des sciences morales, tenu à Gand le 15 septembre 1863 (1). Deux orateurs seulement défendirent la peine de mort par des raisons très-faibles ; l'un d'eux prétendit que les arguments produits contre cette peine se retournaient contre toute espèce de pénalité. Les autres orateurs parlèrent fort bien contre cette peine. Les meilleurs discours furent ceux de Bury et de Pelletan. Il n'y eut pas de vote, parce que les statuts de la société interdisent toute espèce de vote.

Arrivons à l'examen de la statistique criminelle.

Le mouvement croissant de l'opinion publique contre la peine de mort est attesté par le grand nombre des publications qui l'ont attaquée dans ces derniers mois. Il faut parler de ces publications avant d'indiquer les résultats de la statistique. Nous avons montré, dans notre précédent article, la Belgique et les Pays-Bas travaillant à l'abolition de cette peine avec un sens pratique et une énergie de jour en jour plus grands. En Belgique, il a paru tout récemment des travaux remarquables sur ce sujet, et il s'est formé une société pour l'abolition de la peine. Cette société, fondée à Liége, comptait déjà, en novembre 1863, plus de 300 membres. Elle a pour président le sénateur Forgeux, et compte parmi ses membres un professeur bien distingué par ses travaux de science et de législation, M. Nypels, beaucoup d'avocats d'un vrai mérite, des médecins et des fonctionnaires.

La société a des réunions périodiques, une assemblée générale

____

(1) *Indépendance belge*, 1863, 17 septembre.

annuelle, et cherche par des publications et des pétitions à répandre des idées saines sur la question et à réformer la législation. Nous avons sous les yeux la première de ses publications (1).

Cette première publication contient, avec les statuts de la société, une préface qui répond au discours du procureur général Bavay. Ce magistrat a, pour démontrer la nécessité de la peine de mort, rappelé qu'à de terribles époques, des exécutions multipliées ont seules empêché les crimes tels que ceux de la bande de Mauvais-Gré, en Belgique.

L'argumentation de M. Bavay n'a pas, suivant les auteurs de la publication, une grande valeur : rien ne prouve que les exécutions aient fait cesser les crimes, et qu'on ne doive pas plutôt ce résultat à une police plus vigilante, au retour de la sécurité publique, et à la certitude de la répression. M. Bavay a encore soutenu que la statistique invoquée par les adversaires de la peine, pour montrer que depuis 38 ans aucune exécution n'a eu lieu, et que pourtant le nombre des crimes ne s'est pas augmenté dans le ressort de la cour d'appel de Liége, est fausse : la société prouve certainement tout au moins que la sécurité publique n'a pas été moindre à Liége que dans des contrées où des exécutions ont eu lieu.

La publication de la société contient encore une analyse du travail de Thonissen, cité précédemment, et un rapport de Nypels sur mon ouvrage.

En novembre 1863, la société tint son assemblée générale à Liége. Hanssens y lut un rapport sur l'état de la question, et un avocat fort distingué de Mons, M. Franquart, prononça un discours qui, par un ensemble bien ordonné de faits incontestables, prouvait la nécessité de l'abolition de la peine, et fit une grande impression sur son auditoire. Un homme éminent et plein de zèle pour la cause du progrès, M. Vischer, de Bruxelles, raconta que la commission instituée pour la révision du code pénal, commission dont il était membre, avait réussi à empêcher toute

____

(1) *Publication de l'association pour l'abolition de la peine de mort.* Liége, 1863.

exécution capitale en Belgique, de 1831 à 1835, et qu'après la retraite du ministre Lebeault, en 1835, la peur fit reparaître la guillotine. A la fin de la séance, le président, M. Forgeux, démontra qu'il fallait avoir recours à des peines suivant de près le crime et assez rigoureuses pour inspirer de la crainte aux criminels, utiles en même temps à leur amélioration, et réparables en cas d'erreur. Il s'éleva avec énergie contre la théorie de l'intimidation ressuscitée par de M. Bavay.

Une publication très-importante d'un auteur anonyme, membre des états généraux et du congrès national (1), nous montre qu'en 1827 les états généraux de la Hollande discutaient la peine de mort à propos de la rédaction du code pénal. Le maintien de la peine fut voté dans les sept sections par une majorité de 60 voix contre 14. Parmi ses adversaires, on compta des Belges, notamment l'excellent de Brouckère, qui l'attaquèrent comme inutile.

L'auteur rapporte la discussion soutenue sur la même question dans la chambre des députés de la Belgique, en 1851, par deux savants députés, Roussel et Destrivaux : la majorité fut d'avis que le moment d'abolir cette peine n'était pas encore venu. Dans le sénat, une majorité considérable la regarda comme indispensable. On discuta principalement la publicité des exécutions et la suppression de la peine pour les mineurs de vingt et un ans.

Les débats de la session de 1853 sont intéressants. Les anciens préjugés triomphèrent. L'auteur de la publication analyse ensuite le discours de M. de Bavay, qui invoque un ancien publiciste, Damhouder, pour montrer que la peine de mort est la seule qui produise l'intimidation. Il montre que Damhouder lui-même ne croit pas l'efficacité de la peine aussi grande qu'on le pense. M. de Bavay prétend à tort aussi. suivant l'auteur, que l'exécution de quelques criminels a arrêté un développement effrayant de la criminalité, et attache trop peu d'importance à l'impossibilité de réparer, avec l'application de la peine de mort, les erreurs judiciaires. La

____

(1) *Revue rétrospective et sommaire touchant la question de la peine de mort,* accompagnée de considérations présentées pour l'abolition de cette peine, par un ancien membre des états généraux et du congrès national. Bruxelles, 1863.

publication se termine par une réfutation très-claire de tous les arguments présentés en faveur de la peine.

Le mouvement croissant de l'opinion publique contre cette peine, appuyé par des hommes éminents, devait déplaire au procureur général de Bavay; il réfuta, l'année suivante, dans son discours d'entrée (1), les idées de ses adversaires. Il prend, dit-il, cette grande question au point de vue pratique et historique (2), et soutient encore qu'aucune peine n'a, comme la peine de mort, la force de prévenir, par l'intimidation, les grands crimes. S'il est vrai qu'un trop grand nombre d'exécutions, par exemple dans les temps de révolution, énerve la répression, la peine de mort garde son efficacité, quand elle est appliquée rarement, aux plus grands crimes.

Il rappelle encore l'exemple des Chauffeurs et de la bande du Mauvais-Gré, pour démontrer la force d'intimidation exercée par la peine de mort, et ajoute que, dans le ressort de Tournay, quelques exécutions ont suffi pour arrêter un mouvement effrayant de criminalité.

Le procureur général ne trouve pas concluant l'exemple emprunté au ressort de Liége, où, bien qu'il n'y ait pas eu d'exécution depuis trente-huit ans, le nombre des grands crimes ne s'est pas augmenté; il prétend que la statistique est incomplète, qu'il s'est commis de grands crimes dans le ressort de Liége, et si les crimes ont été nombreux dans d'autres ressorts où les exécutions étaient multipliées, c'est pour des causes qui ne témoignent pas contre la peine de mort. Son abolition dans quelques petits États ne prouve rien pour la Belgique, dont la situation n'est pas la même. Récemment, dans un pays doué d'un vrai sens pratique, en Angleterre, n'a-t-on pas vu le gouvernement obligé de prescrire un certain nombre d'exécutions?

Le discours de M. de Bavay, loin de servir sa cause, en démontre la faiblesse, et ne peut qu'augmenter le nombre des adver-

(1) Extraits de son discours dans le *Journal de droit pénal*, 1862, p. 729.

(2) *La peine de mort au point de vue pratique et historique. Objections et réfutation*, par de Bavay, 15 octobre 1863. Bruxelles, 1863.

saires de la peine. Il prétend s'être attaché au point de vue historique et pratique; mais, pour faire preuve d'un esprit vraiment pratique, il aurait dû, non pas se borner à citer quelques faits pris pour les besoins de sa cause en Belgique, mais interroger l'expérience de tous les pays sur l'efficacité de la peine et sur les inconvénients de son maintien. On s'explique difficilement qu'il n'ait tenu aucun compte des observations si importantes de du Boys Aimé. A-t-il mieux compris les enseignements de l'histoire? Il en faut douter, à voir comme il s'inquiète peu des changements produits dans la législation pénale de tous les peuples par le développement de leur civilisation, et surtout dans le choix des peines. La peine de mort tire son origine d'idées anciennes, et même de préjugés religieux, dont la fausseté est généralement reconnue. On ne peut traiter la question sans aborder son point de vue philosophique. Malheureusement M. de Bavay est partisan du principe d'intimidation, bien qu'il sache que la science l'a partout renversé, à cause de ses conséquences. Ce principe aboutit à la barbarie ; il rend légitimes les peines les plus atroces, et fait prévaloir une législation qui, ne tenant aucun compte de la justice, a pour idoles l'arbitraire et l'utile. Il est bon de faire connaître à M. de Bavay les déclarations récentes faites chez un peuple dont il reconnaît l'esprit pratique, chez les Anglais, devant une commission parlementaire étudiant les effets des peines. L'inspecteur général, M. Perry (1), a dit, avec sa haute expérience, que peu d'hommes sont éloignés des crimes par l'idée de la peine ; l'homme qui va commettre un crime a l'espoir de ne pas être découvert ; aussi ne tient-il pas compte des peines, et surtout de leurs nuances.

Éverest, premier secrétaire du ministère au département des affaires criminelles depuis quinze ans, homme d'une grande activité, témoigne de la transformation morale d'un assassin au bout de quinze années (2). Que diront les défenseurs de la peine de mort en entendant des directeurs de prisons dire, en Angleterre, avec

(1) *An report from the comittee of the house of Lords on the present state of discipline in gaols and houses of correction.* London, 1863. Réponse 687.

(2) *An report of the commissionners of the house of commons on transportation.* 1863. 62ᵉ réponse.

l'autorité de leur expérience, que les criminels condamnés pour assassinat ne sont pas les plus pervertis, et que l'abolition de la peine de mort pour certains crimes a été suivie d'une diminution dans leur nombre ? M. de Bavay insiste beaucoup sur la cessation des crimes de la bande des Chauffeurs et de Mauvais-Gré après deux exécutions ; mais il reste à prouver que ce résultat est dû à cette cause, et non à la vigilance de la police, à une action plus énergique pour le maintien de la sécurité publique, et surtout à la certitude de la répression.

Nous avons rapporté, dans la première partie de notre article, les avis d'hommes éminents et pleins d'expérience déclarant, dans les assemblées publiques de la Hollande, l'inutilité de la peine de mort. La société des arts et des sciences de la province d'Utrecht a voté dernièrement une pétition au roi pour l'abolition de cette peine. La pétition est du 2 novembre 1863, et fait bien ressortir les raisons qui font désirer cette réforme en Hollande. Elle rappelle qu'en matière pénale les idées changent avec le temps ; qu'autrefois, dans un état social aussi mauvais au point de vue politique qu'au point de vue moral, il fallait user d'une grande rigueur pénale, et que la violence des mœurs, autorisant des peines violentes, appelait la peine de mort à défaut de tout autre moyen utile au maintien des lois. Mais les temps ne sont plus les mêmes ; la société est tranquille, la douceur des mœurs a modifié les idées sur le droit pénal ; aussi le peuple néerlandais est-il de plus en plus hostile à la peine de mort, et les juges, dont la conscience y répugne, la repoussent de toutes les manières. Les progrès de la médecine légale et son influence sur l'instruction criminelle amènent souvent le doute qui s'oppose à l'application de la peine. N'a-t-on pas, dans le régime cellulaire en Hollande, le moyen de la remplacer ? Rien ne témoigne plus enfin contre elle, dit la pétition, que le nombre toujours croissant des grâces accordées pour les plus grands crimes, tels que le parricide et l'empoisonnement.

En France, il a paru récemment un ouvrage curieux de Laget Valdeson (1). L'auteur, après avoir montré dans tous les pays les

____

(1) *Martyrologie des erreurs judiciaires*, par Laget-Valdeson, ancien magistrat. Paris, 1863.

efforts dirigés contre la peine , et dans quelques-uns la réforme
de la loi heureusement accomplie, rappelle les tentatives fréquemment faites en France pour l'abolition de la peine , et demeurées
sans succès parce qu'elles se produisaient au milieu de l'agitation
révolutionnaire ; il désire voir la France prendre l'initiative de
cette réforme , et cite un grand nombre d'exécutions terribles et
de condamnations révoltantes dont des accusés innocents ont été
les victimes; il finit, après avoir donné l'avis de quelques publicistes
sur la question , en disant que la peine de mort peut bien être
remplacée par la transportation.

En Italie, il a paru deux publications nouvelles ; l'une fait partie
d'un nouveau commentaire du code pénal italien (1). Son auteur
parle des discussions engagées sur la question, et rappelle les deux
raisons fondamentales invoquées par les partisans de la peine ;
l'une est son antiquité, l'autre sa nécessité pour mettre la société
à l'abri de certains grands crimes. Ce sont, dit-il, les derniers
moyens de défense d'une pénalité qui s'en va, depuis que l'humanité a la conscience de ses droits et de ses devoirs. L'auteur
montre qu'une institution n'est pas légitime à cause de son antiquité, et que la peine de mort est le produit d'un temps passé et
d'idées éteintes ; la civilisation a fait évanouir sa raison d'être.
Elle n'est pas légitime, suivant lui , pour divers motifs : elle est
irréparable en cas d'erreur, elle ne produit pas l'intimidation, et
ne se concilie pas avec la théorie de l'amélioration du coupable.

La dernière livraison du journal d'Eller contient la traduction
d'un de mes articles publiés dans le *Journal du Droit pénal*
en 1863.

Arrivons à la statistique, bien importante dans cette matière, et
constatons tout d'abord que le nombre des crimes ne s'est pas
augmenté dans les pays où la peine de mort est abolie par la loi.
Nous avons pour la Toscane le témoignage d'un homme plein d'autorité, du Florentin Pannatoni : suivant une statistique exacte,
dit-il, le nombre des crimes que le code toscan de 1853 punis-

(1) *Comento filosofico-storico-esegetico al codige penale del nuovo regno
d'Italia, del l'avvocato Nicola Gattola.* Napoli, 1863, p. 37.

sait de mort s'est élevé, de 1853 au 30 avril 1859, à vingt, et, depuis le 1er mai 1859, époque où la peine de mort a été abolie, jusqu'en 1863, on compte huit poursuites pour des crimes du même genre.

A Oldenbourg, d'après le témoignage d'un des juges les plus éminents, un seul assassinat a été commis en 1862; l'auteur et son complice ont été condamnés; mais nul n'a demandé le rétablissement de la peine de mort. Nous devons aussi parler d'un rapport présenté au ministère d'État de Weimar par le docteur Brugger, sur la statistique de ce pays, que nous avons rapportée dans le *Journal de droit pénal* (1). Il s'est commis à Weimar, pendant les six années où la peine de mort était abolie, douze crimes antérieurement punis de cette peine; dans ce nombre on compte quatre condamnations pour assassinat. Dans les six ans qui ont suivi le rétablissement de la peine, **7** personnes ont été condamnées, **3** graciées, **4** exécutées. Quand même on trouverait une grande inégalité dans le nombre des crimes punissables de mort avant et depuis l'abolition de la peine, on n'en devrait, suivant le docteur Brugger, tirer aucune induction pour ou contre la peine; le système pénal n'est pas la seule cause déterminante du nombre des crimes.

La statistique criminelle, en France, est bien digne d'attention : elle révèle une diminution importante dans le nombre des condamnations à mort, et en même temps une augmentation dans le nombre des grâces. En 1861, le nombre des condamnations fut de 26 ; celui des grâces s'éleva à 14. On compte, en 1857, 58 condamnations à mort; en 1858, 38; et dans chacune des années 1859 et 1860, 36. De 1825 à 1840, la moyenne est de 110 par année; de 1850 à 1860, le nombre des condamnations est de 499 : 46 pour cent des condamnés étaient complétement privés d'instruction; 49 pour cent, des récidivistes. Sur 284 condamnés en 1825 et en 1826, 51 furent graciés; et sur 51 condamnés en 1840, 45 furent exécutés. De 1850 à 1860, on compte, sur 499 condamnations, 278 exécutions, soit 56 pour cent. La statistique

____

(1) *Journal du droit pénal*, 1862, nᵒˢ 48 et 49. Le rapport de M. Brugger a été publié dans le *Journal de droit pénal*, 1863, p. 207.

nous apprend aussi l'usage fait par le jury des circonstances atténuantes pour écarter la peine de mort. En 1861, l'admission des
circonstances atténuantes a été prononcée dans **304** cas où la
peine de mort était la peine légale. On compte dans ce nombre **74**
accusations d'assassinat, **15** d'empoisonnement, **13** de parricide, **55** d'incendie de maisons habitées, **27** d'incendie de maisons appartenant à l'incendiaire, **141** d'infanticide. On voit par là
que la répugnance du jury français pour la peine de mort va toujours croissante, et que Louis-Philippe a eu raison de voir dans
le pouvoir donné au jury, en 1832, de prononcer l'admission des
circonstances atténuantes, un moyen d'arriver progressivement,
par la volonté populaire, à l'abolition complète de la peine de mort.
Les juges eux-mêmes, reconnaissant l'exagération de la peine
légale qui était la peine de mort, ont, après l'admission des circonstances atténuantes, abaissé la peine de deux degrés, par exemple dans **137** cas d'infanticide. Les jurés ont été même jusqu'à
faire descendre la peine d'un crime à une peine correctionnelle,
par exemple, en 1861, dans **17** cas d'infanticide. On a vu
même en France le jury déclarer que la peine de mort était
prononcée contre sa volonté bien certaine (1). Une femme était
accusée d'avoir tué son père ; les jurés la déclarèrent coupable
du crime sans préméditation. Sachant que le meurtre n'est pas
puni de mort, ils avaient pensé écarter cette peine en repoussant
la circonstance aggravante de la préméditation ; néanmoins la Cour
prononça la peine de mort. Quand ils surent que l'arrêt était conforme à la loi, qui punit de mort même le meurtre lorsqu'il est commis par un fils sur son père, ils voulurent recommencer leur délibération ; mais la loi s'y opposait, et la condamnation fut maintenue.

En Angleterre, la loi de 1861, dont nous avons déjà parlé (2), a
diminué considérablement le nombre des condamnations à mort,
que l'assassinat pleinement exécuté peut seul amener. Mais, depuis
l'année 1861, où l'on exécutait seulement **15** condamnés à mort
sur **30**, il s'est produit un grand changement dans l'opinion

---

(1) *V.* le journal *le Droit* de 1863, n° 166.
(2) *Journal de droit pénal,* 1862.

publique. Au lieu d'encourager, comme auparavant, le ministre
à gracier les condamnés à mort, on s'indigna, en 1862, contre
la recrudescence des grands crimes, et l'on vit renaître un vieux
préjugé du peuple anglais sur la nécessité de l'intimidation par
des peines rigoureuses. Les journaux se laissèrent entraîner à
toute espèce d'exagérations. On se plaignit de l'insuffisance des
moyens de répression autorisés par la loi nouvelle, de l'indulgence des juges, des jurés, du ministre, et ces plaintes eurent
tout leur effet. Le jury devint plus rigoureux, et cessa d'admettre
le meurtre à la place de l'assassinat. Les juges firent comme le
jury, et le ministre cessa de gracier les condamnés. La peine de
mort fut employée avec une rigueur inusitée; tandis qu'en 1860 on
comptait 17 condamnations à mort pour assassinat, on en compte
28 pour assassinat et 1 pour tentative d'assassinat dans l'année
1862. Sur ces 29 condamnations, le ministre en fit exécuter 16.
En étudiant, dans la statistique officielle, les motifs qui firent
rejeter la grâce des condamnés, on est amené à désapprouver
bien des fois la décision du ministre. Une des condamnations à
mort eut pour cause une tentative d'assassinat; la statistique nous
apprend que le crime avait précédé la loi nouvelle, et que la poursuite avait eu lieu seulement en mars 1862. Alors qu'en Allemagne la loi la moins rigoureuse est la seule dont on puisse user
dans ces cas-là, et que, d'après la nouvelle loi d'août 1861, la peine
est chez nous celle des travaux forcés à perpétuité, on avait recours en Angleterre à la loi ancienne. Un des condamnés qui furent exécutés, Gould, était ivre au moment de son crime ; et son
défenseur eut beau soutenir qu'il était privé de sa raison, on ne tint
pas compte de la défense. Pour d'autres, Petrina et Rowland, on
ignorait complétement le mobile de leurs crimes ; ce dernier n'avait
même contre lui que des indices. L'année 1863 compte en Angleterre un grand nombre d'exécutions : à Liverpool, 4 condamnés
furent exécutés le 17 septembre 1863, bien que l'un d'eux eût été
recommandé par le jury à la clémence de la Cour (1). Le 28 dé-

(1) A Liverpool, on tendit au devant de l'échafaud un grand drap
noir, pour dérober au regard des spectateurs les effroyables contor-
sions du condamné, au moment où la trappe s'abaissait sous ses
pieds.

cembre 1863, eut lieu à Londres une exécution terrible ; l'instrument du supplice était en mauvais état ; l'exécution échoua plusieurs fois, et le condamné subit une affreuse torture.

Nous avons constaté tout récemment trois condamnations à mort qui révèlent de graves défauts dans la procédure pénale de l'Angleterre. Le plus grave est une certaine précipitation (un terme proverbial chez les Anglais, c'est que le temps est de la monnaie), un attachement aveugle à des formes surannées, l'exclusion du jury dans la procédure criminelle, quand l'accusé plaide devant le juge qu'il est coupable. Un autre vice de la procédure, c'est un formalisme qui veut, toutes les fois qu'on plaide la folie d'un accusé, que l'accusé en donne manifestement la preuve, et que les juges se conforment à une vieille maxime, bonne pour un temps où les maladies mentales étaient mal connues : c'est de ne tenir pour folle que la personne qui a agi sous l'empire d'une idée fixe (*delusion*). La science a reconnu que cette théorie était fausse ; mais les jurisconsultes anglais ne s'en inquiètent guère, et le juge déclare au jury, dans son résumé, que cette théorie a force de loi. En voici trois exemples tout récents. Un certain Wright fut accusé, le 14 décembre, de l'assassinat de sa maîtresse ; il plaida devant le juge qu'il était coupable. Le juge lui demanda s'il connaissait les suites d'un tel aveu. Oui, répondit-il. Je ne veux pas, dit le juge, vous détourner d'un aveu. L'avocat de la poursuite déclara lui-même que le fait était trop récent pour que l'accusé ait eu le temps de recevoir un conseil sur l'attitude qu'il devait prendre ; il avait lui-même, disait-il, lu les actes, et il pensait que l'accusé, bien conseillé, aurait plaidé qu'il n'était pas coupable. Le secrétaire de la Cour demanda encore à l'accusé s'il n'avait rien à dire pour écarter l'application de la peine de mort. La peine fut prononcée. La précipitation de la justice anglaise apparaît bien dans cette condamnation à mort d'un homme qui avait commis son crime deux jours auparavant, et n'avait eu ni un défenseur ni la garantie d'un débat contradictoire. Les avocats et les fonctionnaires déclarèrent eux-mêmes, d'après un article contenu dans le *Times* du 17 décembre, qu'ils n'avaient aucun souvenir d'un tel exemple (1). Le 24 décembre 1863, fut jugé un soldat accusé d'avoir assassiné sa maîtresse; il s'appelait Mahaigh. On ne savait si la malheureuse avait péri par la strangulation ou par la strychnine. Le fameux médecin Taylor déclara qu'il n'y avait pas trace de la strangulation, et que la mort était vraisemblablement le résultat d'un empoisonnement volontaire.

Les débats permirent de croire que la défunte avait elle-même acheté le poison pour se donner la mort, désespérée qu'elle était de se voir refuser le mariage par l'accusé; il fut même prouvé qu'il ne refusait pas le mariage, mais qu'il ne pouvait se marier, parce qu'il devait bientôt partir avec son régiment pour les Indes. On finit par savoir que l'accusé et son amante s'étaient engagés à se donner la mort l'un à l'autre.

Le juge soutint dans son résumé qu'un tel pacte n'empêchait pas l'accusé d'être la cause du suicide de cette malheureuse, par le refus qu'il lui avait fait de l'épouser, et que les jurés devaient le déclarer coupable d'assassinat. Les jurés furent de cet avis, et le déclarèrent coupable de complicité dans le meurtre (*accessory*). Les jurés recommandèrent l'accusé à la clémence de la Cour. L'accusé fut pourtant condamné à mort. Des jurisconsultes allemands comprendront difficilement une pratique juridique qui ne suit pas les progrès de la science et qui induit le jury en erreur.

Le plus curieux de tous ces exemples est celui d'un certain Townley : il était également accusé d'avoir assassiné sa maîtresse. Elle voulait rompre avec lui, mais il avait pour elle une passion violente, et cherchait une entrevue avec elle pour la faire changer de résolution. Une entrevue eut lieu; on ne sait pas ce qui s'y passa; tout à coup on vit la jeune fille blessée. Townley ne chercha pas à s'enfuir, mais il la traîna dans la maison, s'entretint avec son père, et parut s'intéresser à sa guérison. Dans les

(1) Les réflexions faites sur ce procès par le correspondant de l'*Allgemeine Zeitung*, supplément du n° 361, p. 606, sont pleines de justesse.

débats, on soutint que l'accusé était fou, et que la folie était héréditaire dans sa famille.

Le débat scientifique fut très-superficiel. Le juge exposa dans son résumé que, d'après la loi anglaise (il est facile de voir qu'il confondait avec la loi une idée scientifique anciennement admise par la justice, mais aujourd'hui déclarée fausse en général), l'aliénation mentale ne fait cesser la responsabilité qu'autant qu'elle produit la *delusion* dont le fait incriminé est la suite (1). L'accusé fut déclaré coupable d'assassinat par le jury et condamné à mort par le juge. Cette condamnation provoqua un mouvement extraordinaire. De nombreuses pétitions, signées par des milliers de personnes, demandèrent une enquête nouvelle pour démontrer l'injustice de la condamnation. Un médecin éminent se chargea de prouver que l'accusé était fou au moment de son crime (2). Le ministre fut obligé de consentir à un nouvel examen de l'accusé au point de vue mental. La commission le déclara à l'unanimité atteint de folie : il fut envoyé dans une maison d'aliénés. Un article remarquable d'un journal anglais (3) montre le changement qui s'est fait dans ce pays. Autrefois l'exécution suivait immédiatement la condamnation ; mais aujourd'hui les idées anciennes et la rigueur de l'ancienne procédure sont en plein désaccord avec les progrès de la science en matière d'aliénation mentale ; de là vient que l'opinion publique, discutant le jugement et la procédure, proteste souvent contre l'injustice de la condamnation, et il se manifeste une grande agitation, surtout dans les cas où les condamnés sont riches et connus : leurs parents et leurs amis ont le moyen de propager l'agitation, même à grands frais ; au contraire, un homme pauvre ou peu connu ne réussit pas, s'il est condamné, à obtenir sa grâce, parce qu'il lui est impossible de soulever l'opinion publique. Cette inégalité de situation est, suivant le *Times*, un nouveau motif pour faire désirer l'abolition de la peine de mort (4). Donnons maintenant quelques

(1) *Voir*, sur les débats et sur le résumé, le compte rendu du journal français *le Droit*, n° 307, du 28 décembre 1863.
(2) *Voir* le *Times* du 25 décembre 1863.
(3) *Voir* le *Times* du 4 janvier 1860.
(4) On regrette de lire, dans le *Times* du 7 janvier 1864, que dans

détails de la statistique sur le rapport du nombre des grâces avec celui des condamnations dans différentes contrées.

En 1861, 9 condamnations à mort ont été prononcées dans les anciennes provinces du royaume d'Italie, et toutes exécutées : dans la Lombardie, une condamnation prononcée et exécutée ; dans l'Émilie, les Marches et l'Ombrie, 10 condamnations prononcées, 4 exécutées, 5 suivies de grâces : voilà les résultats de la statistique ; on n'avait pas encore statué sur une des condamnations au moment où la statistique a été publiée. Dans les provinces du sud, les 3 condamnations prononcées ont été suivies de grâces. En 1862, on compte, dans les anciennes provinces, 15 condamnations à mort, dont 9 ont été suivies de grâces et 6 exécutées ; dans les provinces de l'Émilie, des Marches et de l'Ombrie, 23 condamnations à mort, 8 exécutées, 7 suivies de grâces ; 8 n'avaient encore été l'objet d'aucune décision ; dans les provinces du sud, on compte enfin 2 condamnations à mort, sur lesquelles on n'avait pas encore statué. La statistique de ces provinces n'embrasse que les décisions émanées des tribunaux réguliers.

Nous avons la statistique exacte de la Belgique. En 1856, 10 condamnations à mort ont été prononcées pour crimes contre les personnes, et 10 pour crimes contre la propriété (8 pour incendie). En 1857, on compte 9 condamnations pour crimes contre les personnes, 5 pour crimes contre la propriété (4 pour incendie). En 1858, le nombre des condamnations pour crimes contre les personnes s'élève à 20 ; celui des crimes contre la propriété, à 9. En 1859, le nombre des condamnations pour crimes contre les personnes est de 10, celui des crimes contre la propriété est de 9. En 1860, on compte 13 condamnations pour crimes contre les personnes, 5 pour crimes contre la propriété ; en 1861, 15 condamnations pour crimes contre les personnes, 11 pour crimes contre la propriété ; en 1862, 11 pour crimes contre les personnes, 8 pour crimes contre la propriété. En 1864, un seul condamné n'a

une session des *visitory magistrates,* on se plaignit de la supériorité donnée à la décision d'une commission choisie arbitrairement, et procédant en secret sur le verdict du jury prononcé après des débats publics.

pas été gracié ; en 1862, on compte trois exécutions ; en 1863, une seule jusqu'au mois d'octobre.

En Belgique, l'assassinat est le seul crime pour lequel on exécute les condamnés. Voici leur nombre depuis 1856 : on compte 13 accusés d'assassinat en 1856, 12 en 1857, 12 en 1858, 16 en 1859, 13 en 1860, 10 en 1861, 13 en 1862. En Belgique, la loi donne au jury le pouvoir d'admettre les circonstances atténuantes, excepté pour les crimes punis de mort. Le résultat de cette singulière restriction légale est d'amener un nombre d'acquittements beaucoup plus grand pour ces crimes que pour les autres ; car la conscience du jury se révolte contre l'application de la peine de mort.

Nous avons déjà publié la statistique de plusieurs États allemands (1). En Autriche, on compte, pour l'année 1862, 37 condamnations à mort et 2 exécutions seulement ; toutes les autres ont été suivies de grâces ; en 1863 (jusqu'au 19 novembre, jour auquel s'arrêtent nos renseignements), 28 condamnations à mort; 25 ont été suivies de grâces et 3 exécutées (2). Dans le royaume de Bavière, de 1861 à 1862, sur 11 condamnations, une seule a été exécutée dans le palatinat rhénan. En 1862 et en 1863, aucune condamnation à mort n'a été exécutée. Dans le grand-duché de 'Bade, la statistique n'indique aucune condamnation exécutée en 1861, 1862, 1863, et pourtant le nombre des crimes ne s'est pas augmenté dans ces deux États.

La statistique de la Prusse est déjà rapportée dans le *Journal de droit pénal*, 1862, p. 128. Nous ne connaissons pas le nombre des grâces prononcées depuis cette époque ; la statistique officielle de ce pays ne l'indique plus ; peut-être est-il si grand, qu'on craint, en le faisant connaître, d'ôter à la peine de mort son pouvoir d'intimidation. D'après la dernière statistique prussienne des années 1860-62, on compte, en 1859, 26 condamnations ; en

(1) *Journal du droit pénal*, 1861.
(2) On trouve une intéressante comparaison de la statistique criminelle de Vienne avec celles de Paris et de Londres, dans la *Revue autrichienne*, IVe volume, p. 197; elle est de Glaser. On compte à Vienne, en 1855, 4 assassinats, 0 en 1856, 6 en 1857, 2 en 1858, 3 en 1859, 3 en 1860, 4 en 1861, 3 en 1862.

1860, 32 ; en 1861, 32 ; en 1862, 37 ; elles étaient encore au nombre de 57 en 1857. Il est intéressant de voir comment ce nombre se répartit suivant les provinces. C'est en Silésie que les condamnations ont été les plus nombreuses : 23 en 1857, 10 en 1859, 9 en 1862, tandis qu'en Poméranie aucune condamnation n'a été prononcée dans les années 1858, 1860 ; les années 1859 et 1861 comptent une seule condamnation dans cette province ; la province de Prusse en compte, au contraire, 6 dans chacune des années 1857, 1859, 1860. La province rhénane compte une condamnation en 1859, deux dans chacune des années 1860 et 1861; leur nombre s'élève subitement à 10 en 1862. Tout prouve que les crimes punissables de mort, comme les autres, sont isolés; que le concours de circonstances fortuites amène une recrudescence de grands crimes dans certaines années ; mais le nombre des exécutions n'a aucune influence sur celui des crimes, et même des assassinats. C'est pour l'assassinat qu'on soutient la nécessité de la peine de mort ; examinons les résultats de la statistique en Prusse pour ce crime. On compte, en 1858, 78 accusations d'assassinat, 19 acquittements, 37 verdicts de culpabilité, dont 24 étaient prononcés pour crimes n'entraînant pas la peine de mort, et 6 pour délits. Il arrive en Prusse que le jury ne prononce la culpabilité, même dans les accusations d'assassinat, qu'à une majorité de 7 voix contre 5, et oblige ainsi les juges d'assises de prononcer eux-mêmes sur la culpabilité des accusés, et les juges, en adoptant ou en rejetant le verdict de la majorité du jury, décident le sort de l'accusé. L'expérience fit disparaître en 1831 cette règle de la législation française. Trop souvent, le jury, ne pouvant se mettre d'accord, convient d'un verdict rendu à la majorité de 7 voix contre 5, de manière à laisser aux juges la responsabilité du sort de l'accusé. En 1858, le jury prononça neuf verdicts à la majorité de 7 voix contre 5 ; cinq fois la Cour adopta l'avis de la majorité du jury. En 1860 on compte 6 verdicts du même genre, dont 3 furent acceptés par les juges ; en 1861, 7 verdicts, tous confirmés par les juges.

Dans le Hanovre, de 1850 à 1856, 40 personnes ont été condamnées à mort, 11 exécutées, les autres graciées. En 1850, les trois condamnés ont été exécutés. Plus tard, le nombre des condamnations exécutées s'est amoindri : on compte en 1853 une exécution sur 8 condamnations ; en 1854, 2 sur 9 ; en 1855, 2 sur 7 ; en 1856, 2 sur 5 ; en 1861, 2 sur 4.

Nous devons une bonne statistique pour la Hollande à M. Vos, qui a traduit en hollandais le livre de Mittermaier sur la peine de mort. Cette statistique embrasse les condamnations à mort prononcées depuis 50 ans (1), et nous apprend que de 1811 à 1860 on compte 423 condamnations à mort, 322 suivies de grâces, et 101 d'exécutions. Il est heureux de voir à quel point s'est augmentée, dans cet espace de temps, la répulsion contre la peine de mort.

Dans les premières années, depuis 1811, le nombre des grâces est relativement petit, puisqu'on trouve, de 1811 à 1820, sur 81 condamnations à mort, 42 exécutions, 39 grâces, tandis qu'on compte, de 1821 à 1830, 50 grâces sur 74 condamnations ; de 1841 à 1850, 105 sur 115, et 71 sur 79 de 1851 à 1860. Le nombre des crimes punis de mort par la loi ne s'est pas augmenté en Hollande, malgré la rareté des exécutions. Les exécutions ont toujours eu lieu, dans les dernières années, pour des assassinats. La statistique prouve que les auteurs des plus grands crimes, de l'assassinat, de l'empoisonnement, du parricide, ont obtenu leur grâce du souverain, quand il rencontrait des raisons suffisantes pour croire la peine excessive.

L'essentiel est, dans une telle question, de recueillir avec soin les résultats de l'expérience. Il est bon, pour la clarté du sujet, de les ramener à deux ordres de faits :

1° Ceux qui prouvent la nécessité du maintien de la peine de mort;

2° Ceux qui prouvent ses inconvénients et ses dangers.

On peut subdiviser les faits tendant à établir sa nécessité de la manière suivante :

A. Ceux qui prouvent que l'abolition de la peine de mort multiplierait le nombre des grands crimes;

(1) M. Eyssel a publié un extrait du travail de Vos dans le *Journal de droit pénal*, 1863, p. 307.

B. Ceux qui manifestent l'opinion populaire, et prouvent que le sentiment de la justice et la confiance dans sa force seraient atteints par l'abolition de la peine;

C. Ceux qui prouvent que la peine de mort doit être maintenue comme le seul moyen de répression efficace dans des circonstances extraordinaires;

D. Ceux qui prouvent que la peine ne pourrait être remplacée par aucune autre pénalité.

A. En cherchant dans la statistique criminelle si le maintien ou l'abolition de la peine de mort a contribué à la diminution ou à l'augmentation du nombre des grands crimes, il faut prendre garde d'attribuer exclusivement à une cause un résultat dû à beaucoup d'autres, et surtout à l'énergie plus ou moins grande de la répression. Souvent l'énergie déployée, pour la répression des grands crimes, par la police et par la justice, dans l'intérêt de la sûreté publique, et la sévérité des condamnations, ont favorisé la découverte des crimes; la certitude de la répression en a fait aussi diminuer le nombre. Souvent de grandes entreprises attirent dans un pays un grand nombre d'étrangers, et il s'en trouve qui commettent des crimes terribles; il faut tenir également compte du développement de la population. Nous avons, à ce sujet, les données d'une statistique curieuse. Quand on proposa, dans le canton de Fribourg (1), le rétablissement de la peine de mort, un homme très-honorable, M. Verro, demanda une statistique exacte des crimes commis avant et depuis l'abolition de la peine. La statistique a été dressée par l'archiviste Chassot; le nombre des crimes commis dans la période de 1835 à 1849 est de 984, et de 1848 à 1862, époque où la peine était abolie, il s'est élevé à 1,091 : c'est une augmentation de 107; mais il faut ne pas oublier que, depuis 1834, la population du canton s'est augmentée de 18,000 âmes, et que les travaux des chemins de fer ont attiré dans le pays un grand nombre d'étrangers. Pour décider si l'existence de la peine de mort ou le spectacle de son exécution produit l'intimidation, il faut interroger la nature humaine et l'expé-

(1) *Journal de droit pénal*, 1863.

rience. Tout d'abord, il est certain que l'homme est dirigé dans ses actions par un mobile déterminé, souvent même par le fanatisme régnant dans le pays, et ce sentiment qui le domine, étouffe tous les autres. Aussi ne fait-on pas, avant de commettre un crime, une comparaison de ses avantages et de ses inconvénients, et l'état de l'âme humaine en présence d'un mal inévitable et immédiat, par exemple l'approche du moment fatal pour le condamné à mort, n'est pas celui de l'homme qui va commettre un crime : la peine de mort lui apparaît comme un danger lointain. Les employés des prisons savent fort bien que les criminels ne délibèrent pas avant de commettre leur crime, qu'ils ne songent pas à la gravité de la peine qui les menace, et qu'ils ont surtout, grâce à leur prudence, l'espoir de ne pas être découverts, ou tout au moins d'échapper à la peine.

B. Il serait injuste de ne pas tenir compte de l'opinion publique sur la nécessité de la peine de mort. Si la majorité des gens éclairés la croit nécessaire, le législateur doit procéder avec une grande prudence. Mais on peut tenir pour certain que le développement du sentiment moral et l'adoucissement des mœurs rendent le peuple de plus en plus contraire au maintien de la peine. Un bon régime pénitentiaire fera tomber les préjugés sur l'insuffisance des établissements pénitentiaires existants pour la sûreté publique et l'amélioration des condamnés. Montrez au peuple les plus grands criminels, même des assassins, se transformant après une longue détention, et regagnant la confiance publique, il cessera de croire à la nécessité de la peine de mort. Nous avons cité, plus haut (1), l'exemple d'une femme qui, condamnée à Saint-Gall pour avoir empoisonné son mari, a mérité sa grâce, en 1861, par une conduite exemplaire. Elle se remaria après sa mise en liberté. Le directeur de la prison de Saint-Gall, bien informé, nous affirme qu'elle passe pour une des femmes les plus honnêtes de sa commune, et qu'elle est complétement réhabilitée dans l'opinion publique.

De tels exemples rendent le peuple favorable à l'abolition de la

____

(1) Mon livre sur la peine de mort, p. 103, note 3.

peine de mort. Nous reconnaissons que, dans tous les pays, il existe une classe de personnes à qui le maintien de cette peine paraît nécessaire : ce sont des personnes d'une condition élevée , qui n'ont pas confiance dans l'instinct moral du peuple, et qui s'imaginent qu'il faut agir sur les sens et user de peines rigoureuses ; ce sont des ecclésiastiques, qui, s'inspirant de quelques passages de la Bible, méconnaissent le véritable esprit du christianisme, ou cèdent à des idées piétistes ; ce sont des savants, qui, guidés par une idée fausse du principe de la justice ou par la croyance dans la nécessité d'une expiation, croient la peine de mort nécessaire.

Voici de nouveaux faits importants : nous avons déjà parlé plus haut des débats de la diète suédoise sur la peine de mort ; il nous est parvenu de nouveaux renseignements : dans la chambre des seigneurs (1), une seule voix s'est élevée avec énergie contre la peine de mort ; dans celle des bourgeois, 4 membres seulement ont voté son abolition ; la chambre des ecclésiastiques a voté son maintien sans discussion ; la publicité des exécutions a seule été discutée. Dans la chambre des paysans, au contraire, la majorité a voté l'abolition de la peine. On voit que la classe du peuple, qui passe pour être portée vers le système de pénalité le plus rigoureux, a eu le sens vrai de la question.

Il est prouvé que partout où la peine a cessé d'être employée depuis quelques années, elle a de nombreux adversaires dans toutes les classes de la société. Que diront les partisans de cette peine en apprenant que, dans une ville de l'Allemagne, aucun citoyen n'a voulu donner du travail au bourreau, et que, dans une autre contrée où la loi prescrit la présence d'un nombre déterminé de personnes aux exécutions, nul n'a voulu accomplir cette triste fonction ?

C. Des hommes très-honorables pensent que le mal terrible causé par le brigandage, au royaume de Naples par exemple, rend la peine de mort légitime aussi longtemps que le gouvernement est obligé de maintenir l'état de guerre et de rétablir l'ordre par l'ac-

(1) Celle du savant professeur Olivecrona, auteur d'ouvrages remarquables.

tion d'une justice sommaire; mais des renseignements exacts sur Naples (1) prouvent que les condamnations prononcées par des conseils de guerre ou par des commissions ne sont jamais considérées comme les actes d'une justice respectée : le brigandage est l'œuvre des partis politiques; de hauts personnages lui donnent leur appui, et ceux qui l'exercent croient être les soldats d'un gouvernement légitime; ils sont aussi indifférents à la mort que les soldats sur le champ de bataille.

D. Prétendre qu'aucune peine ne peut remplacer la peine de mort, c'est nier, contre toute évidence, d'après le témoignage des employés de prison bien informés, que l'emprisonnement cellulaire est la plus redoutée de toutes les peines, qu'il rend les évasions presque impossibles, et permet d'exercer une action efficace sur l'état moral des condamnés.

Il est important de consulter l'expérience sur les inconvénients de la peine.

1° Tant que dure la peine de mort, l'exercice du droit de grâce gagne en importance, car le nombre des condamnés graciés va toujours en s'augmentant; ceux qu'on exécute sont de moins en moins nombreux, parce que les souverains sont persuadés que, pour la plupart des condamnés, l'application littérale de la loi ne répondrait pas aux exigences de la justice positive.

Le chef de l'Etat est placé dans une situation pleine d'inconvénients. En vain cherche-t-il un moyen d'apprécier exactement si le condamné mérite ou non sa grâce? Ne pouvant guère étudier lui-même la procédure, il se décharge de ce soin sur un ministre qui, trop occupé pour le remplir lui-même, le confiera à un fonctionnaire chargé de lui faire un rapport.

Tout est changé depuis l'établissement de la procédure publique et orale. Jadis les juges prononçaient, suivant la théorie légale des preuves, sur des pièces écrites qu'on soumettait au ministre; aujourd'hui ils décident, après des débats oraux qui ne sont pas recueillis par écrit, selon l'intimité de leur conviction. Le chef de

(1) Nous puisons ces renseignements dans le journal d'Eller, *Giornale per l'abolizione della pena di morte*, II° vol., p. 179.

l'Etat aura souvent sous les yeux des documents insuffisants. La publicité des débats permet au peuple lui-même de juger la culpabilité de l'accusé, et son opinion peut ne pas être conforme à celle du chef de l'Etat.

A mesure qu'il prend une part plus grande aux affaires publiques, le peuple se met d'accord avec les hommes éclairés sur la question de la peine de mort, et si la peine frappe un accusé dont la culpabilité ne lui paraissait pas d'une gravité extrême, ou que la justice de la condamnation paraisse contestable, il s'irrite violemment. On compare un cas à un autre où la grâce a été refusée, et on se demande, peut-être injustement, mais aux dépens du respect pour le souverain, pourquoi la grâce, refusée dans un cas, est accordée dans l'autre (1). Il en a été ainsi pour Townley, dont on a déjà parlé (2). Les journaux le comparèrent à Bill-Syke, et s'efforcèrent de démontrer que le premier était bien plus coupable que le second ; mais le premier avait des amis puissants qui le firent gracier, et le second n'en avait pas : il fut exécuté (3). Les ministres reconnaîtront eux-mêmes que souvent, après un examen sérieux, les décisions sont amenées par un concours de circonstances fortuites.

Elles le sont aussi par un événement heureux survenu dans la famille du chef de l'État (4), ou par la conduite du condamné dans sa prison. L'état politique d'un pays exerce encore son influence sur le chef de l'État : dans un temps de forte réaction ou dans un conflit grave entre le peuple et le gouvernement, les personnes qui entou-

(1) On se souvient de l'exemple des trois condamnés de Strasbourg.

(2) *Times* du 11 janvier 1864.

(3) Rien ne saurait faire une impression plus grande que l'histoire de Wright racontée par le *Times*. (*V.* plus haut.) Il avait fait un aveu immédiat de sa culpabilité, et avait été condamné à mort sans débats. Plusieurs milliers d'ouvriers demandèrent sa grâce. Le secrétaire d'Etat s'excusa, par des raisons sans valeur, de ne pouvoir la proposer.

(4) Dans un État d'Allemagne, la famille du prince célébrait les fiançailles de l'héritier présomptif du trône au moment où il fallait prononcer sur une condamnation à mort. Le prince fit grâce, et eut soin de dire dans son rescrit que le condamné devait ce bienfait à cet heureux événement de famille.

rent le chef de l'État lui persuaderont facilement qu'il faut user d'une grande sévérité, et affermir la répression par des exécutions capitales (1). Que décidera le chef de l'État, quand l'assassin a commis son crime pour se faire condamnèr à mort (2) ? De graves inconvénients résultent également du système qui met, comme en Suisse, l'exercice du droit de grâce dans les mains d'un corps politique délibérant publiquement, alors qu'une faible majorité veut l'exécution de la peine, et que la minorité compte les hommes les plus éminents du pays (3). Le respect pour la justice est encore amoindri toutes les fois qu'un condamné riche obtient sa grâce par l'intervention d'amis puissants, en même temps qu'un autre condamné, manquant d'amis puissants, est exécuté. Tel a été le cas de Wright. Une condamnation prononcée précipitamment, sans débats et sans jury, avait amené le magistrat du comté de Surrey à protester auprès du ministre ; une pétition signée d'un grand nombre de travailleurs lui fut en même temps remise, mais il la rejeta. De nouvelles démarches en faveur de la grâce du condamné échouèrent ; des députations devaient être envoyées à la reine, mais elle fit savoir aux députés que son habitude était de ne donner aucun conseil à ses ministres. En désespoir de cause, on tint de nombreuses réunions publiques. Les travailleurs voulurent faire des démonstrations énergiques ; ils s'en abstinrent, d'après l'avis de personnes éclairées. L'agitation ne fit que s'accroître. Les travailleurs firent circuler des billets dans lesquels ils priaient le peuple de ne pas assister à l'exécution, et de tenir les fenêtres et les volets fermés. La police fut très-inquiète. On mit plus de 600 constables sur pied : l'exécution eut, contre l'usage, un petit nombre de témoins ; elle eut lieu

---

(1) Nous trouvons d'importants renseignements sur la Prusse dans le journal *Notre Temps*, viie vol., p. 428.

(2) On trouve dans le Wurtemberg des faits de ce genre rapportés dans *Sarvey*, journal mensuel de pratique judiciaire, viiie vol., p. 337, et un fait tout récent dans le *Mercure de Souabe* du 7 novembre 1863, n° 264.

(3) Une discussion bien curieuse eut lieu, le 26 septembre 1863, dans le canton d'Argovie, sur Felder, condamné à mort pour assassinat. La majorité de la commission demanda sa grâce. Un homme universellement respecté, Welti, parla dans le même sens. La grâce fut néanmoins repoussée par 88 voix contre 62.

sans tumulte, mais au milieu de terribles exclamations, par exemple : C'est une infamie ! Où est Townley ? L'irritation contre la justice dure encore, et doit amener devant le parlement de nombreuses pétitions contre la peine de mort (1).

2° Il peut arriver encore que l'exécution aille mal, que le condamné engage une lutte désespérée avec le bourreau, que la conformation physique du condamné, un mauvais agencement de la machine, ou une maladresse du bourreau, fasse échouer l'exécution et expose le condamné à de terribles souffrances (2).

Le respect de la justice est immédiatement atteint ; bien plus, on éclate en imprécations contre le bourreau, contre le gouvernement, et on cesse de croire à la légitimité de la peine de mort.

3° La condamnation peut frapper un accusé innocent, et, après son exécution, l'erreur est irréparable. Nous pouvons ajouter aux exemples déjà cités un exemple tout récent emprunté à l'Italie ; il est rapporté par Gandolfi (3). On a prétendu à tort, il y a quelque temps, que les exemples sont rares, et que la peine la plus forte infligée à des accusés innocents (4) est celle de la prison, mais qu'il ne peut être question d'un véritable assassinat judiciaire. On oublie que la possibilité des erreurs judiciaires (5) est généralement admise, qu'elles deviennent faciles avec des jugements reposant uniquement sur la conviction intime de ceux qui condamnent. Ainsi n'est-il pas certain que la preuve par indices est périlleuse, que les progrès incessants de la médecine légale, de la chimie, et surtout de la science des maladies mentales, font apparaître des erreurs dans des théories réputées pour vraies peu de temps auparavant, et que les experts attachés à ces vieilles théories, les accusateurs publics, les présidents, ignorant les progrès de la science, induisent

---

(1) Nous empruntons ces détails au correspondant du journal français le *Droit* du 15 janvier 1864, n° 12, et au *Times* du 13 janvier 1864.

(2) On trouve dans les *Tableaux historiques* d'Osenbruck sur la Suisse, Leipsig, 1863, p. 19-23, le récit d'une effroyable exécution dont le canton d'Appenzell a été le théâtre.

(3) *Fondamenti di medicina forense analitica.* Milano, 1862, p. 45.

(4) De nombreux exemples sont rapportés par Duboys Aimé et Laget-Valdeson.

(5) *Journal de droit pénal,* 1864, p. 15.

le jury en erreur et lui font rendre des verdicts injustes. Il est encore vrai que les obstacles opposés par les législations nouvelles à 'a révision des jugements rendent bien difficile la preuve des erreurs judiciaires (1).

4° L'expérience nous montre enfin les plus grands criminels, ne des assassins, s'amendant après avoir passé plusieurs années son, et, après avoir obtenu leur grâce, faisant preuve d'une excellente conduite. Nous avons déjà cité des exemples auxquels nous pouvons ajouter d'autres. La prison de Bruchsal renfermait un parricide qui n'avait échappé à la peine de mort que par la grâce. Il mérita, par une conduite exemplaire, sa liberté au bout de vingt ans. Il exerce maintenant son industrie avec habileté, et jouit d'une excellente réputation dans tous les environs. La prison de Munich renfermait un individu condamné pour avoir, à peine âgé de 21 ans et demi, assassiné son voisin et tenté d'assassiner sa propre femme, qu'il voulait remplacer par une autre. Sa conduite exemplaire lui fit obtenir, au bout de vingt années de prison, sa liberté sous condi pour un an ; sa femme elle-même la demanda, disant qu'elle lait reprendre la vie commune avec lui. Au bout d'un an, il avait mérité, par sa conduite, sa liberté complète ; il vit maintenant heureux avec sa femme ; on a sur lui les meilleurs renseignements.

Puissent de tels exemples se voir que l'abolition peut avoir lieu bientôt sans aucun inconvénient !

---

(1) En Prusse, un condamné a sur son lit de mort à un ecclésiastique qu'il était l'auteur du e pour lequel on avait condamné un accusé innocent. Cet aveu ne p ait plus servir à la malheureuse victime de l'erreur judiciaire. s *Archives du droit pénal prussien*, VII, p. 36; le *Journal du jury* 59, p. 286-311.

FIN

TABLE.

FIN DE LA TABLE.

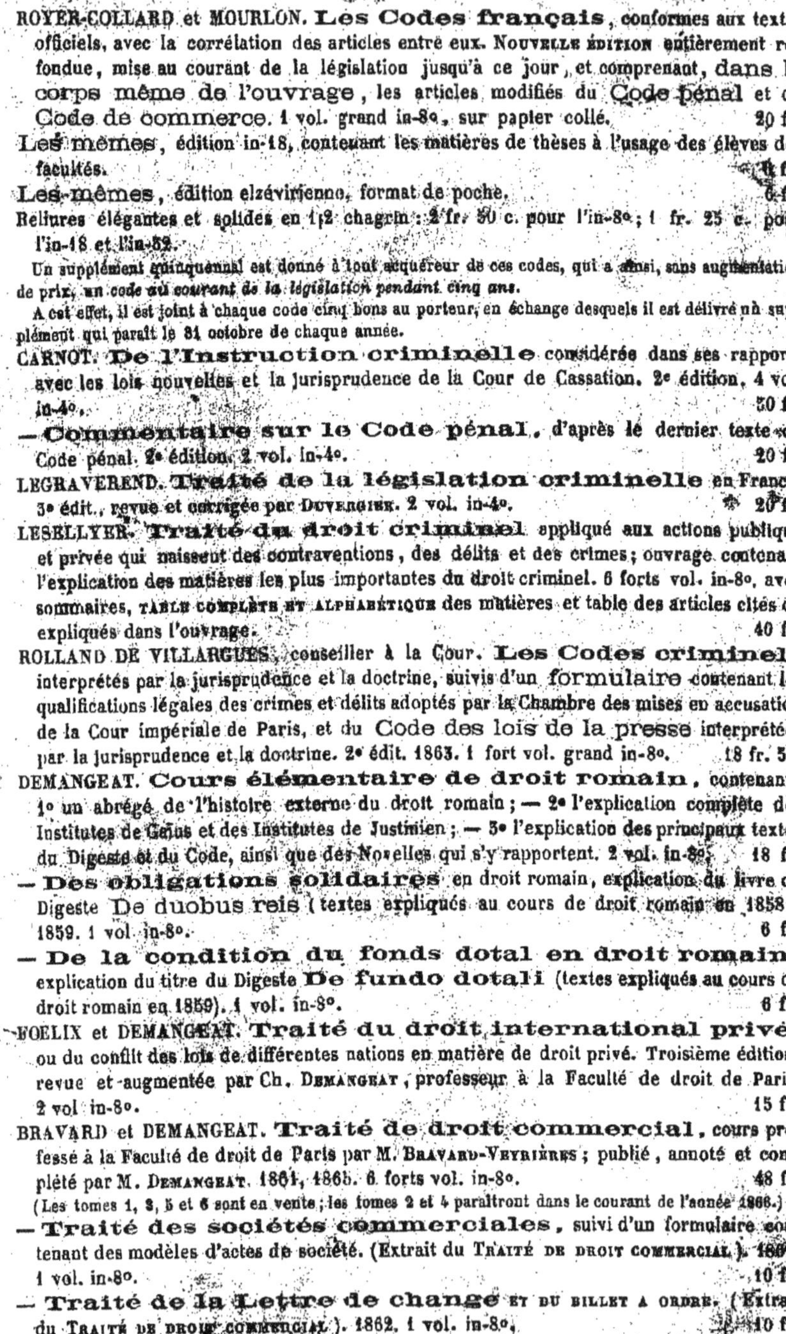

LIBRAIRIE MARESCQ AINÉ.

ROYER-COLLARD et MOURLON. **Les Codes français**, conformes aux textes officiels, avec la corrélation des articles entre eux. NOUVELLE ÉDITION entièrement refondue, mise au courant de la législation jusqu'à ce jour, et comprenant, dans le corps même de l'ouvrage, les articles modifiés du Code pénal et du Code de commerce. 1 vol. grand in-8°, sur papier collé. 20 fr.

Les mêmes, édition in-18, contenant les matières de thèses à l'usage des élèves des facultés. 4 fr.

Les mêmes, édition elzévirienne, format de poche. 6 fr.

Reliures élégantes et solides en 1/2 chagrin : 2 fr. 50 c. pour l'in-8°; 1 fr. 25 c. pour l'in-18 et l'in-32.

Un supplément quinquennal est donné à tout acquéreur de ces codes, qui a ainsi, sans augmentation de prix, *un code au courant de la législation pendant cinq ans.*

A cet effet, il est joint à chaque code cinq bons au porteur, en échange desquels il est délivré un supplément qui paraît le 31 octobre de chaque année.

CARNOT. **De l'Instruction criminelle** considérée dans ses rapports avec les lois nouvelles et la jurisprudence de la Cour de Cassation. 2e édition, 4 vol. in-4°. 30 fr.

— **Commentaire sur le Code pénal**, d'après le dernier texte du Code pénal. 2e édition. 2 vol. in-4°. 20 fr.

LEGRAVEREND. **Traité de la législation criminelle** en France. 3e édit., revue et corrigée par DUVERGIER. 2 vol. in-4°. 20 fr.

LESELLYER. **Traité du droit criminel** appliqué aux actions publique et privée qui naissent des contraventions, des délits et des crimes; ouvrage contenant l'explication des matières les plus importantes du droit criminel. 6 forts vol. in-8°, avec sommaires, TABLE COMPLÈTE ET ALPHABÉTIQUE des matières et table des articles cités ou expliqués dans l'ouvrage. 40 fr.

ROLLAND DE VILLARGUES, conseiller à la Cour. **Les Codes criminels** interprétés par la jurisprudence et la doctrine, suivis d'un formulaire contenant les qualifications légales des crimes et délits adoptés par la Chambre des mises en accusation de la Cour impériale de Paris, et du Code des lois de la presse interprétées par la jurisprudence et la doctrine. 2e édit. 1863. 1 fort vol. grand in-8°. 18 fr. 50.

DEMANGEAT. **Cours élémentaire de droit romain**, contenant : 1° un abrégé de l'histoire externe du droit romain; — 2° l'explication complète des Instituts de Gaïus et des Instituts de Justinien; — 3° l'explication des principaux textes du Digeste et du Code, ainsi que des Novelles qui s'y rapportent. 2 vol. in-8°. 18 fr.

— **Des obligations solidaires** en droit romain, explication du livre du Digeste De duobus reis (textes expliqués au cours de droit romain en 1858). 1859. 1 vol. in-8°. 6 fr.

— **De la condition du fonds dotal en droit romain**, explication du titre du Digeste De fundo dotali (textes expliqués au cours de droit romain en 1859). 1 vol. in-8°. 6 fr.

FOELIX et DEMANGEAT. **Traité du droit international privé**, ou du conflit des lois de différentes nations en matière de droit privé. Troisième édition, revue et augmentée par Ch. DEMANGEAT, professeur à la Faculté de droit de Paris. 2 vol. in-8°. 15 fr.

BRAVARD et DEMANGEAT. **Traité de droit commercial**, cours professé à la Faculté de droit de Paris par M. BRAVARD-VEYRIÈRES; publié, annoté et complété par M. DEMANGEAT. 1861-1865. 6 forts vol. in-8°. 48 fr.

(Les tomes 1, 3, 5 et 6 sont en vente; les tomes 2 et 4 paraîtront dans le courant de l'année 1866.)

— **Traité des sociétés commerciales**, suivi d'un formulaire contenant des modèles d'actes de société. (Extrait du TRAITÉ DE DROIT COMMERCIAL.) 1861. 1 vol. in-8°. 10 fr.

— **Traité de la Lettre de change** ET DU BILLET A ORDRE. (Extrait du TRAITÉ DE DROIT COMMERCIAL.) 1862. 1 vol. in-8°. 10 fr.

— **Traité des Faillites et des Banqueroutes.** 1 fort vol. in-8° en deux parties. (Extrait du TRAITÉ DE DROIT COMMERCIAL.) 12 fr.

Poitiers. — Typ. de A. Dupré.